싱글로 가는
골프의 메카닉

저자소개

박기용

영남대학교 사대 체육교육과 졸업
동 대학원 체육학 석사
한국체육대학교 대학원 이학 박사
1997~1999년 미국 U.S.C 교환 교수
University Country Club 골프 아카데미 2년 과정 수료
대구 MBC-TV 축구 해설위원
대구방송 TBC-TV 축구 해설위원
영남대학교 사범대학 특수체육 교육과 교수
영남대학교 사범대학 학장
한국특수체육학 회장
아시아특수학 회장

〈저서〉
『트레이닝 방법론』
『건강한 삶과 운동』
『현대축구』
『운동처방과 트레이닝』
『운동과 건강』
『특수체육학의 이해』

강호정

골프과학연구소 & 트레이닝센터 대표
단국대, 영남대, 경남대 객원교수
사)한국골프피팅협회 교육국장
http://www.kgfa.kr
kangbhy@naver.com

김제하

대구대학교 영어교육학과 졸업
영남대학교 대학원 체육학 석사
영남대학교 외래 강사
http://www.kgfa.kr
kangbhy@naver.com

싱글로 가는

골프의 메카닉

박기용 / 강호정 / 김제하 지음

영남대학교출판부

머리말

골프는 인간의 온갖 미덕과 악덕을 비춰주는 정직한 거울이자 대자연과 어우러져 사색하며 인생을 배울 수 있는 훌륭한 스포츠이다.

인간은 멋진 자연 환경 속에서 공을 치고 굴리고, 또 걷고 생각하며 자연과의 일체감을 맛보면서 즐긴다. 이를 통해 인간은 자연을 떠나 살 수 없다는 것과 자연의 아름다움과 혜택이 얼마나 큰가를 알게 되며, 골프를 통해서 정직함을 배우고 양심을 키우는 도를 닦게 된다.

골프는 단순히 공을 치고 스코어를 낮추는 데에 목적이 있는 것이 아니다. 무엇보다 올바른 매너를 우선한다는 것이 철칙으로 되어 있기 때문에 심신 수련의 교습장으로서 중요한 역할을 한다. 이렇게 골프가 인생의 값진 교훈을 주는 훌륭한 스포츠인데도 불구하고 우리나라에서는 아직도 골프를 그릇된 인식과 편협적인 시각으로 평가하고 있는 실정이어서 안타까운 마음 뿐이다.

저자도 골프를 시작하기 전에는 굴절된 시각으로 골프와 골퍼를 오해하기도 하였으나 골프를 배우고 이해하면서부터 이전의 편견과 경솔함에 부끄러움을 감출 수가 없었다.

그리고 후학들을 가르치면서부터 체계적으로 지도해야 할 지침서가 필수적이라 판단하였다. 골프에 대한 잘못된 인식을 바르게 이해시킬 필요성과 이 값진 운동을 함께 나누고 싶은 심정에서 집필을 결심하였다. 이같은 저자의 소망이 곧 모든 골퍼들의 바램이라 생각되어 미래사회의 주역이 될 젊은 세대나 기성세대 모두에게 골프의 대한 올바른 이해와 진정한 가치를 일깨워 주고자 「싱글로 가는 골프의 메카닉」을 쓰게 되었다.

골프는 학문과 같이 일평생 갈고 닦아야 하며, 노력하여도 결코 정복할 수 없다고들 한다. 그러나 이 책을 통하여 골프를 이해하고 원리에 입각한 단계별 과정을 착실히 배우고 익힌다면, 싱글로 가는 골프의 지름길을 찾을 수 있을 것이다.

이 책의 내용을 살펴보면

먼저 1장에서는 골프에 대한 올바른 이해를 돕기 위해 골프의 특성과 진정한 가치를 신체적 · 정신적 · 사회적 측면으로 분류하여 평가하였다.

2장은 골퍼들의 이상인 싱글로 가는 과정을 초급과정과 중급과정, 싱글로 가는 과정으로 구분하여 체계화시켰다.

3, 4장에서는 스윙 메카닉(Swing Mechanics)을 바탕으로 싱글핸디캡 골퍼가 되기 위한 기술적인 연습 방법과 실제를 구체화하여 기본기를 다지도록 하였다. 이를 숙달한 후 필드에서 적용시키는 방안들 또한 제시하여 싱글로 가는 지름길을 안내하고 있다.

5장에서는 골퍼를 위한 체력 훈련과 정신 훈련 방법을 소개하여 싱글로 가는 골프의 기술적인 특성과 정신적· 체력적인 특성 즉 3B를 실현시키고자 하였다. 특히 이 책에서는 골프의 진정한 가치와 멋과 맛을 아는 싱글핸디캡 골퍼를 완성시키는 데에 주안점을 두었다.

책을 쓴 후에도 골프에 대한 경륜이 부족하여 "좀 더 심도있게 접근할 수도 있었는데" 라는 아쉬움과 미련이 남는다. 경지에 도달한 골프 대가들의 고견을 많이 경청하고 인용하여 다음 기회에 이를 보완한 양서를 쓸 것을 약속드린다.

어려운 여건 속에서도 저자의 뜻을 이해하고 이책을 발간 하도록 허락해 준 영남대학교 출판부의 전홍관 실장에게 고마움을 전하며, 여러 가지 자료를 지원하고 자문을 해준 University Club의 Scott Floyd 와 Russell Bromell, Michael Martin 그리고 세계적인 톱프로골퍼인 David Duval 선수에게 감사의 뜻을 표한다.

2015. 7. 저자 씀

차례

머리말 4

제1장 | 골프의 올바른 이해

1. 골프의 이해 10
2. 골프의 특성 14
3. 골프의 가치 18
4. 골프의 역사 21
5. 골프 클럽의 종류와 구조 및 기능 24
6. 골프 코스의 구성 30
7. 경기 방법 32
8. 핸디캡 산정 방법 36

제2장 | 싱글로 가는 과정

1. 초급 과정 40
2. 중급 과정 43
3. 싱글 과정 46

제3장 | 스윙메카닉

1. 골프 전문가의 길 50
2. 물리 법칙 근본 원리 52
3. 인체구조 65
4. 스윙 메카닉 71
5. 5가지의 다른 게임 98
6. 연습 방법 99
7. 숏게임 메카닉 109

제4장 | 기본 기술의 연습 방법과 실제

1. 똑같은 그립에서 탈출하라 123
2. 스탠스 방법 125
3. 스탠스의 종류 126
4. 어드레스 127
5. 어드레스의 방향 설정 128
6. 백스윙 129
7. 스윙의 종류 130
8. 비거리와 체중 이동법 131
9. 전략 골프와 연습 방법 146
10. 볼의 위치와 스윙 템포 154
11. 아이언 연습 방법 155

제5장 | 골퍼를 위한 트레이닝

1. 골프를 위한 트레이닝 184
2. 웨이트 트레이닝 (Weight Training) 187
3. 멘털 트레이닝 (Mental Training) 209
4. 골프심리학 212
5. 골프의 심상 훈련의 실제 223

제6장 | 골프 규칙과 에티켓

1. 에티켓 228
2. 규칙 229

제1장 골프의 올바른 이해

1. 골프의 이해
2. 골프의 특성
3. 골프의 가치
4. 골프의 역사
5. 클럽의 종류와 구조 및 기능
6. 골프코스의 구성
7. 경기방법
8. 핸디캡 산정방법

1 골프의 이해

골프의 참맛은 복잡 다양한 현대 사회에서 시달리는 현대인들에게 도시를 떠나 대자연의 품에 안겨 억압된 감정과 중압감을 클럽으로 휘둘러 백구를 푸른 창공과 광활한 자연 환경 속으로 날림으로써, 인간의 자연 본능과 파괴 본능을 충족시킴과 동시에 스트레스를 해소하는 쾌감과 인간의 내부에 잠재하고 있는 괴력을 발견하고 그것을 즐기는 것이다.

골프는 고된 일로 인해 지친 신체에 기름을 치고 닦는 것처럼 생활의 재충전을 할 수 있게 하며, 또 삶의 질을 향상시키고 윤택하게 하는 건전한 스포츠이다. 골프는 중년을 지나 노년이 되어도 자신의 체력과 기량에 맞게 재미를 음미할 수 있기에 더욱 매력적이다. 오늘 잘못 쳤더라도 어느 날 거짓말 같이 잘 맞아서 이대로 치면 프로선수가 될 수 있다는 허황된 꿈을 꾸도록 하면서 최고의 기분을 느끼도록 하고 반대로 깊은 벙커에서 다섯번 쳐도 탈출 못하는 지옥과 같은 기분을 느끼면서 실망하는 등 여러모로 골프의 묘미를 만끽한다.

또한 골프는 홀인원 할 수 있다는 무한한 가능성이 언제 어디서나 누구에게나 공평하게 주어진다는 점이 매력적이다. 골프는 인간이 생각해낸 것 중 가장 위대한 게임인지도 모른다.

오늘의 성적이 실망스러울지라도 심기일전하여 연습하면 다음에는 더 잘 맞을 것이라는 기대와 가능성에 대한 끝없는 미련들이 골프에 대한 충동을 본능적으로 꿈틀거리게 한다. 골프의 본질은 무한한 가능성에 대한 끝없는 미련과 아쉬움이다. 즉 언제나, 어디서나, 누구에게나 그 가능성이 활짝 열려 있는 것이 골프의 강한 자력으로 작용하여 사람을 유혹한다.

골프는 형이상학적 운동이다. 본인이 하지 않으면 너무나 싱겁고 재미없는 것이라고 혹평하다가도, 막상 골프를 시작하게 되면 그 태도가 180° 바뀌어 골프예찬론자가 되어 오직 골프만을 화제로 삼고 생각하며 골프를 위해 생활하게 된다. 골프에 대해 많은 시간과 경비가 드는 비경제적 스포츠, 환경을 오염시키며 사회에 위화감을 조성하는 스포츠라고 비판하다가도 자신이 막상 골프에 입문하고 부터는 "가장 참기 힘든 것이 골프에 대해 자꾸 말하고 싶은데 하지 말라는 것이다."라며 변한다. 왜 그럴까? 그것은 골프가 양면성을 가진 스포츠이고 인간의 본능을

적절히 조절하여 자연과 친구가 되어 싸우고 극복하며 즐기는 유일한 운동이기 때문이다. 그래서 골프는 지나치게 재미있다는 것이 가장 큰 장점이자 단점이 되고 있다.

골프는 다소곳이 앉아 있는 볼(죽은 볼)을 클럽이라는 장비로 쳐서 구멍에 넣는, 아주 단순하고 쉬운 운동이다. 다른 구기운동은 살아 움직이는 공을 다루면서 하는 운동이지만 골프는 반대로 움직이지 않는 볼을 플레이어의 의지 대로 친다. 이때 이를 방해 하거나 볼의 진로를 막는 수비도, 네트도 없이 오직 경기자에게 최상의 플레이를 할 수 있도록 하는 분위기와 배려만이 존재하는 것이 골프의 특징이다. 골프는 어느 쪽으로 날려도 무방하고 멀리 몇 미터 몇 백 미터 보내어도 상관이 없는, 무한한 자유만이 존재하는 게임이다. 골프는 규정된 홀에서 티샷하여 볼을 홀컵에 넣음으로써 홀아웃되는(한 홀의 경기가 끝나는 것)점에서 농구와 유사하다고 할 수 있다. 농구는 공이 크기 때문에 바스켓도 크고, 골프는 공이 작기에 홀컵도 작을 뿐이다.

골프장은 농구장의 2,000배 되는 대략 30만평의경기장이다. 골프는 방대한 경기장에서 항상 혼자서 유유히 플레이할 수 있다. 숨이 차거나 변화무쌍한 상황 전개 없이 자신의 의지 대로 클럽을 선택하여 단순간에 내리치고 걸으면서 생각하는 여유가 있으나, 농구는 방해하는 수비를 신경 쓰기도 하고 골을 넣는 바스켓에 슛을 하기 위해서는 거리와 방향 뿐만 아니라 공간적 각도까지 맞추어야 하는 어려움이 있다. 그러나 골프는 홀컵이 땅에 있기 때문에 거리와 방향만 맞추면 구멍에 들어갈 수 있게 되어 있다. 이론적으로 보면 골프는 농구보다 싱거운 게임이라고 볼 수 있지만 실제로는 그렇지 않다. 쉬운 것 같으면서도 한편 또 어렵고 난해하기 때문에 인간의 도전적 감정을 충동질하여 정복할 수 없는 것을 알면서도 정복하도록 항상 요구하는 데에서 골프의 매력을 느끼게 된다. 골프를 배우게 되면 점수의 성취 · 좌절의 과정에 깊이 빠져 일상생활에서도 대단히 많은 비중을 차지하게 된다. 이것이 골프의 매력이기도 하지만 이 때문에 단점으로 지적 받기도 한다.

골프에 최초로 입문하는 골퍼들은 프로골퍼와 싱글핸디캡 골퍼를 동경하면서도 "저렇게 쉽고 싱거운 운동을 왜 그토록 많은 시간을 들여 항상 연구하고 생각하면서 열심히 하는가?" 라고 반문하며 시작하게 된다. 그러나 곧 "죽은 볼 치기가 이렇게 힘들고 어려운 줄 정말 몰랐어." 라고 자신의 경솔함을 뉘우치게 되고 "나도 저렇게 한번 쳐봤으면 원이 없겠다." 라고 생각하며 걸음마를 시작한다. 그리고 골프를 통해 인생을 배우기도 한다. 골프 공 앞에선 자신의 능력이 얼마나 나약한가를 깨닫게 되어 나중에는 겸손함을 배우기도 한다.

대부분의 운동은 오른손 위주로 활동하지만, 골프는 왼손 위주로 골프채를 잡고, 왼쪽 몸을 중심으로 스윙하여 공을 쳐야한다. 골프를 칠 때에는 일상 생활에서나 평범한 스포츠 동작에서 활용하지 않던 근육을 활성시켜야 하기 때문에 그 동작이 대단히 어렵다. 또한 인간의 본능과 상반되는 습관을 길러야 하는 인내가 있어야 하고 이를 극복해야 하는데, 이는 골프를 정복하는 데 가장 큰 장애가 된다.

인간은 가만히 있는 볼을 샷 하면 그것이 어느 방향으로 어떻게 날아가 떨어져 멈췄는지를 확인하고 싶은 속성이 있다. 그래서 골퍼들은 볼을 치기도 전에 머리를 들어 공이 어디로 날아갔는지를 보고 확인하고 싶은 본능적인 행위를 하기 마련인데, 이 점이 골프를 칠 때 가장 금기시되는 점이다.

움직이지 않은 볼을 오른손의 반대 부분으로 상반된 스윙을 통해 샷 해야 하고, 본능과 반대된 습관을 길러야 하며, 확인하고 싶어하는 인간의 본능을 의지로 제압해야 한다. 이것이 골프를 시작하여 그만 둘 때까지 가장 힘들고 중요한 부분으로 꼽힌다. 필드에서 골퍼가 가장 참기 힘든 것이 「볼을 보지 마라(head up)」는 것이다. 간단한 것이 가장 어렵다는 핸리 코튼의 말뜻을 깨닫게 된다.

골프는 굉장히 쉽고도 어려운 운동이다. 기준 타수에 맞추려면 너무 어렵고, 3자리 타수로 치려면 매우 쉬운 게임이다. 누구나 골프에 입문하면 싱글로 가는 길을 찾게되며 1~2년만 열심히 하면 싱글이 될 수 있다는 가능성에 대한 끝없는 미련을 갖고 노력하게 된다. 그러나 싱글로 가는 이 길이 언제까지 지속될지는 아무도 모른다. 가능성은 항상 있지만 싱글로 가는 길은 눈 앞에 어른거리기만 하고 그린 위의 구멍(hole cup)은 유혹의 추파만 끊임없이 보낸다.

골프에 입문한 사람들은 이 매력에 매료되어 골프에 빠져들게 되며, 이 과정에서 인생과 겸손을 배우게 된다. 그래서 프로 골퍼들은 골프를 정복하거나 이기려고 하지 말라고 한다. 그렇게 하면 할수록 골프에 정복되어 농락당하기 때문이다. 세상에 뜻대로 안 되는 것이 있다면 그것은 바로 골프이다. 골프는 긍정적인 마음으로 자연과 친구가 되어 코스를 플레이해야 한다. 잘 치면 코스를 설계한 사람에게 이긴 것으로 여기고, 스코어가 나쁘면 위대한 자연에 순응한 셈치고 대범하라고 일러준다. 이것이 골프를 올바르게 이해하며 즐기는 유일한 방법이다.

2 골프의 특성

골프란 30만평의 넓고 푸른 잔디 위에서 룰에 따라 골프채로 공을 쳐서 구멍에 넣는 게임이며, 승부는 공을 친 회수로 결정하며 적은 타수의 플레이어가 이기는 스포츠다. 골프가 이처럼 단순한 게임임에도 불구하고 여기에 매료되어 골프 인구가 급증하고 있는 이유는 다른 구기 운동과 같이, 3B로 기술성(BALL CONTROL), 정신력(BRAIN) 그리고 체력(BODY BALANCE)과 같은 특성에 있다.

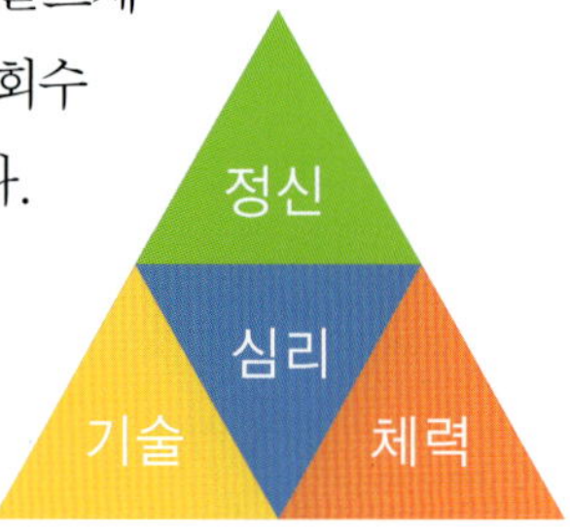

(그림1) 골프의 특성

남녀노소, 체력·기술의 차이에 관계 없이 함께 게임을 즐길 수 있는 평생 운동이라는 점은 골프의 특징으로 꼽힌다.

골프는 정신과 육체 건강에 도움을 주고 또 날씨, 지형, 컨디션에 따라 퍼즐과 같은 난제들을 골퍼 자신의 기량과 지혜로 풀고 극복해 가는 과정에서 정신적 두뇌 플레이, 판단력, 인내력이 요구된다.

◎ 정신력과 두뇌플레이

'골프는 아주 쉬운 운동이다' 라는 생각에서 '골프는 어렵고 터프한 게임이다'로 생각들이 많이 바뀐다. 이러한 생각들은 골프를 치는 기간동안 바뀌게 되는데, 보통 이 생각의 변화기간이 짧지 않다는데 특징이 있다.

골프는 본능과는 정반대로 동작해야 하는 역설적인 게임이기 때문에 슬라이스가 두려우면 몸의 방향이 오른쪽으로 향하고, 훅이 날 것 같으면 왼쪽으로 어드레스하여 샷한다. 또 치고 싶지 않는 방향으로 자신 있게 힘껏 치는 것이 요령이다. 그렇기 때문에 골프에 입문하면 힘을 빼라, 헤드업 하지 말라는 말을 귀가 아프도록 듣기 마련인데 이러한 골프의 요령들은 두뇌의 제어능력에 의해 통제된다. 이러한 두뇌작용이 신체적인 동작으로 발현되는 것이다.

골프는 정적인 심리상태에서 자신의 전략적 지능을 최대한 활용하여 2분 30초란 시간 내에 샷이 이루어져야 하기 때문에 18홀의 각양각색의 상황하에서 클럽을 선택하고 그때그때의 자연적인 조건을 고려하여 코스를 공략해야 하는 두뇌플레이가 가장 중요시된다. 아무리 훌륭한 샷을 날려도 디보트와 경사지 같은 문제가 많은 곳에 착지될 수도 있다. 또한 코스의 상태, 날씨, 동반 경기자와의 경쟁, 지루함, 좌절, 분노 그리고 여러가지 내면적 스트레스를 극복해야 한다. 샷을 하기 전에 냉정함을 찾아야 한다. 골프는 이 문제에서 자신을 구원해줄 팀 파트너가 없다. 오직 골퍼 자신만이 필드 위에 존재한다. 골프는 스스로 마주친 문제를 극복해야 하는 고독한 게임이다.

골프 코스에서 운동 수행률의 80%를 차지하는 두뇌 운동은 근육을 쓰는 것만큼 중요하기 때문에 많은 시간을 투자하여 연습해야 한다.

또한 마음이 육체적인 활동을 구체화하기 때문에 항상 능동적인 마음가짐을 갖는 것이 필수적이다. 골프의 기술을 익히고, 트레이닝를 통하여 체력을 강화 시킨 다음에는 마음을 다스리고 게임을 잘 풀어갈 수 있는 마인드컨트롤이 필요하다. 초조한 마음을 가지게 되면 불안과 번민의 감정이 무의식적으로 중추 신경을 파고들어 이를 자극하여 신경계와 근육계로 전달된다. 이렇게 되면 신경과 근육 운동의 조징 능력이 약화되어 계획적인 굿샷은 불가능하게 된다. 결국 정신을 집중하지 못해 미스샷이 나오게 되고, 마음을 다스리지 못하여 스코어는 엉망이 된다.

골프를 마인드게임이라고 부르는 이유가 여기에 있다. 강인한 정신력과 변화무쌍한 상황에서의 심리적 안정과 위기 극복의 전략적 두뇌플레이가 경기력을 결정짓는 요소로 작용하기 때문에, 마인드컨트롤과 정신 집중력 그리고 냉철한 상황 판단 및 위기 대처능력이 게임의 관건이 될 수밖에 없다.

마인드컨트롤과 심리적 안정 상태 유지 및 정신적 지구성과 집중력이 궁극적으로 경기력을 좌우한다고 할 수 있다. 골프의 특성 중 이러한 정신력과 두뇌 플레이가 중요한 부분을 차지하고 있는 이유가 바로 여기에 있다.

〉〉 기술적인 특성

움직이지 않은 볼을 다양한 상황 조건과 용도에 따라 14개의 각양 각색의 클럽을 선택하고 티샷하여 홀아웃 하는 방법으로 18홀을 라운딩 하는 것이 골프 게임이다. 골퍼들은 먼저 클럽을 잡는 그립 방법과 어드레스, 스윙 궤도를 익힌 다음 공을 치는 것을 배워야 하며, 클럽의 용도에 따라 유효적절히 사용하는 방법을 숙달하여야 한다.

골프는 스포츠 가운데에서도 수많은 장비를 가지고 게임을 공략하게 되는데, 이것들을 자유자재로 컨트롤하여 의도한대로 코스를 공략하고 홀컵에 넣을 수 있는 기술을 익힐 필요가 있다. 골프가 과학적인 게임이지만 해답이 없는 미로와 같이 복잡한 것이기도 하기 때문에 클럽을 다루는 기술성이 가장 중요한 승패요소로 작용하게 된다.

골프는 전략성이 요구되는 거리와 방향 게임이라고도 한다. 쉽게 말해 거리가 많이 나고 방향이 의도한 대로 똑바로 가면 최고라는 것이다. 예를 들어 150m거리에 볼을 온 그린시키는 것보다, 15m 거리에 볼을 그린에 올리는 것이 훨씬 중요하다는 것이다.

300m의 홀에서 티샷한 볼이 250m지점에 떨어졌다면, 홀컵과의 거리는 약 50m에 불과할 것이다. 그러나 제1타가 150m만 갔다면 잔여 거리는 150m나 된다. 이 경우에 홀컵에 가까이 붙일 수 있는 조건은 50m가 유리할 수밖에 없다. 그래서 골프에 입문하면서부터 골퍼들은 거리에 매달리게 된다. 그들은 장거리 샷을 기대하고 새로운 클럽을 구입하여 그 욕망에 충실하려고 노력한다.

그러나 골프는 장타만이 전부가 아니다. 방향성과 정확성이 요구된다. 거리를 버리면 9할은 남지만, 방향을 버리면 1할도 남지 않는다는 골프의 명언과 같이 골퍼들은 거리보다 방향 즉 정확한 샷을 하도록 기술을 연마해야 한다. 그렇게 연마하다보면 실력은 거리로 이어지게 된다.

각 홀의 티잉 그라운드에서 공을 클럽으로 용도에 맞게 샷함으로써 게임이 이뤄지는 것이기 때문에, 기술적인 특성은 골프의 기본이 되고 또 아무리 강조해도 지나치지 않다. 따라서 클럽을 잡는 방법에서부터 어드레스와 백스윙, 톱스윙 자세와 다운스윙, 임팩트 그리고 폴로스루와 피니쉬의 스윙 과정을 통해서 움직이지 않은 볼을 코스에 따라 골퍼의 의도대로 정확히 치는 기본 기술의 숙달이 우선이 되어야 전략적인 두뇌플레이가 가능하다. 사실 볼을 멀리 정확히 보낸다는 것이 이론처럼 간단한 것은 아니다. 보면 쉬운 것 같은데 실제로 해보면 너무 어렵고 불가사의한 것이기 때문에 골프를 정복할 수 없다고 하는지도 모른다.

골프를 위해 많은 시간과 노력을 기울인 사람들의 공통된 의견은 "기본기를 철저히 하라."는 것이다. 공을 정확히 칠 수 있는 기술적 기본기가 충실할 경우, 마인드 컨트롤과 정신적 특성이 자연스레 뒤따르게 되고 그렇게 됨으로써 체력을 바탕으로한 전략 골프가 가능하게 된다는 것이다.

◎ 체력적 특성

골프를 해보지 않거나 이해하지 못하는 사람들은 골프라는 스포츠는 오락적인 (유희적인) 요소로 구성된 희극적인 게임이라 생각한다. 또 그들은 골프가 하나의 스포츠로서 운동 효과가 있는지에 대해서도 의문을 가진다. 그러나 골프는 1라운드 18홀, 12km를 4~5시간에 걸쳐 지속적으로 플레이하는 900kcal의 열량이 소모되는 아주 힘든 걷기 운동이다. 또한 멀리 정확히 샷을 해야 하기 때문에 스윙에 관련된 중심 이동 및 임팩트 시 헤드스피드를 배가시켜 1톤의 힘이 가해지도록 근력과 파워가 필수적으로 요구된다. 여기에 필요한 체력 훈련은 필수이다.

장시간 동안 공을 치고 경기장을 걸으며 사고하는 운동이기에 경기에 필요한 체력 을 유지하기 위해 근지구력 뿐만 아니라 정신력도 강해야 한다. 골프란 항상 마지막 홀컵에 공를 넣음으로써 1라운드가 끝나기 때문에 한 홀 한 홀 뿐만 아니라 최종 홀까지 힘의 안배와 체력 유지가 대단히 중요하다. 그러므로 정신적 집중력, 지구력과 근력, 근지구력 유연성과 조정 능력 등의 체력적인 요소가 경기력을 좌우하게 된다.

모든 운동은 근수축에 의한 근력이 동작의 근원으로 작용하여 수행되기 때눈에 체력적인 요소 가운데 근력이 매우 중요한 부분을 차지한다. 그 중에서도 우아한

원운동인 골프 스윙을 위해서는 유연성이 무엇보다 강조된다. 따라서 웨이트 트레이닝을 통하여 근력을 비롯한 체력적인 요소를 강화시키는 것이 골프 실력을 향상시키는 지름길이다.

3 골프의 가치

골프의 진정한 가치는 하나의 미스샷을 통해 자신의 행위에 대한 반성과 겸손을 일깨워 주는 데 있다고 한다. 가능성에 대한 끝없는 욕망을 일깨우는 데에도 그 가치가 있다. 골프는 걸으면서 플레이하는 경기이기 때문에 태어나 걷기 시작하면서부터 나이가 들어도 걸을 수 있는 동안에는 누구나 할 수 있는 사이클이 가장 긴 스포츠라는 장점을 갖는다.

인간은 걸으면서 생활하는 동물이기에 산책은 인간을 철학자로 변신시킨다는 말이 그리스 철학에서 전해진다. 최적의 자연 환경 상태인 골프장에서 플레이할 때 인간은 정서가 풍부해지고 상냥한 기분을 갖게 되며, 지적 홍분이 일어나 골프를 하면 철학자로 변신할 수 있다고 한다. 근육과 두뇌에 이렇게 쾌적하게 궁합이 맞는 게임은 골프 외엔 찾기 힘들다. 그래서 사람들은 골프의 가치를 정신적 가치와 신체적 가치, 사회적인 가치로 크게 구분하여 설명하기도 하고, 신체적인 면보다 오히려 정신과 심리적인 측면에서의 가치를 더 강조하는지도 모른다.

◎ 신체적인 가치

골프경기는 전혀 움직이지 않은 공을 골프채로 휘둘러 칠 때 1톤의 힘이 가해지게 된다. 그 순간은 단지 0.2초에 불과하다. 그 다음에는 다음 샷을 위해 공이 떨어진 곳까지 걸어가는 걷기 운동이 시작된다. 골프는 이 과정을 반복하는 운동이다. 골프는 단순간의 샷과 장시간의 사고와 걷기로 이루어진다고 할 수 있다.

골프를 근력 등을 향상시키기에는 강도가 미비하여 큰 효과를 기대하기 어렵다고 생각하기 쉽지만, 사실 골프는 근지구력 및 전신 지구력 등을 획득할 수 있는 영양가 있는 운동이다. 골프는 8㎞나 되는 코스를 4~5시간 동안 치고 걷고 생각하며 운동하는 그 자체도 대단한 운동량을 갖는다. 7~10㎏이나 되는 골프백을 메거나 끌면서 경사가 심한 언덕 아래 위로 이동하는 것도 대단히 힘들다. 이러한 골프의 운동량을 인식하지 못하고 골프를 아주 가볍게 생각하여 큰 곤혹을 치르는 경우가 허다하다.

한편 골프는 보행에 제한을 받고 있는 현대인에게 가장 적합한 운동으로 그 가치가 있다. 게임을 하기 위한 준비 과정에서의 연속적인 샷은 복근력과 배근력을 강화시켜주며 팔의 근력을 증대시켜 줄 뿐만 아니라 안정된 자세에서 중심 이동이 용이하게 이뤄지도록 함과 동시에 평형성과 하체의 근력을 높여준다. 또한 움직이지 않는 조그마한 볼을 클럽이라는 도구를 이용하여 반복해서 치기 때문에 근신 조정 능력이 향상되고 인체의 내면적인 힘을 발산하도록 적절히 조절해 주는 유연성과 교치성이 개선된다.

따라서 골프는 총체적인 운동의 하나로 현대인들의 체력 유지와 건강한 삶을 위해 활용될 수 있어서 그 가치는 매우 크다고 할 수 있다.

◎ 정신적 · 심리적 가치

복잡 다양하고 오염된 도시를 떠나 광활한 대자연의 품에 안겨 억압된 감정과 근원적 경향성인 파괴 본능을 충족시켜주는 골프의 묘미는 골프의 정신적· 심리적 가치를 생각하게 한다.

맑은 공기와 푸른 잔디 우거진 수목으로 자연 경관을 가꾸어 놓은 30만 평의 18홀 골프 코스에서 이름 모를 새들과, 융단과 같이 부드럽게 잘 가꾸어진 푸른 잔디를 밟으며 경기를 한다. 가까운 동료들과 정담을 나누면서, 정신을 집중하여 내려친 하얀 볼이 시원하게 뚫린 필드로 경쾌한 음을 내며 빨랫줄 같이 날아가 저 멀리 초록빛 잔디결 위로 구르는 것을 만끽하는 순간의 기분은 형용할 수 없는 황홀감의 극치를 맛보게 한다.

정신적인 스트레스를 해소하는 데 이보다 더 좋은 방법이 있을까? 골프장에 설치된 각종 벙커해저드나 워터해저드 그리고 페어웨이를 가로막은 수목과 꺾인 홀

등의 장애물은 이를 극복하는 과정에서 인생에 대한 성찰도 함께 할 수 있기에 골프라는 게임에서 흥미를 갖도록 한다. 장애물이라는 어려운 난관에 처했을 때, 좌절하고 분노하다가 이를 극복했을 때, 성취에 대한 희열을 맛보면서 인내와 극복의 가치를 배우게 된다. 그래서 필드에 나가면 현대 사회에서 받는 스트레스와 근심 걱정은 말끔히 씻겨지게 된다. 이 과정을 통해 새로운 삶의 활력을 가득 채우고 일과를 시작하도록 하는 것이 골프의 정신적·심리적 가치라 할 수 있다.

골프는 신체적 운동이지만 정신집중력과 종합적인 사고력이 플레이의 60%를 차지한다. 골프의 운동 수행률의 80%가 두뇌에 의지한다는 점을 생각해 보면, 골프는 결국 마인드 게임이라 할 수 있으며, 이를 통해 얻는 정신적·심리적인 효과가 무엇보다 크다는 것을 알 수 있다. 한 순간이라도 정신을 집중하지 못하게 되면 그 결과도 미스샷이 나오게 되고 결국 스코어는 엉망이 되고 만다. 이 과정 속에서 인간은세상의 진리를 깨닫기도 하며, 이를 통해 한결 겸손한 마음을 가지기도 한다.

결국 골프 최대의 가치는 하나의 미스샷으로 자신의 행위에 대해 반성할 수 있다는 점과 함께 겸손한 마음을 일깨울 수 있다는 점에 있다.

◎ 사회적 가치

골프만큼 룰과 매너를 강조하는 스포츠는 없을 것이다. 골프에 있어서 매너가 첫째이고 스코어는 둘째다. 이는 골프에 있어 헌법과도 같은 것이다.

골프는 그 사람의 성격과 인성 그리고 인격까지 드러나게 하는 스포츠이다. 결과보다 과정을 중요시하는 게임이며, 규칙을 준수하는 페어플레이를 통하여 동료들과 교분과 우정을 다지는 데 목적이 있는 게임이다. 따라서 서로를 아끼고 배려하는 마음가짐을 갖는 것이 참된 골프의 자세라 할 수 있다.

골프는 심판이 없다. 30만 평의 광활한 필드에 떨어진 공을 얼마든지 속일 수도 있다. 이럴 때 감시자는 자신의 양심뿐이기 때문에 자신과의 싸움이 요구되는 스포츠이기도 하다. 자기 극복의 과정 중에 페어플레이 정신과 정직을 배운다. 이러한 골프의 가치들은 사회 생활에서 준법 정신과 인격 수양에 발판이 되기도 한다. 특히 골프는 자라나는 어린 학생들에게는 준법 정신을 갖추고 심신을 수련할 수 있는 도장의 역할을 할 수도 있다.

여가 선용은 물론, 사회성과 공공성 도덕성 등을 키우는 인격 수양의 한 방법이다. 또한 인생의 값진 교훈을 얻을 수 있고, 느슨한 삶에 탄력을 주게 한다는 점에서 골프의 사회적 가치는 무시할 수 없다.

4 골프의 역사

골프가 언제부터 어떻게 시작되는가에 대해 확실한 자료가 없기 때문에 단정할 수 없으나, 몇 가지 근거 있는 설을 중심으로 추론해 볼 수 있다.

네덜란드의 아이스하키와 비슷한 놀이가 스코틀랜드에 건너가 골프로 변화되었다는 설과 양 치는 목동들이 무료함을 달래려고 막대기로 조약돌을 토끼굴 속으로 쳐서 넣는 놀이가 골프로 발전하였다는 설, 스코틀랜드의 어부들이 만선의 기쁨을 안고 돌아오면서 갑판 위에서 막대기로 바닷가에 힘껏 돌을 쳐 보내던 것이 진화되었다는 설 등이 있는 것으로 보아, 골프는 13세기 중엽 영국 스코틀랜드 동해안에서 탄생된 것은 분명해 보인다. 15세기경부터 현재와 같은 운동 경기로 발달되었다. 1457년 스코틀랜드의 왕인 제임스 2세와 의회는 골프가 활쏘기 훈련에 많은 지장을 초래한다 하여 금지령을 선포하였으며 1491년까지 몇 차례나 이 금지조항이 되풀이되었다. 그러나 골프는 더 번성하여 왕후나 귀족들까지 재미를 붙여 1754년에 22명의 귀족이 모여서 세인트 앤드류스 골프클럽(ST. Andrews Golf Club)을 결성하기에 이른다.

그 이후 각지에서 골프 클럽이 결성되고 1834년에는 윌리엄 4세가 세인트 앤드류스 골프 클럽에 로열 앤드 에이션트 골프 클럽(Royal and Ancient Golf Club)이란 명칭을 붙임으로써 전국에 흩어져 있던 골프 클럽이 통합되기에 이르렀다. 여기에서 처음으로 13개 항목에 걸친 골프규칙이 만들어졌다. 그래서 이곳을 골프의 발상지 혹은 골프의 메카라고 부르고 있다.

스코틀랜드의 세인트앤드루스에는 세계에서 가장 오래된 것으로 여겨지는 코스(올드코스)가 있다. 이곳에서 1754년 5월 14일 22명이 모여 '더 소사이어티 오브 세인트 앤드루스 골퍼즈(the Society of st. Andrews Golfers)' 를 결성하였으며, 경기 규칙의 제정, 핸디캡의 통일, 선수권 대회의 개최 및 운영이 만들어 졌다. 이를 계기로 이 클럽이 영국 골프계를 통합하게 되었다. 한편 여성 골프클럽은 1872년 세인트앤드루스에서 조직되었다.

골프가 활발해지자 클럽이나 볼을 전문적으로 만드는 직인이 나타났으며, 이들은 골프 기술에도 능했기 때문에 실기 교습에 종사하여 프로로도 인정받았다. 1860년, 처음으로 제1회 영국 오픈 선수권 대회가 열렸으며, 1885년에는 전영 아마추어 선수권 대회가 시작되었다.

골프는 19세기 후반에 영국에서 신대륙으로 건너가 1873년 캐나다에 아메리카 대륙 최초로 로열몬트리올골프클럽(Royal Montreal Golf Club)이 창설되었으며, 1887년 미국 최초의 클럽과 코스를 자랑하는 폭스버그골프클럽(The foxberg Golf Club)이 발족되었다. 그후 20년도 못되는 기간 동안 황금기를 구가함으로써 영국에 맞먹는 실력을 갖추게 되었다.

1894년 미국 골프 협회(USGA)의 전신인 미국 아마추어 골프 협회가 창립되었고, 1895년 제1회 아마추어 선수권 대회가 개최되었으며, 같은 해에 전미(US) 오픈 선수권 대회도 시작되었다. 현재 미국에 있는 3,400개 이상의 골프클럽이 미국 골프 협회에 가입되어 있으며, 9개의 국내 선수권 대회와 6개의 국제 아마추어 선수권 대회를 주관하고 있다.

미국의 골프는 20세기부터는 영국을 능가하는 위력을 보였다. 제1차 세계대전으로 영국은 국력이 피폐해지면서 골프계도 침체되었다. 게다가 제2차 세계대전 후의 호경기로 인해 미국 골프의 대중화는 눈부시게 진전하여 모든 면에서 영국을 압도하게 되었다.

◎ 우리나라로의 도입과 변천 과정

우리나라에 처음으로 골프가 들어온 것은 1900년 구한말 황실의 고문으로 온 영국인들이 원산 바닷가에 있는 세관 구내에 6홀의 코스를 만들어 경기를 즐긴 것이 시초였다. 그러나 그 코스는 얼마 후 자취를 감추었고 3·1운동이 있었던 1919년 5월 효창공원에 미국인 H.E 댄트가 설계한 9홀의 코스가 등장했다. 그로부터 골프 애호가가 생겨나기 시작하여 1924년에 이르러서는 청량리에도 새로운 코스가 생겨나기에 이른다. 그러나 이때까지의 골프는 역시 외국인이 중심으로

이루어진 것이다. 그러다가 1927년으로 접어들면서 이 왕이 골프에 열의를 보이게 되어 서울의 성동구 능동에 있는 땅을 무상으로 빌려 줌과 동시에 골프 코스의 건설비로 거금 2만원을 내놓고 그후 3년에 걸쳐 해마다 보조금으로 5천원씩 하사함으로써 지금의 서울 컨트리클럽의 기초가 마련되었다. 이를 계기로 한국 최초로 18홀 규모의, 현재 서울 컨트리클럽이 만들어지게 된 것이다.

골프의 발전은 국가의 생활 수준과 밀접한 상관 관계를 가지고 있다고 볼 수 있다. 그래서 한때는 부유층의 전유물처럼 인식되어 특권층만 즐겼으나, 현재는 중산층까지 그 범위가 확대되어 대중화 과정을 밟고 있다.

한편 1998년 미국 LPGA에서 박세리 선수가 US open 과 맥도널드의 두 메이저 대회를 비롯하여 4개 대회를 석권, 또 1999년에도 4개 대회에서 우승하기도 했고, 김미현, 박지은도 각각 2, 5개의 대회에서 우승하여 국위 선양은 물론 골프붐을 일으켜 한국 골프의 앞날을 밝히기도 했다.

최근에는 박인비선수가 세계 랭킹 1위에 등극하여 세계 여자골프를 석권하고 있다. 또한 최경주, 양용은, 배상문선수가 종횡무진하고 있어서 한국 남자 골프도 세계 제패를 실현할 것으로 전망된다.

5 클럽의 종류와 구조 및 기능

◎ 클럽의 종류와 용도

골프 클럽의 종류는 (표1)과 같이 헤드 부분의 모양이나 재질에 따라 일반적으로 1번에서 5번 우드를 포함하는 우드 세트와 1~9번 아이언, 피칭웨지, 샌드웨지를 포함하는 아이언 세트, 그리고 퍼터의 3종으로 구분된다. 용도별로는 최대한의 비거리를 추구하는 드라이버와 정확한 거리만을 노리는 3번 우드 이상의 우드, 1번에서 9번까지의 아이언, 피칭웨지 또 각종 벙커에서 탈출용으로 사용하는 샌드웨지 러프에 사용하는 로브, 볼을 홀컵으로 굴려 넣는 데 사용하는 퍼터로 구분한다.

》 골프 클럽의 구조

파 골프가 설명하는 클럽의 구조 및 기능을 보면 (그림2)와 같이 크게 헤드 샤프트 부분, 그립의 세 가지 부분으로 나눌 수 있다. 헤드 부분은 사람이 손으로 볼을 던진다고 할 때 손바닥에 해당되는 부분으로, 사람의 몸이 만들어 낸 힘을 샤프트가 원심력으로 바꾸어 전해줄 때 그 힘을 이용하여 정확한 방향으로 날려 보내도록 하는 기능을 한다. 샤프트는 사람이 볼을 던질 때 팔에 해당한다고 생각하면 되는데, 사람의 몸이 만들어 낸 회전 운동의 에너지를 최대의 원심력으로 바꾸어서 헤드 부분이 추구하는 방향대로 정확하게 작용하도록 원심력을 헤드 부분에 전달하는 역할을 한다.

샤프트의 주요 기능은 사람이 만들어 낸 힘의 방향 전환, 증폭, 집중이다. 한편 샤프트는 골프 클럽의 성능에 가장 큰 영향을 미치는 부분이다. 샤프트의 이상적인 조건은 무게가 가볍고 최대한의 탄성을 발휘하는 것이라고 할 수 있다. 클럽 샤프트의 탄력별로 STIFF, REGULAR, SOFT로 구분하는데, 아마추어는 보통 REGULAR를 사용하는 것이 바람직하다.

그립은 사람의 신체가 창조해낸 회전 운동 에너지를 샤프트로 전달하는 샤프트의 일부분으로 사람의 몸과 유연하게 접촉하는 부분이다. 그립의 올바른 기능은 사람이 만들어 낸 운동에너지를 손실 없이 완벽하게 샤프트에 전달하는 것이다. 그립의 굵기는 골프 클럽의 휘두르기 운동에 매우 중요한 영향을 미치는데, 두 손이 일체가 되어 골프 클럽을 자유자재로 움직일 수 있는 굵기여야 한다.

(표1) 클럽의 종류와 기능 및 용도

구 분	클럽의 종류	표준 길이	표준 로프트	표준 길이	표준 비거리	용 도
우드	1. Driver(드라이버)	43.00	10	55	220~230m	티샷용 (가장 멀리 친다)
	2. Brush(브러쉬)	42.50	13	55.5	210~220m	티샷용 페어웨이용
	3. Spoon(스푼)	42.00	16	56	190~210m	장거리 페어웨이 샷 용 (많이 굴러간다)
	4. Buppy(버피)	41.50	19	56.5	170~190m	
	5. Cleek(클리크)	41.00	22	57	160~170m	
롱 아이언	1 Iron	39.00	16	56	190~200m	
	2 Iron	38.50	20	57	180~190m	장거리 샷 및 페어웨이 용 (우드보다 정확하고 많이 굴러간다)
	3 Iron	38.00	24	58	170~180m	
	4 Iron	37.50	28	59	160~170m	
미들 아이언	5 Iron	37.00	32	60	150~160m	표적 거리 확보용
	6 Iron	36.50	36	61	140~150m	
	7 Iron	36.00	40	62	130~140m	
숏 아이언	8 Iron	35.50	44	63	120~130m	홀 컵 근접거리 확보용
	9 Iron	35.00	48	64	110~120m	
	Fiching Wedge (피칭웨지)	35.00	52~56	64	80~100m	홀 컵 접근용
	Sand Wedge (센드웨지)	35.00	52~56	64	80m 이내	벙커샷 및 홀 컵 접근용
	Lob(로브)	35.00	56~60	64	60m 이내	러프나 홀 컵 접근용

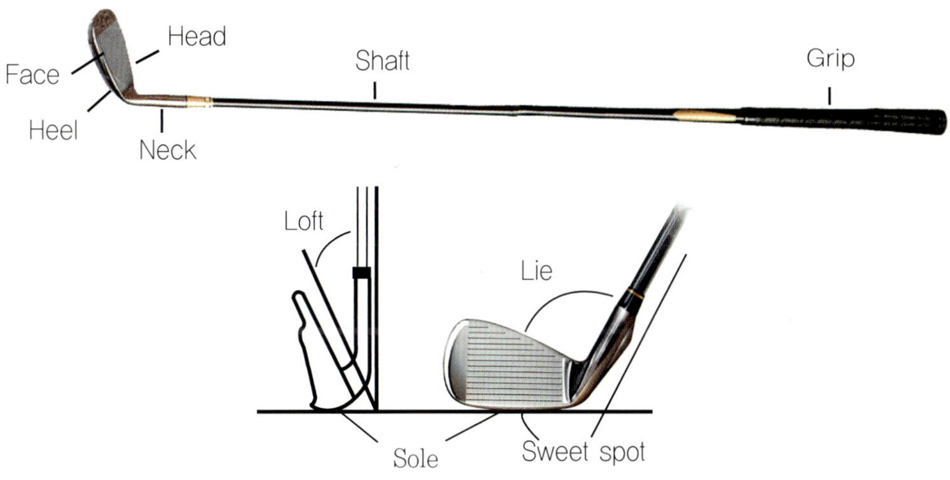

(그림2) 클럽의 구조

》 클럽 각 부분의 기능

골프 클럽의 각 부분이 가지는 기능이 무엇인지 좀 더 구체적으로 알아보자. 먼저 헤드 부분의 무게는 스윙 운동의 에너지 발생량을 결정하는데 큰 역할을 한다. 헤드 부분의 가장 중심 부분이 되고 클럽의 힘을 한 점으로 집중시켜 발휘하도록 하는 곳은 스위트 스폿(Sweet Spot) 부분이다. 일반적으로 대개 헤드 부분의 정 가운데에 스위트 스폿 지점이 위치한다. 클럽을 땅바닥에 똑바로 놓았을 때 지면에 대해 수직인 면과 헤드의 페이스 부분이 이루는 각도를 그 클럽의 로프트라 부르는데, 이것은 볼의 비행 거리와 볼의 역회전에 영향을 미친다.

네크 부분의 중심선이 지면에 대하여 수평의 소울 부분과 만나서 이루는 각도를 라이라고 하며, 이것은 클럽헤드의 스위트 스폿 부분이 볼에 접촉되는 위치와 이에 대해 작용하게 되는 힘의 방향을 결정하는 역할을 한다. 이 라이 각은 원운동의 형태를 결정하는 중요한 요소로, 골퍼가 자연스럽게 팔을 늘어뜨려 클럽을 잡았을 때 손이 놓이게 되는 높이에 따라 달라진다.

사람마다 상체와 하체의 비율이 일률적이지 않기때문에 개인적인 라이각은 달라진다고 할 수 있다. 상 · 하체의 비율이 일반적인 사람을 기준으로 했을 때 신장 155~160㎝ 정도는 48~53°, 160~165㎝는 50~54°, 165~170㎝는 51~55°, 170~175㎝는 52~56°, 175㎝ 이상인 사람은 53~57°가 나오는 것이 상례이다.

클럽헤드의 뒷부분에 헤드의 중량을 더하기 위해 부착한 쇠붙이를 백소울이라고 부르는데, 이것은 볼의 양력, 즉 하늘로 높이 떠오르도록 하는 힘을 증대시키는 역할을 한다.

우드의 페이스 부분에는 인서트라 하여 끼움판이 있는데, 이것은 볼의 반발력을 극대화시키는 기능을 한다. 스윙 원호의 크기를 결정하는 샤프트의 길이 역시 반발력과 깊은 관계가 있다.

》 아이언의 선택

골프 클럽의 성능에 영향을 미치는 핵심 부분은 헤드 부분과 샤프트 부분인데, 가운데 헤드의 재질에 따라 우드 제품에 속하는 퍼시먼헤드와 카본헤드, 메탈헤드가 있고 스테인레스 스틸, 연철 동 탄소 섬유를 소재로 하여 헤드가 만들어진 아이언클럽이 있다. 이 가운데 아이언클럽을 선택할 때에는 자신에게 알맞은 적정 라이각과 샤프트 길이를 고려하여야 한다.

페이스 부분에 만들어진 홈의 크기나 깊이, 방향 등은 볼의 탄도와 스핀의 양을 결정하는 요소임도 알아 두어야 한다. 그 외에 아이언클럽 선택에 있어서 적정 스윙웨이트를 유지하고 있는가, 스위트 스폿 지점은 어디인가, 샤프트의 재질 및 강도, 탄성은 어떤가 하는 것 등을 고려할 필요가 있다. 일반적으로 상급자들이 사용하는 클럽은 스위트 스폿 위치가 높고 이 부분이 초·중급자용보다 좁아도 되는 반면, 호젤 길이는 길고, 페이스 중간 부위의 두께가 비교적 두껍고 소울 부분의 폭은 좁은 것이다. 초·중급자의 경우는 볼이 맞는 적정지점인 이 스위트 스폿 부분의 위치가 낮으면서 중심 부위가 넓고 호젤의 길이는 짧은 대신 페이스 중간 부위의 두께가 비교적 얇으며 소울 부분의 폭이 넓은 것이 좋다.

》 드라이버의 선택

골퍼들이 가장 관심을 보이는 클럽은 골퍼들의 비거리 자존심이 걸린 드라이버이다. 드라이버의 거리는 샤프트의 길이와 강도 그리고 로프트에 좌우된다.

체격과 근력 그리고 스윙 습관 등을 고려해 자신에게 알맞은 드라이버를 고르는 것이 아마추어 골퍼에게는 대단히 중요하다. 스위트 스폿에 잘 맞춰 방향성은 좋지만 거리가 나지않은 골퍼들은 헤드 무게가 가볍고 샤프트가 부드러운 게 좋다. 대개 여성들이나 나이 많은 골퍼들이 이에 해당한다.

뒷땅이나 토핑(볼의 윗 부분은 때리는 것), 스카이 볼(높이 뜨는 타구)이 잦은 골퍼는 샤프트 길이가 약간 짧은, 42~43인치 짜리를 사용하는 게 좋다. 샤프트 길이가 약간 짧으면 그 만큼 컨트롤이 쉽다. 최근엔 샤프트 길이가 45인치 짜리 드라이버도 많이 사용하고 있지만, 드라이버의 표준 샤프트 길이는 43인치이다. 신장 170㎝~175㎝ 사람에게 적합하다. 타이거 우즈도 43인치를 사용하고 있으며 PGA 투어들의 평균치도 44인치로 알려져 있다.

슬라이스가 자주 나는 골퍼는 클럽 페이스 표준 로프트를 10°보다 조금 높은 11~12°를 쓰는게 좋다. 슬라이스의 원인은 대개 어깨와 히프 회전의 문제, 손으로만 공을 치는 것에 있다. 이 경우 사이드 스핀이 많이 걸리게 되는데, 로프트가 높으면 슬라이스를 다소 줄일 수 있다.

페이스 각도를 조절할 수도 있다. 보통 골프 클럽페이스는 목표선과 직각으로 만들어진다. 그러나 슬라이스 방지를 위해 스윙 궤도를 분석, 페이스 각도를 1~2.5° 정도 조절하기도 한다. 반대의 경우인 훅도 물론 바로잡을 수 있다.

전문가들은 골프 클럽을 새로 구입할 때 꼭 고려해야 되는 요소로 라이 각도를 든다. 라이 각도는 지면과 샤프트의 각도를 뜻한다. 클럽을 자연스럽게 잡을 때 헤드 끝이 지면에서 동전 1~2개 두께 정도로 떨어져 있어야 적절하다고 한다. 각도가 작은 것은 플랫, 큰 것을 업라이트라고 부른다. 키가 작은 골퍼에게는 플랫, 키가 큰 골퍼에게는 업라이트가 적당하다고 전문가들은 조언한다. 드라이버의 경우 55°가 표준 라이 각도이다.

샤프트 강도는 L(LIGHT), A(AVERAGE), R(REGULAR), S(STIFF), X(XTRA STIFF) 등으로 나눈다. R과 S 사이에 R/S를 추가하기도 한다. 이를 기준으로 L은 여성용, A는 힘이 없는 남성이나 노인, S는 힘이 센 남성, X는 서양인을 기준으로한 아주 힘이 센 남성용이다. 힘이 없는 골퍼가 딱딱한 샤프트를 사용하면 비거리가 좋지 않다. 반대로 힘센 사람이 부드러운 채를 쓰면 너무 휘어져 정확하게 볼을 칠 수가 없다.

그러나 최근엔 힘이 아니라 헤드 스피드를 기준으로 하여 샤프트 강도를 나누기도 한다. L은 시속 60~69마일인 골퍼용이며, A는 70~79마일, R은 80~89마일, R/S는 90~99마일, S는 100~109마일, X는 110마일 이상인 골퍼용이다.

아마추어 골퍼들은 별로 신경 쓰지 않지만 클럽 전체의 중심 위치를 나타내는 밸런스도 있다. A~E까지 나누는데 이를 다시 0 ~ 9까지 나눈다. A쪽으로 갈수록 가볍고 E쪽으로 갈수록 무겁다. 밸런스가 헤드쪽에 있으면 무겁게 느껴지고 그립쪽에 있으면 가볍게 느껴진다. 헤드 스피드가 시속 90마일 정도이고, 샤프트 강도를 R/S 또는 S를 사용하면 D0~D2정도를 사용하는 게 적절하다. 이를 기준으로 헤드 스피드가 떨어지면 C4~C9를 골라야 한다. 헤드 스피드가 시속 1백 마일 이상인 경우엔 D3 이상을 선택해야 한다.

6 골프 코스의 구성

》 코스의 구성

골프 코스는 티그라운드와 드루더 그린(페어웨이와 러프) 그리고 그린으로 구성된다.

***티그라운드**

각 홀의 첫 샷을 하는 장소로, 지면을 조금 두툼하게 만들어 그위에 두 개의 티 마크를 설치한다. 티그라운드에는 홀의 번호와 홀까지의 거리, 파(기준 타수) 등을 밝혀 주는 표지가 있다.

***드루더 그린**

티그라운드와 그린과 사이에 잔디가 덮여 있는 공간을 이른다. 골프장 지면 한 가운데 풀을 짧게 베어 고르게 정지한 자리를 페어웨이라고 하고, 그렇지 않은 가장자리의 잡초지대를 러프라고 한다. 규칙상 페어웨이와 러프는 크게 차이는 없으나 러프는 풀이 길게 나있기 때문에 상대적으로 샷 하기 어렵다.

***해저드**

벙커해저드와 워터해저드가 있다. 벙커해저드는 모래 웅덩이를 만들어 놓은 지역을 말하며 그 범위와 깊이는 다양하다. 위치에 따라 페어웨이 좌우에 있는 것을 사이드벙커, 페어웨이 가운데 있는 것을 크로스벙커라 하고 그린 주변에 있는 것을 그린벙커라고 부른다. 워터해저드는 물이 흐르거나 고여 있는 곳, 즉 시냇물, 저수지, 배수구 등을 의미하며 여기에 들어간 볼은 규정에 따라 쳐야 한다.

***그린**

볼을 홀컵에 굴려 넣을 수 있도록 표면을 아주 짧은 잔디로 판판하게 다듬어 놓은 곳을 말하며, 흙을 좀 돋우어 올려서 분명하게 표시가 나도록 만드는데, 그 크기와 형태는 일정하지 않다.

***OB** (Out of Bounds)

플레이가 금지된 지역을 뜻하며, 울타리나 말뚝을 경계로 그 안쪽이 경계선이 된다.

》 홀의 규격

홀은 각각의 거리와 그 난이도에 따라 규정된 타수를 부여받는데, 이를 PAR

라고 한다.

오늘날 대부분의 골프 코스는 18홀 합계 72타로 이루어지는데, 70타 혹은 71타짜리 코스도 있다. 72타의 코스는 PAR 3, PAR 5의 홀 각 4개와 PAR 4의 홀 10개로 이루어진다.

PAR 3의 홀은 대부분 180m 이내의 거리를 갖고 있으나, 프로 선수를 위해 그 이상으로 디자인한 곳도 있다. 주로 아이언을 이용하여 샷을 시도한다. 골프 규칙에는 남자는 229m이하, 여자는 192m이하로 규정하고 있다.

PAR 4의 홀은 270m이상의 거리로 구성되며, 골프장의 특징을 잘 나타낼 수 있도록 변화무쌍하게 조성되어 있다. 여기에서는 드라이버로 첫 번째 샷을 시도하여 먼저 많은 거리를 확보해야 하고 정확한 후속타로 연결되어야 규정 타수를 맞출 수 있다.

PAR 5의 홀은 대부분 450m 이상의 거리를 갖고 있어 장타자가 유리하다. 세컨드샷도 우드나 롱아이언으로 공략해야 파온(Par On) 시킬 수 있다. 이 홀은 장타자인 타이거 우즈나 죤 댈리 등 유명 프로 선수나 장타 선수들이 타수를 두 개나 줄이는 홀이기도 하다. 골프 규칙에는 남자는 431m 이상이어야하고 여자는 367~526m 범위로 규정되어 있다.

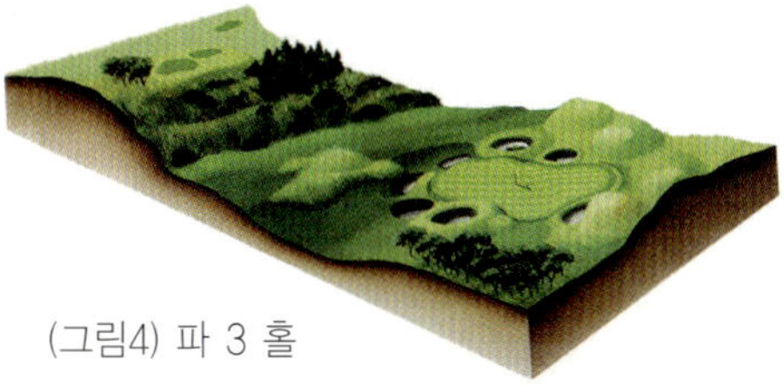

(그림4) 파 3 홀

(그림5) 파 5 홀

(그림6) 파 4 홀

7 경기 방법

골프 경기는 18개 홀로 이뤄진 코스에서 진행된다. 각 홀의 티잉 그라운드(Teening Ground)에서 제1타를 치고 그린에 있는 홀컵에 넣으면 그 홀의 경기가 끝나는 방식으로, 모두 18홀을 도는데 이것을 1라운딩이라고 한다. 아마추어의 친선 게임은 1라운드로 끝내는 경우가 많지만, 정식 경기는 대부분 4라운드 72홀의 총점수로 순위를 결정한다.

골프에는 여러 가지 경기 방법이 있으나 스트로크 플레이와 매치플레이가 주된 방법이라 할 수 있다.

》 스트로크 플레이 Storke Play

실제로 친 타수를 모두 합하였을 때 토탈 스코어수가 적은 사람이 이기는 게임 방법이다. 보통 스트로크 플레이는 핸디캡(Handicap)을 토탈 스코어에서 뺀 타수인 네트 스코어(Net Score)로 승부를 결정한다.

이러한 방식을 언더 핸디캡 경기라고 하며 아마추어 공식 경기나 프로의 토너먼트에서 많이 사용한다. 1위가 타이 스코어인 경우 프로 대회에서는 룰에 따라 연장전을 하지만 아마추어경기는 연장자나 핸디캡이 적은 사람, 또는 최초의 9홀에서 성적이 좋은 사람이 이기는 것으로 하는 경우가 많다.

한편 토탈 스코어인 스트로크 수의 합계(Gross)만으로 승부를 결정하는 경기 방식을 크로스 경기, 또는 스크래치 경기라고 한다.

》 매치 플레이 Match Play

한 홀(Hole)마다 승부를 결정하는 경기를 말한다.

함께 라운드 하는 사람(보통 4인)끼리만 경기를 하는 경우가 많다. 물론 다른 조의 사람과 매치 플레이(블라인드)를 할 수도 있지만, 크게 흥미를 느낄수 없기 때문에 보통은 거의 하지 않는다. 매치 플레이는 보통 핸디캡이 같은 사람과 하는 경우가 대부분이지만 자신과 실력이 다른 사람과도 할 수 있다. 이러한 경기를 위해 만들어진 것이 '핸디캡 홀' 이다.

스코어 카드를 보면 홀 넘버(Hole Number), 거리, 파(Par) 그 외에 핸디캡이라는 항목이 있는데, 코스의 홀 난이도에 따라 1부터 18까지의 숫자로 표기되어 있다.

경기자들의 핸디캡 차가 18이면 전 18홀에 1스트로크씩의 핸디캡이 있는 것이 되며 이것을 "에브리 원(Every One)"이라고 한다. 만약 핸디캡 차가 5라고 하면 그 카드에 기록되어 있는 5 이하의 홀이 "핸디캡 홀"이 된다. 이 핸디캡 홀에는 1스트로크의 핸디캡이 붙어 있으므로 스코어가 같은 경우 핸디캡을 가지고 있는 사람이 그 홀에서 이기게 된다.

결국 각 홀마다 이기고(up), 지고(down), 비기는(half) 승부가 계속 되어 어느 홀에선가 승부가 결정된다. 예를 들어 13번 홀까지 진행된 경기에서 A가 6홀을 이겼다고 하면 남은 5홀에서 B 가 모두 이긴다고 해도 A의 승리가 되므로 이미 여기에서 게임은 끝나게 된다.

》 매치 플레이의 경기 방법

- 드리섬(Threesomes)

A와 B+C의 경기 - 각 팀에서는 한 개의 공만으로 플레이한다.

- 포어섬(Foursomes)

A+B와 C+D의 경기 - 각 팀은 한 개의 공으로 교대로 플레이한다.

- 드리볼(Three Ball)

A와 B와 C의 경기 - 각자의 공으로 플레이한다.

- 베스트볼(Best Ball)

A와 B+C+D의 경기 - 두 명 이상의 팀에서는 각자의 공으로 플레이하며 그 중 가장 좋은 타수를 스코어로 정한다.

- 포오볼(Four Ball)

A+B와 C+D의 경기 - 각자의 공으로 플레이하며 그 중 가장 적은 타수를 스코어로 정한다.

》 어게인스 파 Against Par

매치 플레이의 일종으로 각 홀의 기준 타수인 파(Par)에 도전하는 경기이다. 홀마다 파를 잡지 못하면 다운(-), 파를 잡으면 0, 버디가 나오면 (+)로, 각 홀에서 승부를 결정하는데 업(up)이 많은 사람이 이기는 경기 방법이다.

》 포인트 터니 Point Tourney

각 홀의 파(Par)에 도전하는 경기 방법으로, 파보다 1타 많으면 1점, 2타 이상이면 0 점, 파와 같으면 2점, 1타가 적으면 3점을 주어 점수를 많이 얻은 사람이 이기는 경기 방법이다.

》 툼 스톤 Tomb Stone

코스의 파 합계와 핸디캡을 더한 수가 자기 점수가 되는 경기 방법으로, 이 점수와 같은 스트로크가 났을 때 경기를 마치는데, 볼의 최후 정지 지점이 기록이 되며 가장 멀리 간 사람이 이기는 경기 방법이다.

》 스크램블 Foursome Scramble

2인 1조가 한 개의 볼을 교대로 쳐 홀아웃하는 경기 방법으로, A가 티샷을 하면 다음 샷은 B가 치고 또 다음 홀의 티샷은 B가 치는 순서로 진행한다.

》 스킨스 매치 Skins Match

각 홀마다 상금을 걸고 승부를 가리는 경기 방법이다. 홀에서 승부가 나지 않으면 다음 홀로 연장시켜 그 홀을 이긴 사람이 2홀의 상금을 갖게 되는 경기 방법이다.

》 페리오 방식

이 방법에는 먼저 전반과 후반 홀에서 각각 3개 홀씩 6개의 홀을 임의로 정한다.

예를들어 지정된 홀에서 실제 친 타수를 합해 3을 곱하고 코스의 기준 타수를 뺀 뒤, 여기에 다시 0.8을 곱해 나온 숫자가 35라고 가정하면 핸디캡은 (35*3-72)*0.8의 값인 26.4가 된다.

》 신페리오 방식

임의 홀을 전.후반 6개씩 12개 홀을 지정한다.

그 12개 홀의 실제 타수를 더해 1.5를 곱한 뒤 기준 타수를 빼고 다시 0.8을 곱한다. 예를 들어 12개 홀의 실제 총 타수가 76이라면, (76*1.5-72)*0.8을 계산한 33.6이 핸디캡이 된다.

》 스코어의 명칭

골프 코스의 각 홀에는 기준 타수가 부여되어 있는데, Par 3, par 4, par 5 홀로 구성되어 있다. 여기에서 Par 3이란 3번을 쳐서 홀컵에 넣는 기준을 의미하며 3타 만에 홀아웃한 경우 파라고 부른다. 이것을 한번 만에 홀컵에 넣는 것을 Hole in One이라고 하는데, 이 홀인원은 수많은 골퍼 가운데 1% 정도만 그 영광을 누릴 수 있으며, 그 확률은 20,000분의 1이라고 한다.

한편 (표 2)와 같이 각 홀의 기준 타수보다 1타 적게 친 것을 버디(Birdie)라고 하고 1타 더 친 경우 보기(Bogey)라고 부른다. 2타 적게 치면 이글(Eagle), 2타 더치면 더블 보기(Double Bogey), 3타 아래는 앨버트로스(Albatross(Double Eagle)), 3타 위는 트리플 보기(Triple Bogey)라고 한다. 각 홀에서 자신이 친 타수를 말해도 된다. 즉, 3(Three), 4(Four), 5(Five), 6(Six), 7(Seven), 8(Eight)로 부르고 기록한다.

(표2) 타수에 대한 명칭

타 수	명 칭
–3 (Under)	Albatross(Double Eagle)
–2 (Under)	Eagle
–1 (Under)	Birdie
0 (기준타)	Par
+1 (Over)	Bogey
+2 (Over)	Double Bogey
+3 (Over)	Triple Bogey
+4 (Over)	Quadruple Bogey
+5 (Over)	Quintuple Bogey

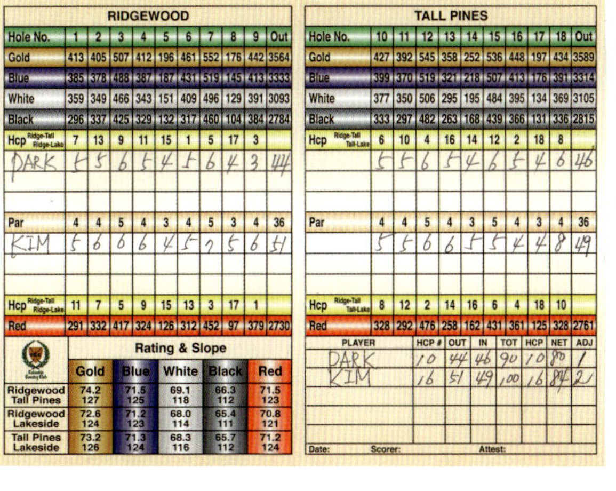

(그림7)
스코어 카드

8 핸디캡 산정 방법

》 페리오 방식 Perio Method

파의 합계가 24가 되도록, 6홀의 숨긴 홀을 선택하여 경기 종료 후 그 6홀에 해당하는 스코어를 합하여 3배 더하고, 그 코스의 파를 뺀 80%를 핸디캡으로 한다.

산정의 예 : 6홀의 스코어 합계가 36인 경우

: 스코어의 합계가 36이라면 3배하여 108, 그 합계 108에서 72를 빼면 36, 그의 8할 28.8이 핸디캡이 된다.

(표3) 핸디캡 조견표

베리아 방식(파－72)			
24	0.0	33	21.6
25	2.4	34	24.0
26	4.8	35	26.4
27	7.2	36	28.8
28	9.6	37	31.2
29	12.0	38	33.6
30	14.4	39	36.0
31	16.8	40	38.4
32	19.2	41	40.8

》 신 페리오 방식 New Perio Method

페리오 방식과 방법은 같지만 숨긴 홀을 12홀로 하여 파의 합계를 48로 하는 점이 다르다. 12홀에 해당하는 스코어 합계를 1.5배하고 거기에서 코스의 파를 뺀 80%를 핸디캡으로 한다.

산정의 예 : 12홀의 스코어 합계가 70인 경우

12홀의 스코어 합계가 70이라면 1.5배하여 105, 코스의 파72를 뺀 33의 8할 26.4가 핸디캡이 된다.

(표4) 핸디캡 조견표

신 베리아 방식(파 -72)			
48	0.0	66	21.6
49	1.2	67	22.8
50	2.4	68	24.9
51	3.6	69	25.2
52	4.8	70	26.4
53	6.0	71	27.6
54	7.2	72	28.8
55	8.4	73	30.0
56	9.6	74	31.2
57	10.8	75	32.4
58	12.0	76	33.6
59	13.2	77	34.8
60	14.4	78	36.0
61	15.6	79	37.2
62	16.8	80	38.4
63	18.0	81	39.6
64	19.2	82	40.8
65	20.4		

》 캘러웨이 핸디캡 Callaway Handicap System

미국의 라이오넬 에프 캘러웨이(Lionel F. Callaway)가 1957년에 고안한 핸디캡 산정 방법 :

이 방법은 경기 참가자들이 공인 핸디캡 증명을 제출하지 못했을때, 경기에서 비교적 공정한 핸디캡을 경기 위원회에서 즉석으로 산출하여 경기를 운영할 수 있도록 고안한 방법이다.

》 산정의 예 : 18홀을 마치고 그로스 스코어가 96인 경우

1. (표5)에서 96 스코어가 있는 줄의 표 오른 쪽을 보면 산출 조정 홀이 3이다. 즉 1홀에서 16홀까지 가장 나쁜 스코어가 있는 홀 3개를 골라 그 스코어를 합산한다. 만일 3개 홀의 스코어가 9, 8, 7이면 합계 24가 그의 핸디캡이다.

2. 다음에는 96스코어가 있는 줄의 표 아래쪽을 보면 핸디캡 조정 수치가 있다. 96타의 경우-2이다. 그러므로 24-2, 즉 22가 최종 핸디캡이다. 이 경우 Net Score는 96-22-74이다.

(표5) 캘리웨이 핸디캡 조견표

SCORE					산출홀(DEDUCT)	
		70	71	72	0	조정 없음
73	74	75			1/2	홀(가장 나쁜 홀 조정)
76	77	78	79	80	1	〃
81	82	83	84	85	1 1/2	〃
86	87	88	89	90	2	〃
91	92	93	94	95	2 1/2	〃
96	97	98	99	100	3	〃
101	102	103	104	105	3 1/2	〃
106	107	108	109	110	4	〃
111	112	113	114	115	4 1/2	〃
116	117	118	119	120	5	〃
121	122	123	124	125	5 1/2	〃
126	127	128	129	130	6	최대 핸디캡 50
조 정(ADJUSTMENT)						
−2	−1	0	+1	+2	핸디캡에서 더하거나 뺌	

특기 사항	
	1. 더블파 이상은 더블파까지만 계산한다.
	2. 0.5 스트로크는 1스트로크로 계산한다.
	3. 17홀과 18홀은 계산에 포함시키지 않는다.
	4. 동점일 경우는 낮은 핸디캡이 우선이다.

제 2 장 싱글로 가는 과정

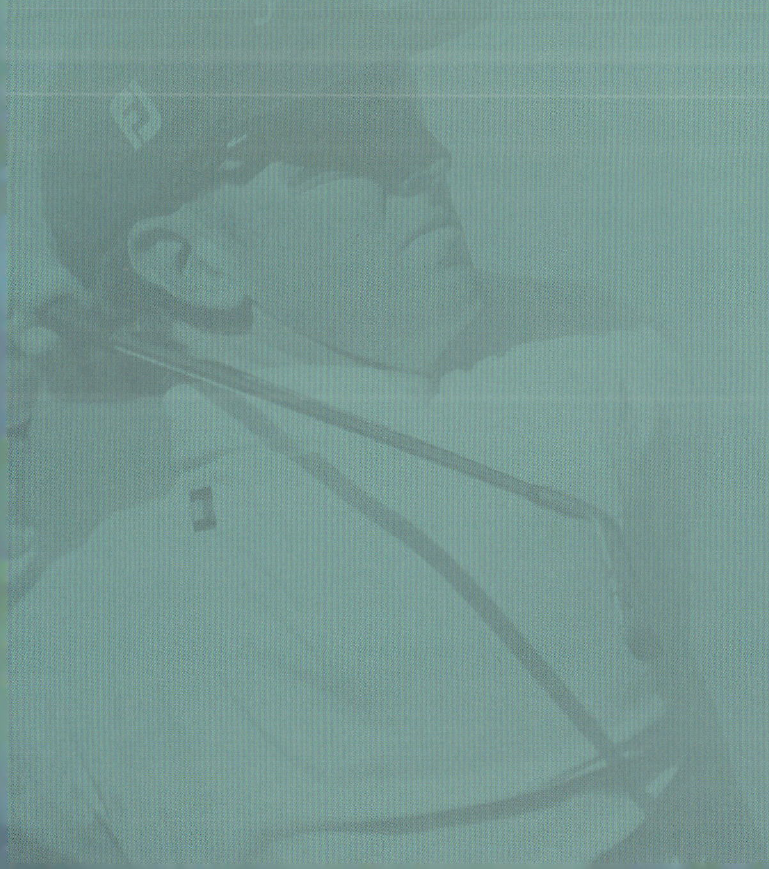

1. 초급과정
2. 중급과정
3. 상급과정

모든 골퍼들은 입문 과정을 통하여 싱글로 가는 길을 걷기 마련이다. 그런데 세계적인 골퍼들 가운데 싱글핸디갭 골퍼들은 한 자리 수에 불과하다고 하니, 그 길이 얼마나 어렵고 힘든 것인지 짐작할 수 있다.

'싱글' 의 꿈은 골퍼들의 이상이자 명예롭고 영광스러운 자리라 할 수 있다. 이 장에서는 기본기를 충실히 하는 초급 과정과 마인드 컨트롤과 전략 골프에 의한 중급 과정을 거쳐 아마추어들이 꿈에 그리던 싱글핸디캡 골퍼로 가는 지름길을 찾는 방법과 그것을 유지하는 지침을 제공 할 것이다.

여러분이 이 과정의 지침을 이해하고 끊임없이 노력하면서 겸손한 마음을 갖는다면 여러분 역시 싱글골퍼가 될 수 있을 것이다.

1 초급 과정

골프를 시작하고자하는 결심에서부터 시작하는 골프의 초급 과정은 어떻게, 얼마 동안 어느 정도로 노력하느냐에 따라 기량의 향상이 좌우된다.

골프는 평생 스포츠이기 때문에 처음 배우는 초급 과정에서 잘 배워야 편하다. 처음부터 잘못 배우면 골프를 그만 둘 때까지 잘못 배운 것을 후회한다. 좋은 자세로부터 훌륭한 기량이 나오는 스포츠에서 그 자세는 곧 생명과 같다. 특히 골프는 더욱 그러하다. 평생 할 운동인데 자세가 나쁘면 평생 그것 때문에 고민하게 되므로 초급 과정에서 자세를 제대로 하는 것을 철칙으로 삼고 운동을 시작해야 한다.

골프는 세살 버릇 여든까지 간다는 속담이 딱 들어맞는 스포츠다. 초보자들은 골프 스윙의 메카니즘과 원리를 책을 통해서 이론으로 먼저 이해해야 하고 지도자와 지침서를 신뢰해야 하며 이것들을 일관되게 배우면서 꾸준히 연습하는 마음의 자세가 우선되어야 한다. 만약 지도자와 지침서에 대해 믿음이 형성되지 않으면 당장 공을 치는데에만 급급하여 자기 멋대로의 골프 자세가 형성되어 굳어지기 때문이다.

골퍼들은 누구나 자신의 골프 철학을 가지고 있다. 골퍼들은 어느 프로 선수들의 스윙이나 미스샷에 대해 자신의 학설에 따라 해설하면서 초보자에게 선생 노릇을 곧잘 하려고 하는 경향이 있다.

제대로 기술을 익히지 못한 초보자들이 그 말을 듣고 따르다 보면 혼동이 시작되게 되고 갈등과 우려, 불안 등이 작용하여 시행 착오만 거듭하다가 올바른 스윙 폼을 익힐 수 없게 된다. 이것이 초급 과정을 탈피하는 데 커다란 방해가 된다는 것을 비기너들은 명심해야 하고 한순간 이라도 잊어서는 안된다.

초보자들은 골프를 처음 시작할때 가르치는 전문가의 지도가 불변의 진리임을 믿고 일관되게 배우는 것이 정도임을 알아야 한다. 골프는 평생 배워야하는 스포츠이다. 최소한 일년은 집중적으로 끈기 있게 지도 받아야 하며 끊임없는 노력과 시간이 필요하다는 것을 인식해야 한다.

레슨을 받으면서도 느린 진도에 오해하여 선배 골퍼들의 이런저런 학설에 현혹되어 따르다 보면 나홀로 폼이 형성되고 "초보자 치고는 잘 치는데요.", "운동신경이 참 좋으시네요.", "1, 2년만 하면 싱글 핸디캡 골퍼가 되겠는데요." 란 격려에 감동하여 골프를 가볍게 생각하는 우를 범한다면 싱글로 가는 길은 갈수록 멀어지는 기현상이 나타나게 된다. 대부분의 골퍼들이 90타대에서 머무르며 중급 과정인 보기플레이 수준에서 벗어나지 못하는 이유가 바로 여기에 있다. "나름대로 멀리 치면 되지 뭐.", "저 사람은 2년 배운 것이 저정도냐?", "골프도 별 것 아니군." 하고 경솔한 마음을 가진다면 싱글 핸디캡 골퍼의 길은 요원해질 수 밖에 없다.

배울 때 제대로 철저히 배우겠다는 진지하고 겸허한 자세가 스윙의 기초를 다지는 데 가장 중요하다는 것을 알고 먼저 골프에 접근하는 겸손한 마음의 자세를 갖춘 다음 공을 치기 위한 스윙의 기본 기술인 그립에서부터 어드레스, 백스윙, 톱스윙, 다운스윙, 임팩트, 폴로스루, 피니쉬의 우아한 원운동과 중심 이동을 배우고 숙달 하도록 하는 것이 바람직하다.

초보자들은 처음엔 숏아이언으로 시작하여 어느 정도 수준에 도달하면 미들아이언, 롱아이언, 드라이브를 비롯한 우드의 스윙 과정과 그린 위의 퍼터 사용법을 배우고 샌드웨지로 벙커샷을 비롯한 각종의 용도별 사용법을 익힌다.

이 같은 연습은 1일 1시간 30분 정도씩, 1주일 4-5번 정도로 3-4개월 계속해야 하고, 어느 정도 숙달되면 클럽에 따른 그립, 어드레스 방법 및 스윙의 차이를 이해하면서 거리와 정확성을 높여나가야 한다. 그리고 골프에 대한 매너와 게임 방법 등을 알고 필드에서 라운딩 하는 요령 등을 이해하고 난 후 처녀 시집가는 심정으로 필드에 나가 첫 라운딩을 하는데, 그 시기는 골프입문 6개월 이후가 적당하다.

필드에서 첫 라운딩한 비기너 골퍼에게 어떻게 플레이 했느냐고 물으면 대부분 "정신없이 공만 찾아 헤매다가 왔노라." 하면서 "참 어렵고 힘들며 산 넘어 산이고, 골프가 무섭더라." 고 한다. 그리고 "필드보다 연습장에서 무엇을, 어떻게, 왜 연습해야 되는지를 가르쳐 주더라."고 말한다.

여기서부터 100타를 깨기 위한 일념으로 스코어에 관심을 두고 무작정 공을 치는 아주 초보적인 골프에서 코스를 플레이하는 방법과 스코어를 관리하는 요령을 이해하면서 100타의 세 자리 수를 두 자리 수 수준으로 낮추는 힘겨운 행진이 시작되는 것이다.

100타를 깨게 하는 근본과 그 과정에서 중요한 점은, 우선 기본을 철저히 해야 한다. 실력에 비해 스코어가 잘 나지 않거나 평소 기량은 좋은데 게임에는 약하다고 생각되면 플레이 중에 자신의 기량을 확실히 적용시키고 있는가를 파악해야 한다. 골프의 기초 지식과 실제 게임 방법에 자그만한 차이가 있다고 판단되면 곧 교정하여 기본을 적용시키는 것이 타수를 줄이는 지름길임을 알고 실행에 옮기는 것이 필요하다.

연습장에서 기초를 잘 닦은 비기너가 상황과 환경이 다른 필드에서 정신적인 안정감을 찾기란 여간 쉽지 않다. 연습장에서 자신의 실력을 과신 하면서 무리하게 게임을 운영하다가 낭패를 보는 경우가 의외로 많다. 또한 스코어에 대한 과욕으로 요행을 바라며 확률이 낮은 샷으로 숲 속 러프에서 나뭇가지 사이로 단번에 쳐낼 수 있을지도 모른다는 희망적인 샷을 하다가 많은 점수를 가산하기도 하는데, 이는 초보자가 라운딩 할 때 가장 금기시해야 할 부분이다.

자기 실력보다 앞서 가는, 게임 운영과 점수에 대한 과욕이 100타를 깨는 데 가장 큰 장애가 된다는 것을 명심하고 1보 후퇴는 3보 전진이란 전술적인 플레이를 가슴에 새겨 스코어 개념에서 벗어난, 확률에 의한 골프를 해야 한다.

핸디 28이란 미스샷이 한 홀당 1.5번 범해도 100타를 넘지 않는다는 것을 의미하기 때문에 확신과 자신감을 가지고 1타 손해에 집착할 필요 없이 그것조차 감수하면서 풀어 가는 것이 현명하다. 필드에 나가서는 샷 하나하나에 최선을 다해야 한다.

게리플레이어는 항상 지나간 마지막 샷을 생각 하지 않토록 하고 무슨 일이 일어 났는지에 상관없이 공이 놓인 상태를 분석해야 한다고 하였다. 핀의 위치, 해저드를 자세히 관찰하고 풍향과 풍속을 살피며 지형의 고도, 잔디의 종류와 건조

정도, 원하는 샷의 종류 등을 숙고한 후 거리를 측정하여 클럽을 선택하라고 충고한다. 그리고 일단 클럽의 선택이 결정된 뒤에는 가능한 한 바꾸는 일이 없도록 하고 온 정신을 집중하여 최고의 샷이 되도록 최선을 다 하라고 일러준다. 그렇게하면 일생에서 가장 기념할 만한 날이 올 것이고 점차적으로 점수가 낮아지는 재미에 흠뻑 젖어 보기 플레이 정도는 단시간에 실현되어 질 것이란 희망적인 기대를 가질 수 있다고 그는 조언하였다.

2 중급 과정

중급 과정은 80타대 수준을 의미하며 미스샷이 10~17개 정도 발생한다는 전제하에서 이를 허용하는 수준이다. 이 시기는 초급 과정과 보기플레이 관문을 넘나들며 스코어가 빠르게 향상되어 가는 것을 보고 짜릿한 만족감을 느끼며 항상 라운딩 하고 싶은 생각이 드는 때이다. 그리고 비기너 시절에는 잘 되던 어프로치와 퍼팅이 왜 잘 되지 않을까를 고민하기도 하고, 짧은 퍼팅을 무서워하기도 하며 그 시절의 실력을 찾으려고 애쓰는 시기이기도 하다.

초보자 시절 1m 내외의 거리는 O.K(컨시드)란 혜택을 받았던 것을 잊지 못하고 짧은 퍼팅에 대한 우려와 염려는 불필요하고 따라서 실패는 없고 성공뿐이었다는 사실을 알지 못한다. 그래서 라운딩 후 "짧은 퍼팅을 다 성공시켰더라면, 그 미스샷이 아니었다면, 그 홀 만이라도 보기로 끝냈더라면 싱글 타수를 칠 수 있었을 텐데." 하고 아쉬움을 느끼기도 하고 가능성에 대한 끝없는 미련에 사로잡혀 있기도 한다.

중급 과정 수준이면 세계에 수많은 골퍼 중에 대단히 잘 치는 골퍼에 속하게 되고 그 비율도 그리 높지 않다. 그래서 80타대의 골프 수준을 유지 시키는 일 또한 쉽지 않다. 항상 싱글로 가는 길로 쾌속 항진하다가 U턴하여 반대의 초급 과정으로 잘못 가는 경우도 허다한데, 그 원인은 자신의 기량을 과신하여 과욕을 부리다가 미스 샷과 트러블 샷을 남발하고는 크게 실망하여 게임을 포기하기 때문이다. 이때는 오히려 빈번히 발생하는 미스샷을 너그럽게 받아들이고 긍정적인 마음으로 골프를 즐길 줄 아는 지혜가 중급 과정의 실력 향상에 도움이 된다.

이 과정에서는 특히 감정 조절이 필요하며 골프가 정신력과 마음의 상태에 따라 좌우된다는 것을 알고 자신의 실력을 냉정히 받아들이는, 좌절하지 않는 마음가짐이 중요하다.

프로 골퍼들은 60%의 실력과 40%의 정신력이 경기력을 결정짓는다고 말한다. 핸디캡이 낮아질수록 자신의 감정을 먼저 컨트롤 해야 한다. 그러나 자신의 감정을 조절하기란 그리 쉬운 일이 아니다. 아이러니컬하게도 티샷에서 OB를 냈을 경우 다시 티샷에 OB를 낼 확률이 7할이 넘는다는 사실은 감정 조절이 얼마나 중요한가를 증명해 준다. 이 원인는 2벌타가 가산 된다는 사실이 뇌신경으로부터 골프 근육에 전달되어 몸이 경직되는 것에 있다.

골프의 중급 과정을 잘 이겨내기 위해서는 직전의 실수에 대한 미련을 빨리 잊어버리고 다음 샷에 최선을 다하려는 마음의 자세를 바로 잡는 것이 필요하다. 특히 마음을 다스리지 못하고 조급한 나머지 낙망하여 체념하고 자신의 감정대로 샷을 시도한다면, 타수와 불쾌지수만 상승하게 되고 자심감 상실로 인해 실망만 하게 되어 싱글로 가는 길은 점점 어렵게 다가오게 된다.

골퍼는 무엇보다도 골프 스코어가 18홀의 총계로 산출한다는 것을 알고 감정을 억제하며 다음 샷을 어떻게 시도할 것인가를 연구하는 자세를 가져야 한다. 이 과정에서 스코어는 첫 홀의 멋진 티샷에 좌우된다고 해도 과언이 아니다. 하늘을 가르는 호쾌한 첫 티샷은 '오늘은 좋은 날' 이라는 확신감을 골퍼에게 주고 다음 샷에 대한 자신감을 불러일으킨다.

그래서 첫 티샷은 한 홀을 시작하는 1타로 끝나는 것이 아니라 1라운드의 스코어를 결정짓는 중요한 시발점이라 생각하고 첫 티샷에 대해 충분한 준비를 하고 요령을 익힐 필요가 있다.

그 한 방법으로 자신의 75% 정도 힘을 가하여 미들아이언으로 공을 친다는 느낌을 자신에게 마인드 컨트롤 한 다음 공의 상표를 목표 지점과 일직선으로 놓고 그 방향에 따라 어드레스를 한 후 드라이버 페이스와 직각을 이루도록 한다. 벙커 오른쪽 20m 지점으로 목표 지점을 확실하고 정확하게 설정하여 실행하면 실제 미들아이언과 같이 굿샷을 할 수 있게 된다. 이것은 모든 티샷의 방향 조정을 위한 최적의 방법이므로 꼭 실행해보는 것이 중급과정에서 요구된다.

또한 퍼팅에서도 라인과 브레이크를 본 후 퍼팅 라인이 결정되면 공의 상표와 퍼터 페이스가 직각을 이루도록 하여 방향을 잡는것도 한 방법이다. 방향을 잡은 뒤에는 거리만 조절하여 퍼팅하면 되는 것이다. 이러한 연습을 끊임없이 하여 그린의 상태에 따른 효과적인 퍼팅력을 길러야 한다. 이 과정에서는 장타의 거리 욕심보다 방향의 정확성에 기준을 둔 전략 골프가 우선되어야 한다. 점수의 60%가 숏게임에서 좌우되기 때문에 어프로치와 퍼터의 중요성은 더욱 커질 수밖에 없다.

한편 중급 과정에서 골퍼들이 날리는 샷을 보면, 프로 골퍼처럼 시원스럽게 잘 치고 흉내도 곧잘 내지만 스코어는 항상 80대 타수 후반에 맴도는 것을 볼 수 있다. 그 이유는 전략적 개념 없이 스윙의 메카니즘에 급급한 플레이를 하기 때문이다.

골프의 최종 결과는 결국 몇타를 쳤는가 하는 데에 있다. 몇 번 클럽으로 어떤샷을 날렸는가에 더 집착하여 그저 모습만 뽐내려고 하는 것은 중급 과정에서흔히 범하는 실수이다. 이를 전형적인 무전략 골프라 할 수 있다.

이러한 모습은 골프의 중급 과정을 걷는 골퍼들은 반드시 지양해야 한다. 골퍼는 자신의 실력에 맞게 코스에 따라 계획된 샷을 하여 공략하는 전략 골프가 스코어 향상에 지름길이라는 사실을 깨달아야 한다. 또한 이 과정에서는 자신도 프로가 될 수 있다는 착각속에서 자신의 기량은 염두에 두지 않고 프로 샷만 고집하다 낭패를 보는 경우가 빈번하다. 따라서 겸손한 마음을 가지고 건실한 게임 운영으로 골프 수준을 한 단계 높이는 발판을 마련하도록 전략 골프와 두뇌 플레이를 구체화시켜야 한다.

그리고 기술적인 측면에서 드라이브를 비롯한 우드와 롱아이언, 미들아이언, 숏아이언과 퍼터를 처해진 상황에 따라 용도에 맞게 활용하는 연습을 게을리하지 않아야 하고, 벙커와 디보트 그리고 러프에서의 어려운 샷을 하는 방법을 숙달 해야 할 뿐만 아니라 여러 가지 경사에 놓인 공을 처리하는 지혜를 가져야 한다. 이 과정을 다 마친다면 최종 단계인 싱글 과정에 들어 갈 수 있을 것이다. 기본기에 더욱 철저히 하면서 정신력과 두뇌 플레이 및 전략 골프에 비중을 두는 게임 운영이 이 과정에서 강조된다 하겠다.

"싱글의 영예는 땀흘리며 노력하고 연구한 자만이 얻을 수 있는 고귀한 것이다."라는 글귀를 머릿속에 새기면서 싱글로 가는 길의 최종 관문을 두드린다.

3 싱글 과정 Low Handicapper

초급 과정과 중급 과정에서는 골프를 긍정적인 마음으로, 즐기면서 실력 향상을 꾀할 수 있다. 그러나 싱글 과정은 한 차원 높은 단계이기 때문에 골프 게임의 궁극적인 목표가 무엇인가를 먼저 깨달아야 한다.

싱글 핸디캡 플레이어는 라운드당 다섯 개의 멋진 샷, 즉 두 개의 칩샷과 하나의 벙커샷, 두 개의 퍼팅이 가능해야 9개 정도의 미스샷을 만회하여 싱글을 유지할 수 있다. 그렇기 때문에 지금까지 어떻게 골프를 연습해왔으며 게임 중에 취약했던 부분은 어떤 것이 있는지를 세분화하여 진단하고 분석·검토해 볼 필요가 있다. 이 과정에서는 최종 목표인 핸디캡을 한 자리 숫자로 낮추고 이를 유지하는 것에 집중해야 한다. 싱글 한 번 치는 것이 최종 목표가 아니라는 것을 싱글 과정에 들어선 골퍼들은 알아야 한다.

싱글 과정을 배우는 골퍼들은 "비거리를 버려도 80대 타수를 칠 수 있지만, 비거리를 버리고는 싱글이 될 수 없다."는 사실을 명심하고 거리와 방향을 동시에 추구해야 한다. 싱글 과정에서는 두뇌 플레이 및 전략적인 코스 공략이 60% 비중을 차지하고 근육에 의한 기술이 40%를 차지한다고 할 정도로 전략적 두뇌에 의한 골프가 큰 비중을 차지하게 된다는 것을 알아야 한다. 이것은 자신의 실력의 장 · 단점을 파악하고 능력 한도 내에서 가장 확률이 높은 샷을 시도하여 코스 내에 산재한 자연적인 장애를 피해, 안전한 루트를 찾아 스코어를 줄이는 현명한 코스 공략이 중요하다는 것을 의미한다. 그러기 위해서는 클럽에 따른 용도별 샷 기술을 익혀야 함은 물론 코스에 따라 용이하게 공략할 수 있는 드로나 페이드볼을 구사할 수도 있어야 한다.

그러기 위해서는 끊임없는 연구와 노력이 필요하며 비디오 촬영과 더불어 자신의 셋업과 샷에 대한 동작 분석을 정기적으로 하여 잘못된 스윙을 교정하여야 한다. 여기에 병행해서 근력과 근지구력, 파워, 유연성 및 정신적 지구성과 집중력 등을 길러야 하고 자신의 감정을 조절하여 여러 가지 상황의 스트레스에 대해 심리적인 안정을 유지할 수 있는 마인드 컨트롤의 힘 역시 갖추어야 한다. 그리고 예기치 않았던 트러블 샷과 미스 샷으로 인하여 처해진 위기 상황을 극복하는 지혜와 위기 관리 능력을 길러야 한다.

싱글은 장타를 날리되 정확해야 한다. 숏게임의 중요성과 더불어 소홀히 하기 쉬운 퍼팅의 비중은 40%로 높여 3퍼팅이 없도록 해야 하며 라운드당 34번 이상의 퍼팅이 나오지 않도록 관리해야 한다. 그렇게 하려면 2미터 내외의 퍼팅은 7할 정도는 성공시켜야 하고 60cm의 퍼팅에 가장 정신을 집중하여야 한다.

잭니클라우스나 타이거우즈, 박세리와 같은 세계적인 선수들도 그것을 미스하는 경우가 종종 있다. 따라서 아마추어들은 최선을 다할 뿐이지 필드에서 그 해답을 찾기 위해 골프 방정식을 굳이 풀려고 하지 않아야 한다. 60cm의 퍼팅에 얽힌 퍼즐은 우주의 신비보다 결코 얕지 않기 때문이다. 이 같은 경지에 도달할 즈음, 모든 것이 완벽하다고 생각할 때 비로소 싱글이 되는 것이다. 싱글은 한 자리 숫자의 핸디캡으로 몇 번 치는 것이 아니라 핸디캡 조정 위원회에서 싱글 핸디캡을 받는 것을 의미하며, 싱글이 되는 과정 만큼이나 그것을 유지하는 것이 어렵다는 사실을 알고 싱글에 맞는 매너를 갖추도록 부단히 노력해야 한다.

벤호건(Ben Hogan)은 "한 번의 굿샷과 좋은 라운드는 별것이 아니다. 꾸준히 나와야 한다." 라고 하면서 우연이나 행운을 버리고 확률이 높은 방법을 택하라고 강조했다. 또한 "누구나 제대로 스윙할 수 있고 그 스윙을 굳혀 연습만 꾸준히 한다면 싱글이 될 수 있다." 고 하면서 싱글로 가는 방향을 제시했다.

한편 게리플레이어(Gary Player)는 싱글로 가는 길의 효과적인 연습 방법의 하나로 골프 연습장에서 머릿 속으로 샷을 그려 보는 것을 추천한다. 그는 이 방법이 코스에 나가서 하는 것만 못하지만 마치 실제로 연습한 것처럼 큰 도움을 준다고 하였다. 빠른 속도로 연속하여 같은 클럽으로 공을 쳐내는 연습만 하는 것이 아니라 자기가 잘 알고 있는 어떤 골프 코스에서 플레이를 하고 있다고 상상하고, 드라이버부터 공을 티업하는 것까지 생각해 보는 연습 방법도 제시하고 있다. 즉 제1번 홀을 머리에 그린 다음 목표 지점을 설정하고 샷 하기 전의 일상적인 준비 과정을 하고 나서 공을 친다는 상상을 하는 것이다.

먼저 제1홀의 페어웨이를 걸어서 공이 떨어진 곳으로 가고 있는 자신을 상상한다. 실제 코스의 조건과 더욱 비슷하게 하기 위하여 약 1분 정도의 휴식 시간을 갖는다. 다음 샷을 위하여 클럽을 선택하고 역시 같은 방법으로 샷 전의 준비 과정을 하면서, 마음속의 코스에서 플레이를 계속하는 이러한 방법을 게리는 권한다. 또한 눈을 감고 공을 치는 훈련을 해 보는 것도 권한다. 왜냐하면 눈을 감았을때 정신이 흐트러지지 않기 때문에 스윙이 많이 부드러워지고 눈을 뜨고 하는 것보다 마음이 훨씬 안정되기 때문이다. 이 훈련은 실제 퍼팅에서도 크게 도움이 된다.

그는 18홀에서 걸어 나올 때 항상 라운드에서의 샷 하나하나를 머릿속으로 그려 본 후 어디에서 실수를 저질렀는지를 찾아내고 그 실수로부터 교훈을 얻는다. 내일의 게임을 위하여 경기 운영 계획을 미리 세우고 각 홀과 각 샷을 어떻게 플레이 할 것인지를 미리 연습해 보는 것이 싱글로 가는 지름길이라고 했다. 이러한 방법으로 1주일에 3일 연습과 2일 라운딩을 함으로써 싱글 핸디캡이 유지되어 머지않아 스크래치 플레이어(핸디캡 0)의 가능성을 타진하게 된다고 말한다.

이 같은 경지에 도달하면 골퍼들의 우상이 되며 가장 좋은(Great) 공기(Oxygen)와 잔디(Lawn)를 밟고(Foot) 걸으며 인간과 자연 그리고 골프가 조화를 이루는 궁극의 지점을 맛보게 된다. 자연으로 돌아가라는 자연주의 철학자들의 철학을 음미할 때, 인간이 생각해 낸 가장 위대한 스포츠인 골프의 참맛을 즐길 수 있을 것이다.

제3장 스윙메카닉 Swing Mechanics

1. 골프전문가의 길
2. 물리법칙 기본 원리
3. 인체구조
4. 스윙메카닉
5. 5가지의 다른 게임
6. 연습방법
7. 숏게임 메카닉

1 골프 전문가의 길

＊개인의 경험적 방법론은 백의 백 가지이다

- 스윙 원리라는 말은 많이 사용하지만 정작 근본 원리에 대한 이야기는 거의 없다.
- 개인의 경험적 방법은 주관적이며 사상누각(沙上樓閣)이 될 수 있다.
- 과학적 스윙 원리는 물리 운동 법칙, 인체 구조, 장비 기하학의 조합이다.
- 누구에게나 적용되는, 객관적이고 간단하다.
- 과학적 스윙 원리를 '이해-숙지-숙련-숙달' 하여야만 전문가가 될 수 있다.

＊기술 부분의 이론적 근본 원리 연구와 실전 실력 겸비

- 호주 출신 아인슬리 브리지랜드 경(Lord Ainsley Bridgeland)
  1차 대전 후 영국으로 귀화. 사업가, 공학도로 활약하며
  GSGB(Golf Society of Great Britain)에서 1961~67, 100여편의 논문 발표.
  「Search for the Perfect Swing」, 물리 법칙 내에서 다양한 종류의 스윙이 존재.
- 미국인 Homer Kelley(1907~1983)는 1969년 「The Golfing Machine」 발표.
  보잉사 엔지니어로 활동하면서, 30여 년간 골프 스윙의 물리적·기하학적 원리를 연구, TGM
- 『숏게임 바이블(Short game Bible), 퍼팅 바이블(putting Bible)』의 저자
  데이브 펠츠(Dave Pelz's), NASA의 물리학 연구원 출신

＊과학적 근본 스윙 원리

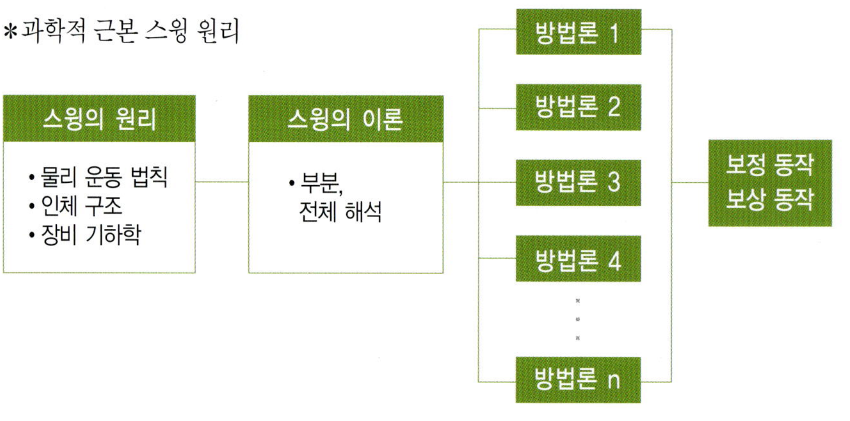

- **보정 동작:** 각각의 방법들 중에 훈련(습관)을 통해 **바르게 스윙 되는 운동 신경**
- **보상 동작:** 각각의 방법들 중에 반사 신경에 의해 **잘못 스윙 되는 반작용 동작**

• 과학적 근본 스윙 원리를 통한 훈련 습득 과정

• 일반적인 방법론으로 훈련 습득 과정

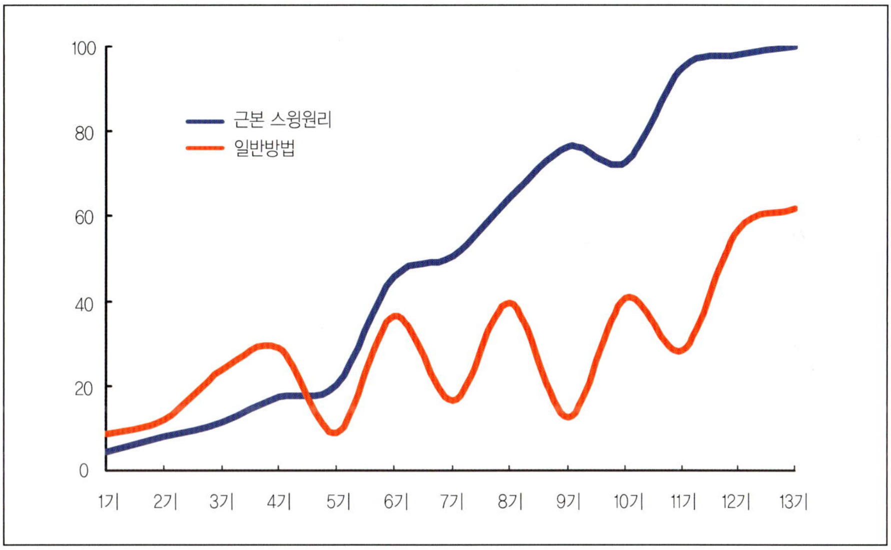

*스윙 이론들

- 지렛대 시스템(Leverage System)
- 바퀴축 시스템(Wheel Axle System)
- 수평 회전과 수직상하 운동(Horizontal & Vertical) => Vector
- 후려치는 스윙(Swinger) => Arc - 마른형
- 때려치는 스윙(Hitter) => Width - 비만형
- 당기고 밀고 스윙(Pull & Push) => Lever, P&P - 표준형
- 몸통 스윙(Body Turn) => 배꼽이론
- 걸쳐서 기울이는 스윙(Stack & tilt) => S&T
- 원운동과 직선운동(Piston System) => 증기 기관차
- One plane, Two Plane Swing => 부치 하먼
- On Plane Swing => 행커 헤이니
- Safety Zone => 짐 매클린
- PGA 정통 스윙

2 물리 법칙 근본 원리

◎ 뉴턴의 운동 제 I 법칙

1) 뉴턴의 운동 제 I 법칙 : 관성의 법칙(Sequence; 순차적 회전) - 관성력
2) 뉴턴의 운동 제 II 법칙 : 가속도의 법칙(임팩 시 오른팔의 펼침) - 가속력
3) 뉴턴의 운동 제 III 법칙 : 작용과 반작용의 법칙(구심력과 원심력) - 원심력

- 관성의 법칙: (버릇 慣, 성질 性), 정지한 것은 계속 정지하려고 하고, 움직이는 것은 계속 움직이려는 성질을 관성이라 함.
  두 개체가 같은 방향으로 움직이다가 갑자기 한 개체가 급정거하면,
  다른 개체는 같이 진행하던 방향으로 더욱 빠르게 움직이는 성질.
- 인체 분절(마디)들의 순차적 움직임에 의해 일어나는 관성으로 인해 클럽의 헤드 속도가 운동량 보존의 법칙에 의해 그냥 휘두르는 것보다 훨씬 빨라지게 한다.
- 연쇄 관성으로 스윙에 가장 큰 영향력을 차지하고 있음.

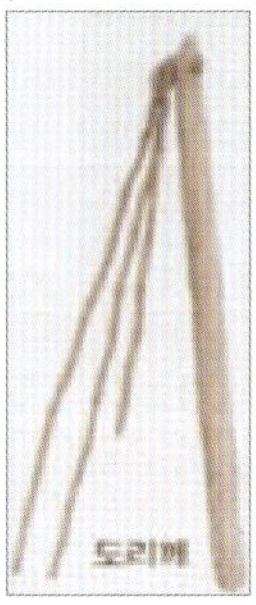

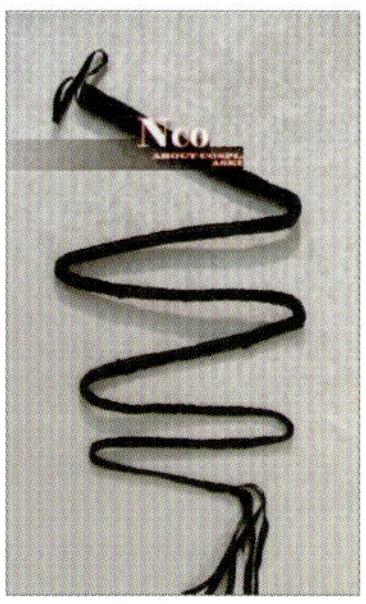
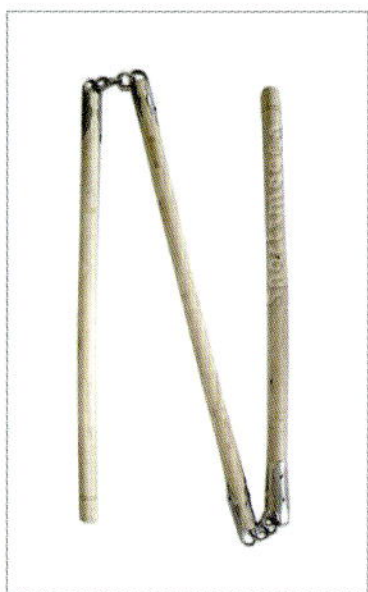

》뉴턴의 운동 제 I 법칙 : 관성의 법칙, Sequence Swing(순차적 스윙)

①발바닥 → ②무릎 → ③골반 → ④상체 → ⑤왼팔 → ⑥클럽 → ⑦오른팔
★두 손은 클럽을 쥘 뿐, 클럽을 휘두르는 것은 팔이다. 그리고 그 팔은 몸통에 의해 휘둘러진다.

셋업 ①~③ ③~④ ④~⑤ ⑤~⑥ ⑥~⑦ 백스윙 탑

셋업 ①~③ ③~④ ④~⑤ ⑤~⑥ 바퀴축시스템

오른쪽 팔꿈치만 펼쳐짐과 동시에 언코킹이 되고, 연이어 바퀴축 시스템으로 왼팔을 돌려내면 오른쪽 손목이 돌아가며, 스윙 한계선까지 양팔이 펼쳐져 나간 뒤, 잔여 원심력으로 팔로우스루가 일어난다. 왼쪽 팔꿈치가 접히면서 몸이 뒤따라 가 피니쉬 최고점으로 피니쉬가 된다.

》 **연쇄 관성 :** 인체 마디별 순차적 스윙에서 시간과 속도의 관계를 나타낸 그래프

다운스윙 시 ①발의 디딤으로 ②무릎이 회전하고 ③골반이 연속하여 회전하며 최고점을 지나 감속되면 연이어 ④상체가 회전하고 최고점을 지나 감속되면, ⑤왼팔이 어깨에 의해 수동적으로 직하강되기 시작한다. 왼팔이 최고 속도를 지나 왼쪽 가상의 벽에 부딪치며 정지하듯 감속되면 ⑥클럽은 관성력에 의해 샤프트가 휘어지면서 최대속도로 지나간다. 이때 ⑦오른쪽 팔꿈치만 펼쳐 주면서 가속도를 붙여 주어 클럽이 잘 빠져나가도록 양 손목은 바퀴축 시스템으로 회전하면서 릴리즈 해준다.

1 : 하체(①발, ②무릎, ③골반)

2 : 상체④

3 : 팔(⑤왼팔)

4 : 클럽(⑥클럽, ⑦오른팔)

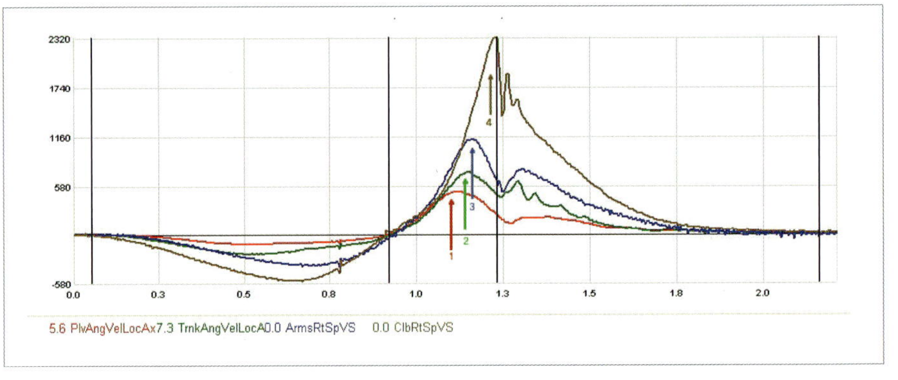

◎ 뉴턴의 운동 제 II 법칙

》 **가속도의 법칙 :** a=F/m, 가속도는 힘과 비례, 질량과는 반비례

- 움직이는 물체에 같은 방향으로 힘이 가해지면 그 힘만큼 가속도가 발생한다.
- 분절들의 순차적 움직임으로 관성에 의해 클럽의 속도가 빨라지게 되는데, 이때 접혀 있던 오른팔 아래 팔뚝을 연이어 뒤따라가면서 펼쳐 누르듯 밀어주면 양팔이 로테이션되면서 더욱더 가속이 되어 임팩~팔로우스루로 진행된다.
- 이 과정에서 오른쪽 어깨의 힘을 완전히 빼 윗팔뚝이 떨어지듯 내려오고(아래팔뚝과 손목은 접혀진 각도를 유지한 채), 그 다음 옆구리 앞쪽으로 지나치며 아래팔꿈치가 연이어 펼쳐지고, 오른쪽 손목이 마지막으로 돌아가면서 임팩되어, 양 손목(Uncocking과 바퀴축 시스템)은 아래팔뚝과 함께 가장 나중에 돌아가면서(로테이션, 롤링) 팔 전체가 완전히 펼쳐 진다.

》 **뉴턴의 운동 제 II 법칙 :** 가속도의 법칙, 임팩 시 오른팔의 순차적 펼침

〈오른팔의 순서〉

어깨에서부터 ① 윗팔뚝 - ② 아래팔뚝 - ③ 손목의 회전(롤링, 로테이션)

① 오른쪽어깨에힘을 빼 위팔뚝만 떨어짐. 팔꿈치와 손목은 아직 접혀 있음. 손목은 절대로 펴지 말 것.

② 몸으로 왼팔을 내려 가상의 벽에 세우면 관성으로 클럽이 최대 속도로 진행.

③ 관성에 의해 클럽이 튀어나가는 것을 오른쪽 팔꿈치로 쭉 펴주면서 더 가속시킴.

④ 왼손, 오른손 언코킹되며 릴리즈 해줌. 오른쪽 손바닥 중앙선으로 눌러 밀어 줌.

⑤ 왼손과 왼팔뚝은 기준선을 유지하여 바퀴축 시스템을 작동시켜 클럽이 잘 빠져나가도록 양팔이 회전됨.

◎ 뉴턴의 운동 제 III 법칙

》**작용과 반작용의 법칙** : 반작용의 힘은 작용의 힘과 방향이 반대이다. 양 힘이 동일할 때, 작용의 방향으로 가장 큰 회전력(원심력)이 작용한다.

- 구심점에서 회전하는 법사면에 직각으로 빠져나가는 힘이 원심력이다.
- 구심력과 원심력의 작용이 잘 이루어질 때 헤드에 가해지는 운동량이 최대가 된다.
- 그립 악력이 강하면 구심력 쪽으로 힘이 더 가해져 상대적으로 원심력이 약해진다.
- 순차적 스윙에서 볼 때 ①~④ 의 움직임은 감속되어 정지되듯이 버티어 주고, ⑤~⑦ 은 계속 진행되어 클럽과 양팔만 빠져나가듯 팔로우스루로 간다. 이렇게 구심력은 반작용, 원심력은 작용 방향으로 밸런스가 이루어 질 때, 헤더 쪽 원심력은 최대가 되어 헤드를 회전시켜 공에 최대의 운동량을 전달하여 멀리 또 정확히 보내고, 잔여 원심력으로 피니시까지 몸이 딸려 갈 수 있다.
- 이 순간을 릴리즈라고 한다. 릴리즈의 역할은 거리와 방향성에 많은 영향을 미친다.

》**뉴턴의 운동 제 III 법칙** : 작용과 반작용의 법칙, 구심력과 원심력
- 임팩 시 "때려라", "쳐라" 등의 용어가 아닌 Release(풀어놓다)라는 용어를 사용한다.
- 릴리즈 시 완전히 힘을 빼주어야 원심력이 최대가 되어 왼팔의 바퀴축 시스템이 작동되면서 방향이 좋아짐. 이로인해 이어서 팔로우스루와 피니쉬가 잘 이루어 진다.
- 이때 상체를 먼저 돌려 피니쉬로 가려고 하면 안 된다.
- 바퀴축 시스템이 작동되기 위해서는 특히 왼손 그립이 결정적으로 중요하다.

- 샤프트 방향으로 원심력이 작용하고 직전에 발현된 관성력과 가속력에 의해 헤드가 바퀴축 시스템의 작동으로 회전된다.
- 헤드가 공에 임팩되어질 때 스퀘어(직각) 되느냐가 방향에 결정적으로 영향을 미친다.

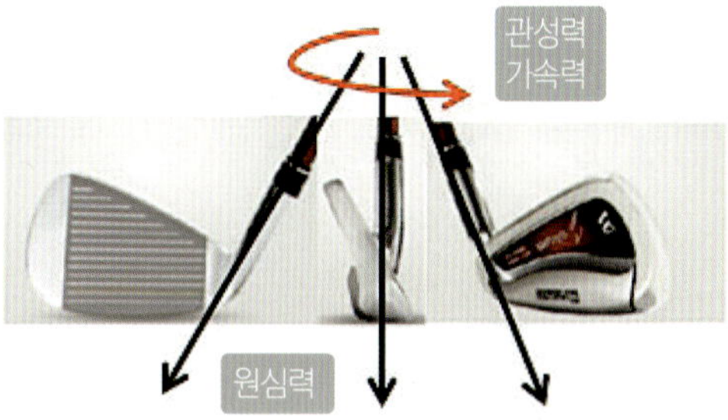

◎ 운동의 역학

》운동 역학(運動力學) : Bio-Mechanics

- 일정한 운동에 있어서 자세(힘:근골격)와 그의 움직임(토크:공간적 위치이동)이 어떤 작용과 결과를 발생시키느냐의 관계를 일컬음.
- 뼈(지렛대), 관절(지레 축), 근육(힘) : 분절과 클럽 간의 상호 관계
- 지면반력과 무게중심 이동과 회전축 관계

• 원운동, 각운동량(角運動量)(관성모멘트×각속도) : 질량×속도×회전 반경
• 각속도 = 선속도 / 회전 반경
• 운동 방향, 힘의 방향 : Vector 량(직각 운동 방향과 대각선의 힘의 방향)

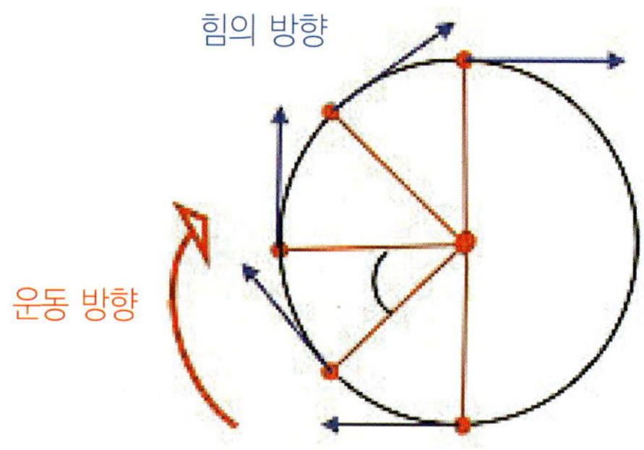

백스윙 시 Vector

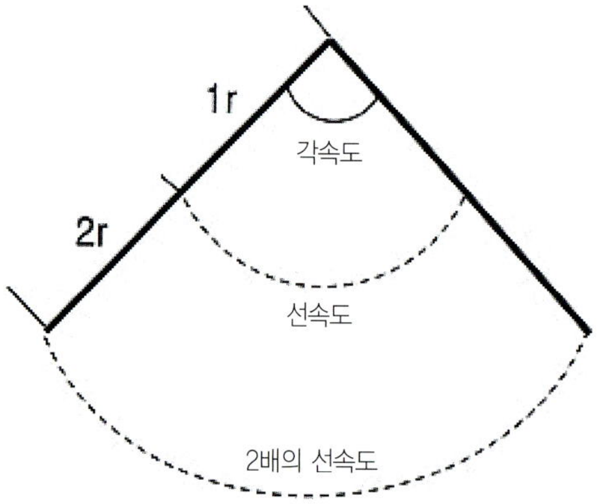

◎ 관성모멘트

》 관성모멘트 Moment of Inertia, MoI

개념 : 물체의 중심을 통과하지 않는 힘인 편심력이 물체에 가해졌을 때 그 물체는 축 또는 고정점을 중심으로 회전 또는 각운동을 하게 된다. 이때 회전하는 물체에 대한 저항의 수치(회전하는 데 방해하는 속성)를 관성모멘트라 한다. 즉, 관성모멘트가 크면 상대적으로 회전 속도가 느려진다.

- 관성모멘트에 영향을 미치는 중요한 요소
  - 회전축 주위의 질량 분포 상태(길이)
  - 물체의 질량
  - 회전축의 위치

- MoI = 질량×회전반경의 제곱 =〉 회전 속도에 관련
- 운동량 = 질량×속도 =〉 헤드 스피드에 관련
- 운동 에너지 = $\frac{1}{2}$×질량×속도의 제곱 =〉 임팩트에 관련
- 물체의 운동량 변화 = 충격 가한 힘×힘이 가해진 시간 =〉 공의 출발에 관련

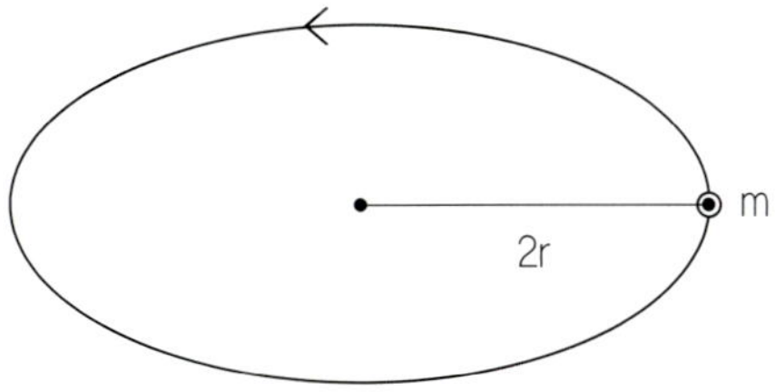

회전 1회/초

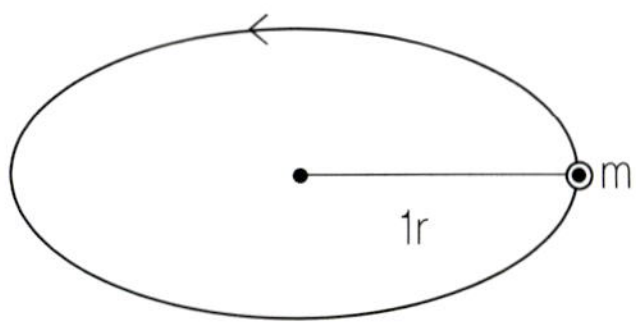

회전 4회/초

◎ 스윙메카닉 – 스윙분석

Down Swing~Follow Through: 요르겐센(Jorgensen)의 해석 결과를 다시 구성(T. P. Jorgensen, The Physics of Golf, 2nd ed., Springer–Verlag, 1999)

Rotation(원 회전)인가? Vortex(와류)인가?

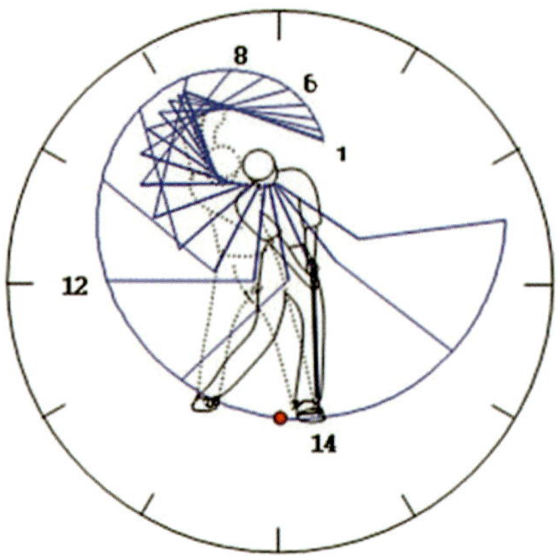

그림1) 한 장면당 0.02초

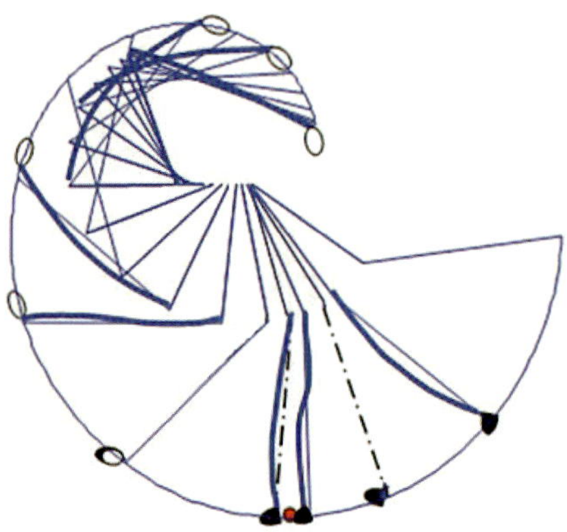

그림2) 샤프트의 휨 정도

◎ 볼의 역학

》볼의 발전과 구조

- 볼의 무게 : 1.620온스(45.93g)
- 볼의 크기 : 1.680인치(42.67mm)
- 볼의 구조 : 2, 3, 4, 5 피스
- 공기 마찰 : 표면항력, 형태항력
- 딤플 구조 : 항적
- 양력 : 백스핀, 사이드 스핀

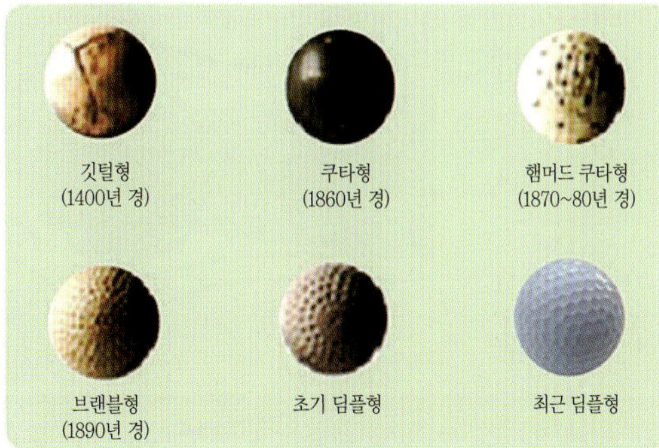

》볼의 내부

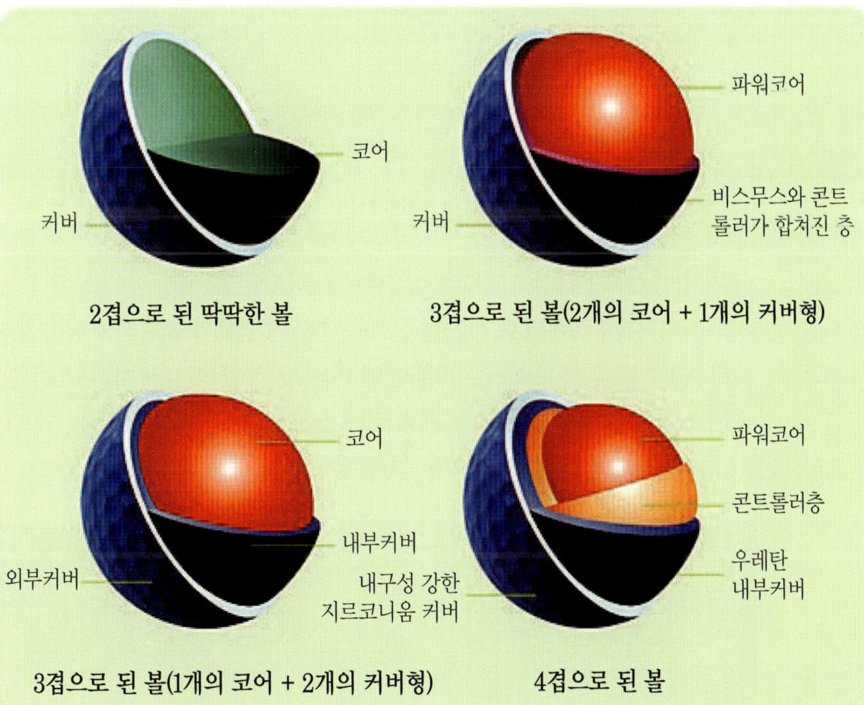

2겹으로 된 딱딱한 볼 / 3겹으로 된 볼(2개의 코어 + 1개의 커버형) / 3겹으로 된 볼(1개의 코어 + 2개의 커버형) / 4겹으로 된 볼

〉〉 볼의 비행시 공기 흐름과 딤플 관계

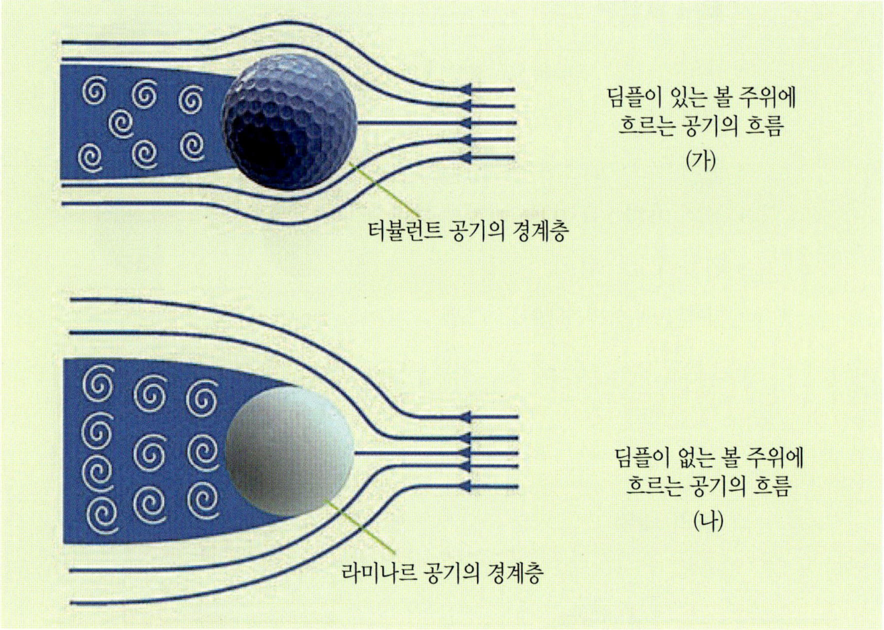

〉〉 볼의 비행 시 공기 흐름 시뮬레이션

슈퍼 컴퓨터로 계산된 새로운 딤플의 골프볼 탄생

- 그림(가)슈퍼 컴퓨터로 계산된 골프볼 주위의 딤플과 공기의 흐름을 보여주고 있다.
- (나) 골프볼 주위에 약 12억 개에 달하는 점의 위치를 선정한 그리드(grid) 모습.
- (다)는 (가)의 원 부분을 확대한 것으로 딤플 주위를 공기가 흐르는 모습을 확대해 보여준다.

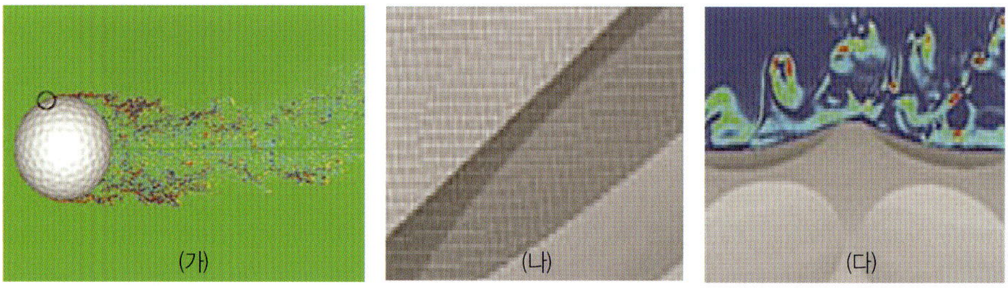

볼의 비행 시 딤플과 회전 관계

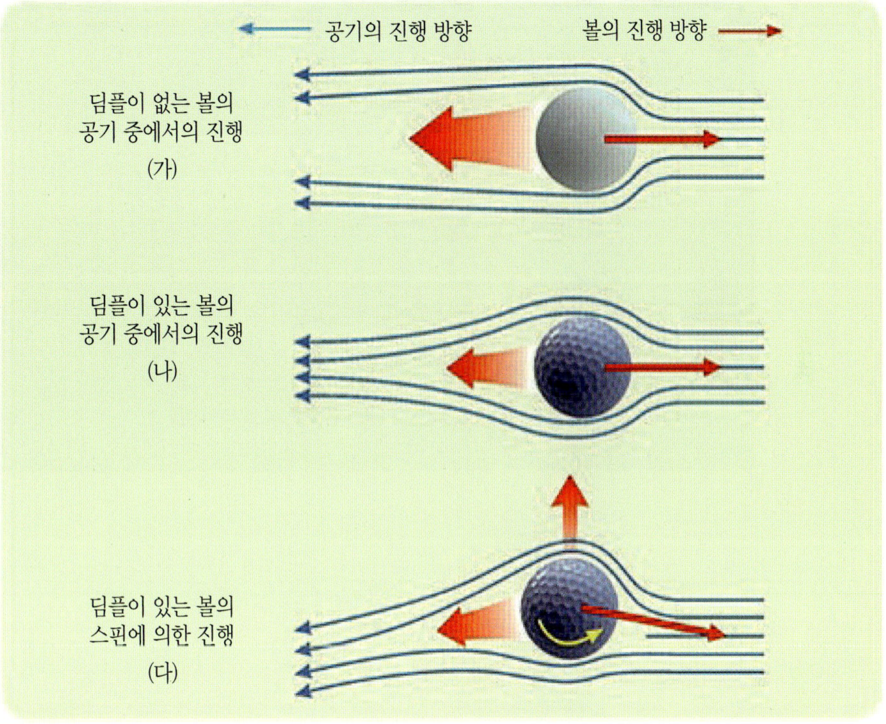

볼의 딤플과 거리와의 관계

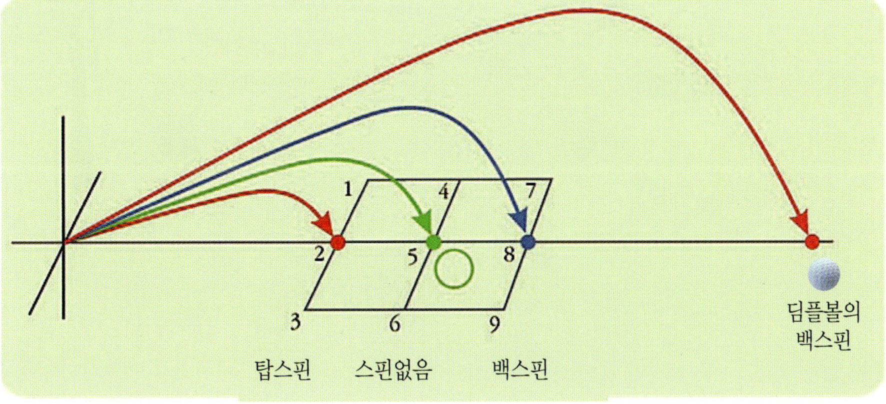

》 볼의 백스핀과 거리와의 관계

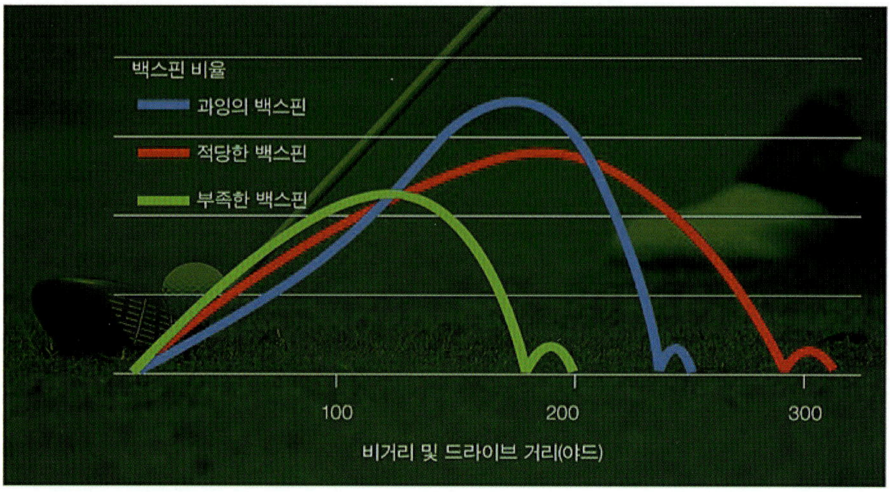

》 9 Ball's Flight Law

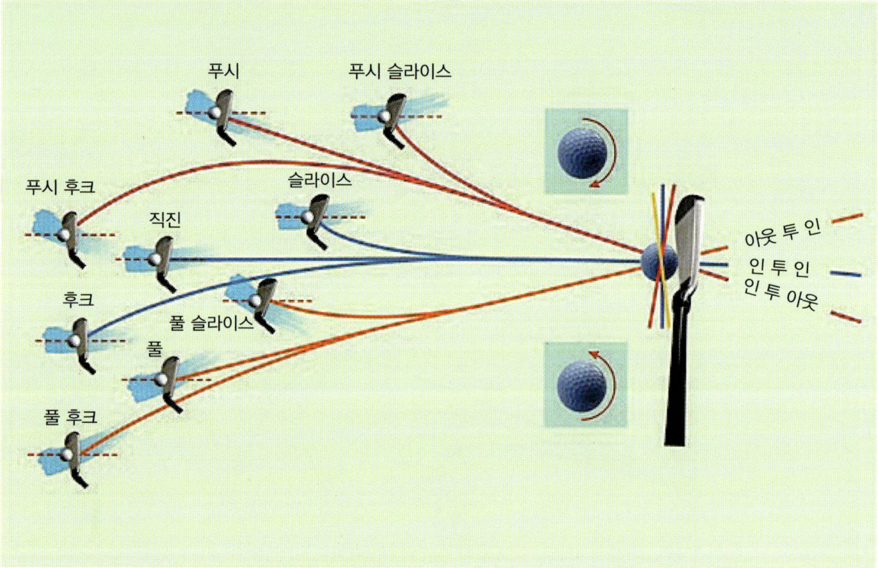

3 인체구조

◎ 분절 간 순차적 움직임

- 인체 구조와 힘의 발생 관계 : 뼈(지렛대), 관절(지레 축), 근육(힘), 분절(마디)과 클럽간의 상호 관계 : Sequence Swing(순차적 스윙)
  ①발바닥→②무릎(대퇴이두근)→③골반(대둔근)→④상체(광배근)→⑤왼팔→⑥클럽→⑦오른팔
- 지면반력과 무게 중심 이동과 회전축 관계
- 운동 신경과 반사 신경 관계 ⇒ 균형, 평형, 안정성, 무게 중심과 기저면
- 왼팔의 바깥선 근육 : 겨드랑이⇒팔꿈치⇒새끼손가락까지 관장하는 근육

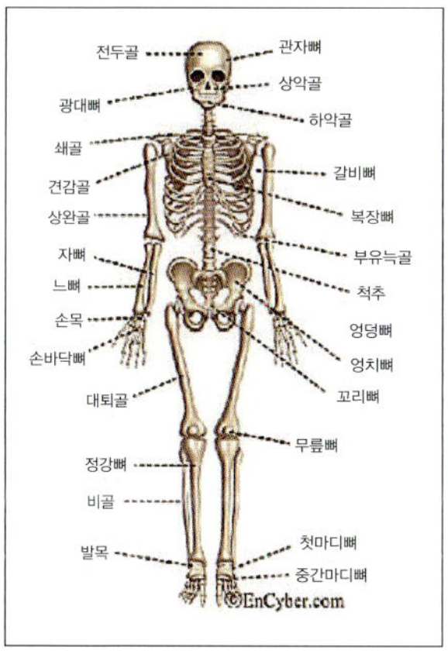

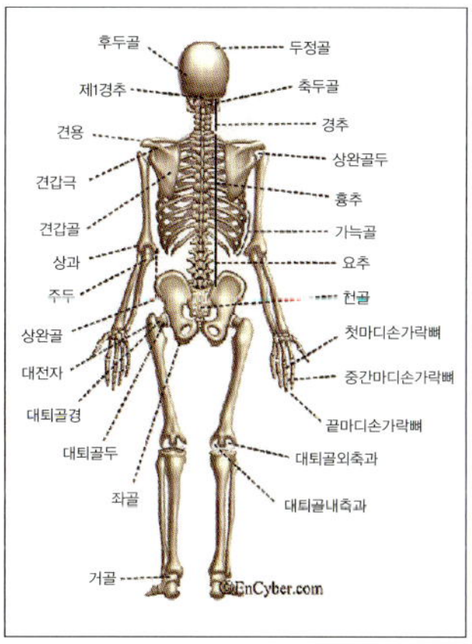

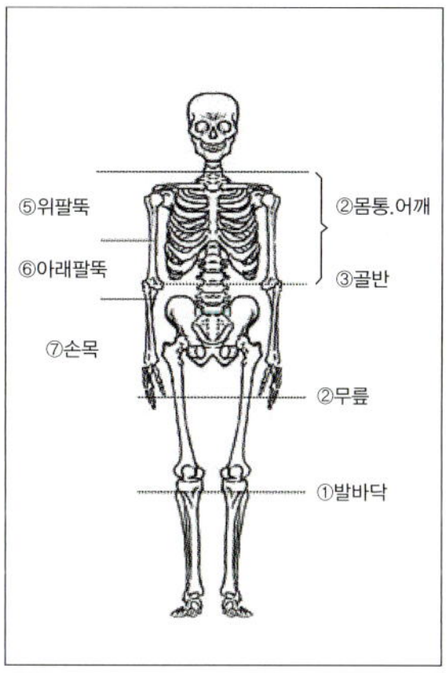

- 근육은 속근과 지근(fast, slow twitch fiber)으로 구성된다.
- 신전(Stretch) : 근육이 늘어나 이완되는 현상.(힘을 빼라고 하는 것들)
- 수축(contraction) : 뇌에서 운동 신경의 명령에 의해 근육이 당겨져 힘을 낸다.
- 근육은 고무줄처럼 자동으로 늘어났다 줄었다(탄성력) 하지 않고, 늘여진 근육을 뇌의 운동 시스템에 의해 수축시킴으로 힘을 만든다.
- 몸통의 근육이 꼬였다가 자동으로 풀어지는 힘을 이용하는 것이 아니다.

백스윙 시 오른쪽 하체의 무게 중심 이동으로 관성의 법칙에 의해 등판, 어깨를 특히 왼날개뼈(견갑골)를 신전회전시켜 백스윙 탑으로 어깨와 팔이 충분히 돌려지는 중에 다운스윙으로 전환된다.(Squat) 왼쪽 하체의 무게 중심 이동으로 관성

의 법칙에 의해 몸통, 어깨의 큰 근육으로 정면까지만 수축· 회전하면 왼팔이 수동적으로 직하강되어, 클럽을 오른쪽 팔꿈치만 펴서 양손이 언코킹과 바퀴축시스템이 가동되어 내보낸다. 그 뒤 몸통이 따라가게 되어 피니쉬 된다 .

- 근육은 긴장하면 경직된다. 퍼팅 할 때 YIPS 현상이 일어나는 것과 같다.
- 불균형(Unbalance)은 몸의 경직을 가져와 의도와는 다르게 움직이게 한다.
- 움직임의 이해는 이론 설명으로 가능하긴 하지만, 몸 움직임에 대한 이해는 근육이 움직이는 느낌을 직접 정확한 반복 연습으로 발달시켜야 한다.
- 운동 신경의 발달이라 함은 뇌와 근육 간에 신경의 소통이 원활하게 되는 것이다.

◎ 근육의 특징

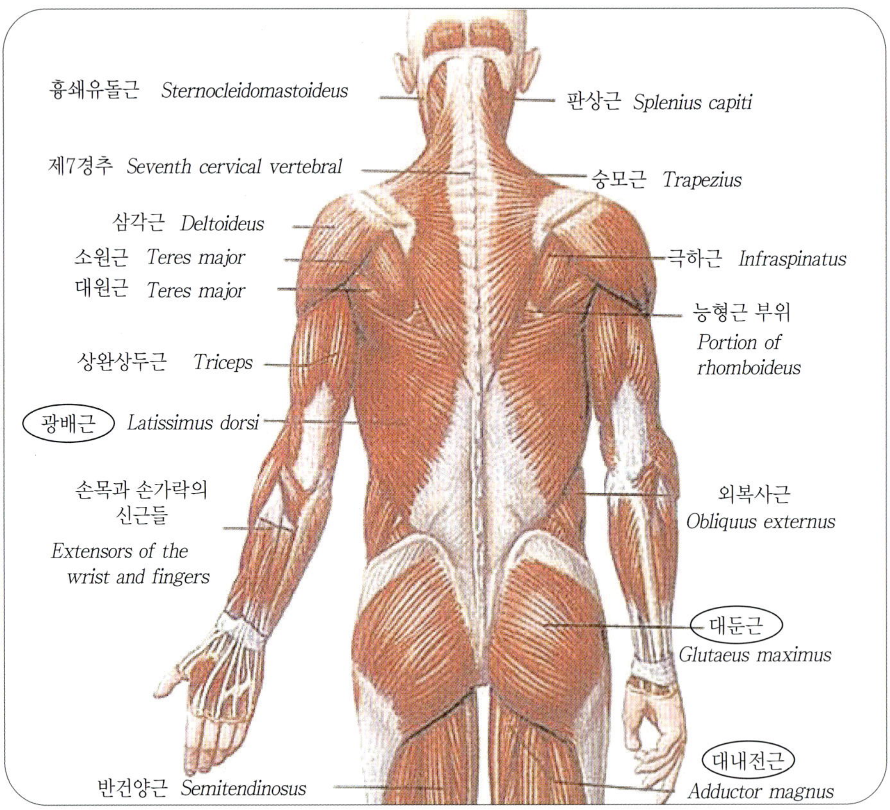

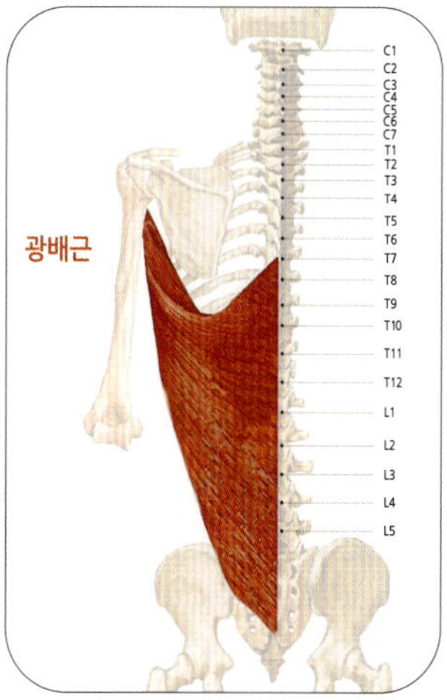

• 해부학적 관점 : 기시부 T7~12 척추 및 전요추의 극돌기, 천골에서 요부에 이르는 요천건막 및 장골능 내측연 9th ~ 12th 의 늑골 후연 종지부 : 상완골의 결절간구(intertubercular groove)

• 기능학적 관점 : 상완의 신전과 수축, 상완의 내회전과 외회전

- 편측 : 상완이 고정되어진 상태에서 상완 신전력을 강요할 때, 광배근은 체간의 부착 극돌기를 동측 상완의 방향으로 상방 회전시켜 체간의 회전을 유도한다. 체간이 고정된 상태에선 상완을 내회전시키며 신전한다. 상완골두를 전하방으로 끌어내린다.

- 양측 : 상완 고정시, 하부 흉부 및 요추를 신전시켜 전만을 유도할 수 있으며, 견갑골의 하인을 강요한다. 체간 고정시, 상완의 신전 그리고 견갑골을 후인한다.

• 백스윙 : 최대 신전을 시키며 백스윙 탑
• 다운스윙 : 수축하면서 회전력을 증가
• 인체에서 가장 큰(질량) 근육

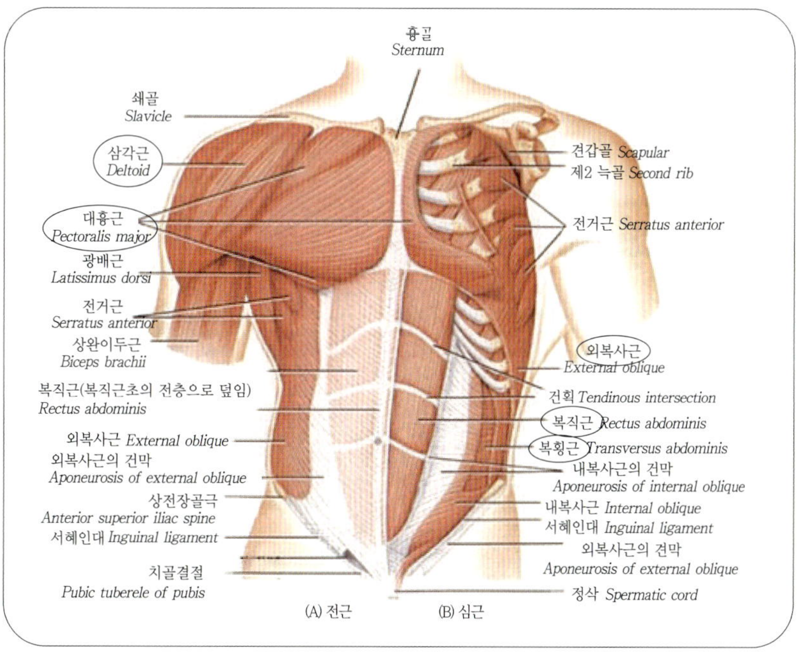

발의 기능

- 발은 제2의 심장(心臟)
- 발의 균형 상실 ⇒ 몸의 균형 무너짐
- 발목, 무릎, 골반, 요추, 흉추, 경추 등에 문제 발생
- 요통의 90%가 자세로 인하여 발생
- 5명 중 4명이 발에 문제(80%)

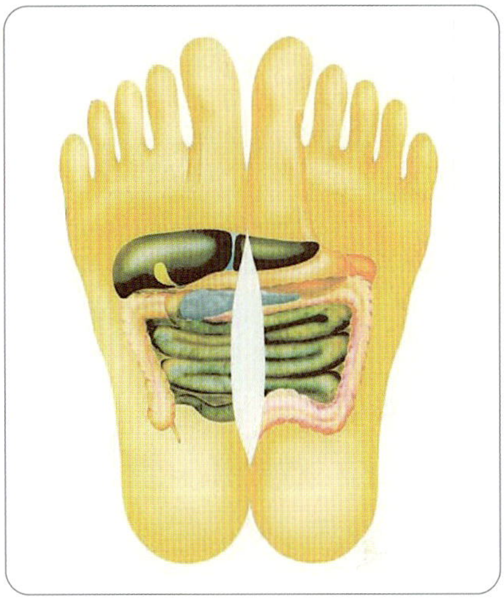

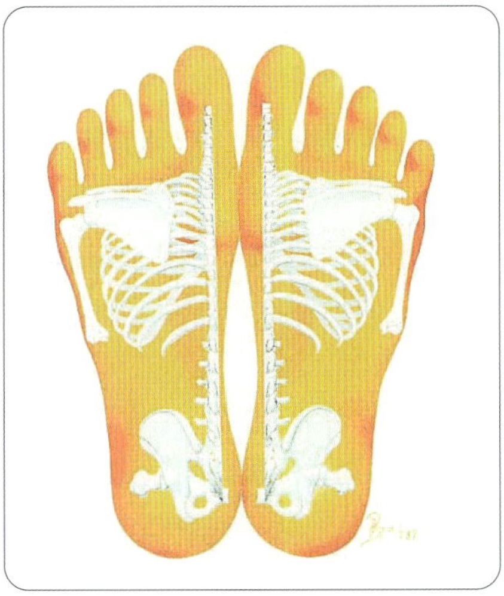

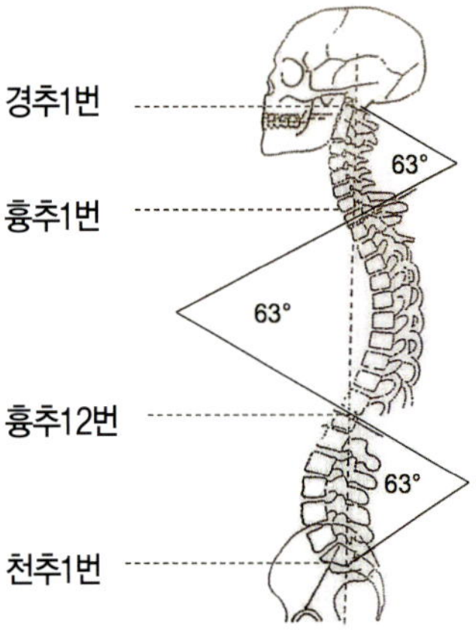

이상적인 척추 배열

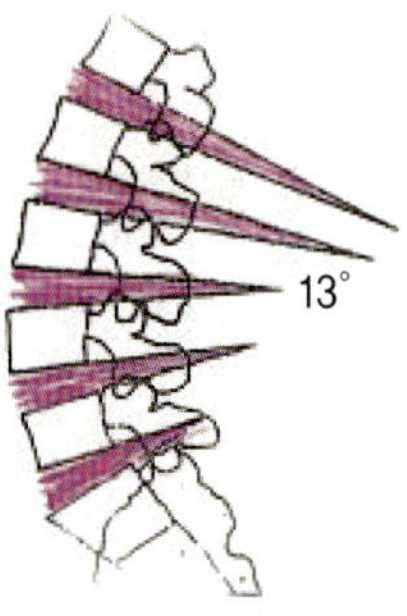

정상적인 요추의 각도

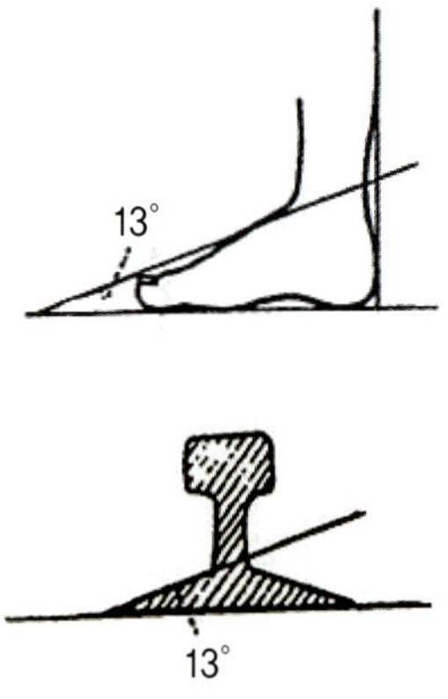

13도 하중의 비밀

• 인체 - 관절 연결 사슬 구조, 발 변형으로 인하여 발목, 무릎, 골반, 하지, 엉덩이, 허리 통증(측만증) 유발.

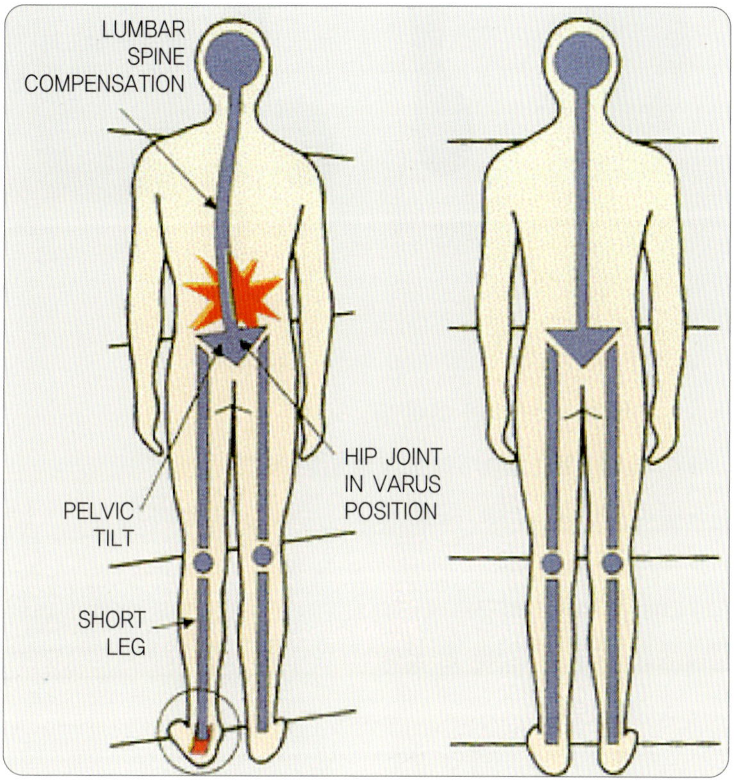

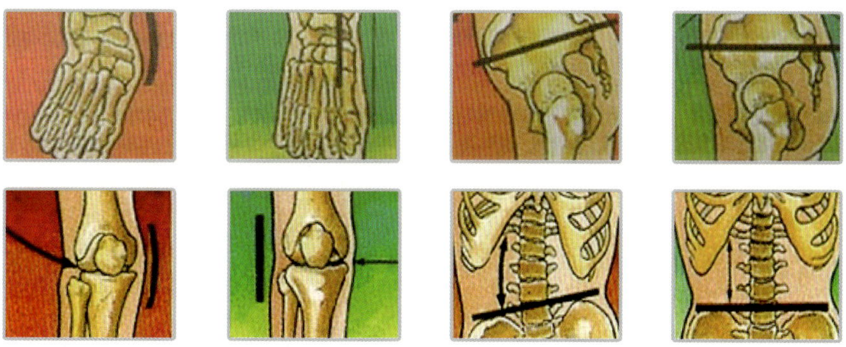

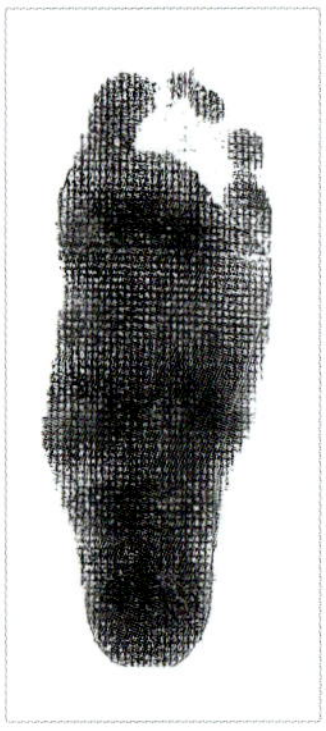
평발

정상발

요족

오소틱 제품

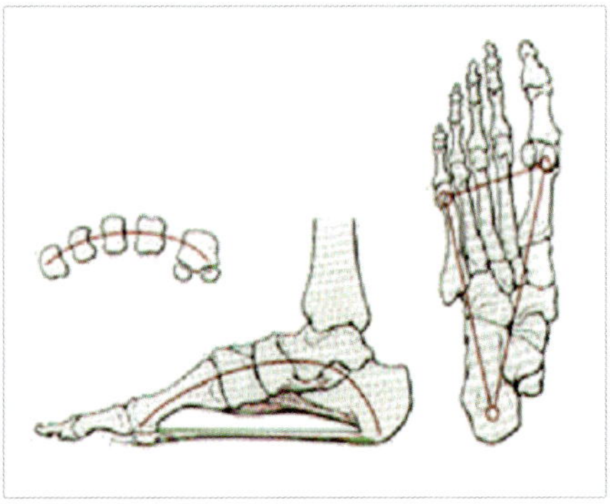

- 인체 밸런스 - 발, 무릎, 골반 구조 교정
- 신발에 착용 (걷기만 하면 됨)
- 인체 뼈 206개 중 1/4인 52개의 발의 뼈
- 풋-아치(Foot-arch) : 족궁
- 이상적 족궁 제공
- 내외측 : 종궁, 횡궁
- 골프 스윙 시 지면반력 영향
- 족궁의 기능
  - 자세 유지　　- 족압 감소
  - 충격 흡수 : 걸을 때 몸무게의 7배의 힘을 받게 됨
  - 중력 및 하중의 완충 : 다운스윙 시 약 1ton의 하중을 받음

4 스윙 메카닉

◎ Set Up

》 멘탈적 요소 Pre-Shot Routine

- In-Swing 들어가기 전 멘탈적 요소를 정립한다.(두려움, 부정적 요소, 자신감)
- 목표를 정하여 조준하고, 그 선상에 몸을 정렬한다.
- 해당 클럽의 스윙 메카닉을 상기시켜 결정한다.
- 웨글링으로 경직되지 않게 몸을 푼다.
- 복식 호흡으로 안정감을 찾는다.
- 코스 매니지먼트로 전략을 세운다.
- 바람 등 환경에 적응한다.
- Pre-Swing으로 연습하며 스윙의 느낌을 찾는다.

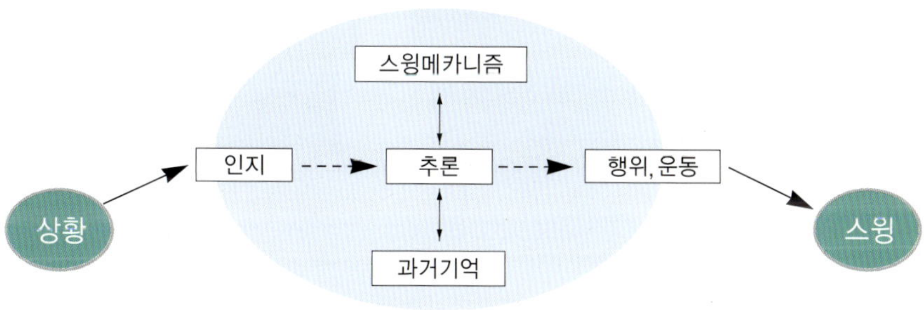

〈뇌 작동 순서〉

》 그립 Grip

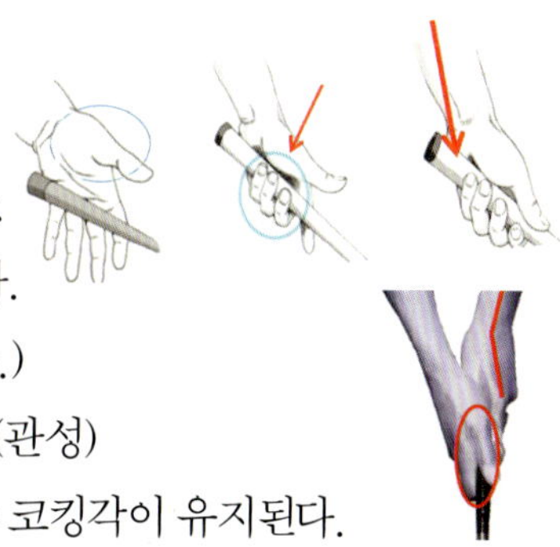

- Finger Grip
  - ⇒ 손바닥 마디에 걸쳐 손가락으로만 감아 쥔다.
  - ⇒ 코킹~언코킹, 바퀴축 시스템, 텐션 감지한다.
- 왼손바닥 누름 (왼손으로 클럽을 매달리게 한다.)
  - ⇒ 백스윙은 각 운동량, 누르듯 밀면서 하는 것(관성)
  - ⇒ 왼팔을 바깥선 근육으로 유지하며 내려와야 코킹각이 유지된다.
  - ⇒ 언코킹 시 어드레스 시 왼손 등 각도 유지해야 바퀴축 시스템이 적용된다.

• 엄지-검지(y) 붙임 ⇒ 백스윙 탑, 임팩, 로테이션 Sense 기능
  ⇒ 엄지의 두툼한 부분 아래로 내림, 약지와 접촉
  ⇒ 검지의 넉클 부분을 엄지 첫째 마디 부근으로 눌러 엄지 검지를 붙일 수 있다.
• 그립 악력 : 잡는다. 빠지지 않게 손가락으로 감아 걸어 준다!
  ⇒ 그립은 견고하게 그리고 어깨 힘을 완전히 빼 준다. 릴리즈 시 원심력을 최대화 한다.
• Weak, Strong, Neutral Grip은 체형에 따른다. 기준선을 넘어 Strong or Weak
  ⇒ Weak : 왼손 등을 빨리 돌려 스퀘어로 만들어 준다. 슬라이스 그립
  ⇒ Strong : 왼팔뚝에서 손까지 일체감으로 손등 각도 유지하여 바퀴축 시스템을 적용한다. 훅 그립
  ⇒ Neutral : Weak과 Strong의 중간 정도로 적절히 사용한다. 스퀘어 그립, 가장 많은 체형

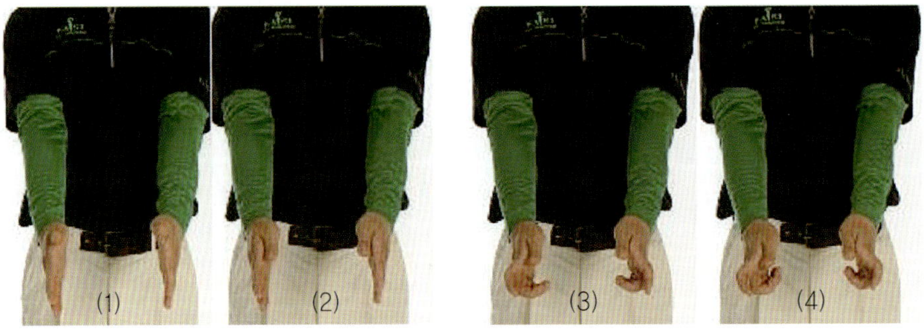

(가)

(나)

(다)

(라)

》 자세 Posture

- 목, 등판, 허리 평평하게 일치 ⇒ 오리 엉덩이 모양???, 코 끝으로 공을 주시
- 어깨에서 양팔 늘어뜨린다. ⇒ 왼 그립에 의해 클럽이 매달린다. 이완시킴, 그네, 종타
- 골반 각도, 무릎 각도
  ⇒ 기하학적 구조로 안정된 각도를 찾는다. 기하학적 안정화
  ⇒ 골반은 많이 굽히고, 무릎은 조금 굽힌다(거의 수직), 꼬리뼈를 약간 넣는다.
  ⇒ 무릎 각도가 많이 굽혀지면 Up & Down이 더 심하게 일어난다.
- 어깨의 기울어진 각도(편심력)
  ⇒ 왼손보다 오른손이 내려 잡힌다.
  ⇒ 왼손은 왼허벅지의 가운데에서 안쪽 위치
  ⇒ 오른발에 약간 더 체중이 실리도록 한다.(백스윙 시 오른무릎 고정함으로, 백스윙 축 구축)
- 왼팔 기준선
  ⇒ 스윙하는 동안에 팔꿈치가 꺾이지 않아야 회전 반경이 변하지 않는다.
  ⇒ 왼손 그립 시 바깥선으로 Butt 누름, 체형에 따른 손등 각도 만들어진다.
- 시지각(視知覺)반응
  ⇒ 눈의 방향은 코 끝에 맞추어 공을 바라보면 턱이 약간 들린다. 주시와 주변시가 초점을 맞추어 공을 보며 움직이면, 더 정확히 공을 칠 수가 있다.

》 올바른 자세

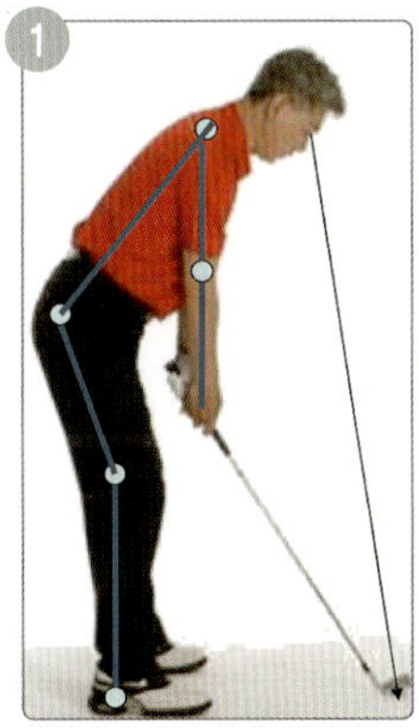

등판, 골반, 무릎 각도, 코끝 시선으로 턱이 들림, 양팔의 늘어뜨림, 발바닥

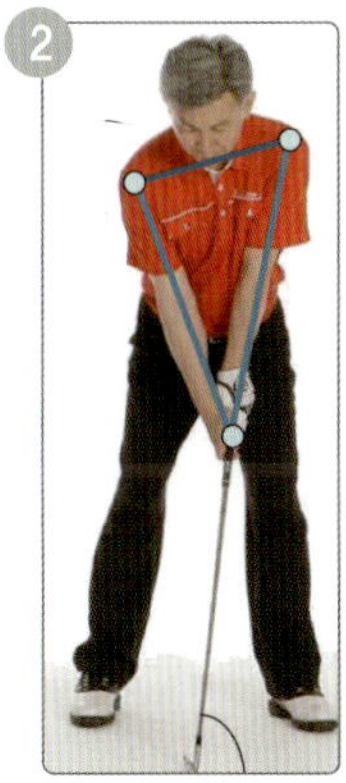

어깨의 기울어짐. 편심력, 양손의 위치, 샤프트 각도, 삼각형

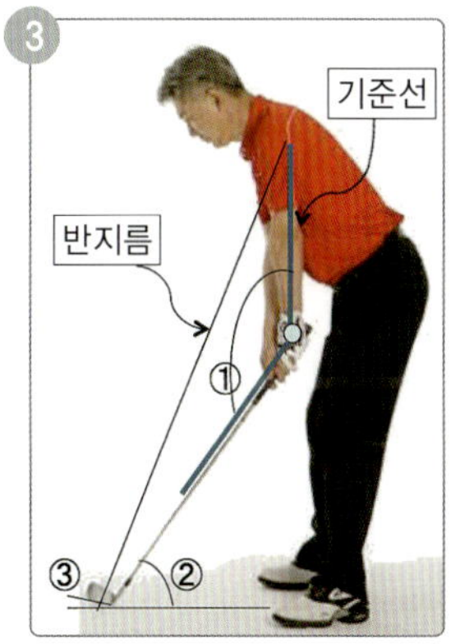

Butt 누름, 왼팔의 수직. ①기준각, ②라이각, ③토우다운 시 보정각

》 잘못된 자세들

》 자세 잡기

왼손을 눌러 그립하여
팔과 클럽의 기준
각도를 만들고
몸을 곧게 세운다.
겨드랑이를 붙여
오른팔꿈치를 오픈한다.
왼팔꿈치 클로즈.

몸통과 양팔을
일체감을 갖고
골반만 접어
클럽이 땅에
닿도록 한다.
이때 무릎은
굽히지 않는다.

무릎을 살짝 굽혀
주어 허벅지 각도만
있고, 무릎은 거의
수직 상태이다.
체중이 뒤꿈치에
실린다.

발바닥 체중을 편중
되지 않게 앞뒤로
움직여, 균등하게
되도록 한다.
이때 왼팔은 수직
으로 내려지고
어깨 힘을 빼준다.

》 양 팔꿈치의 형태

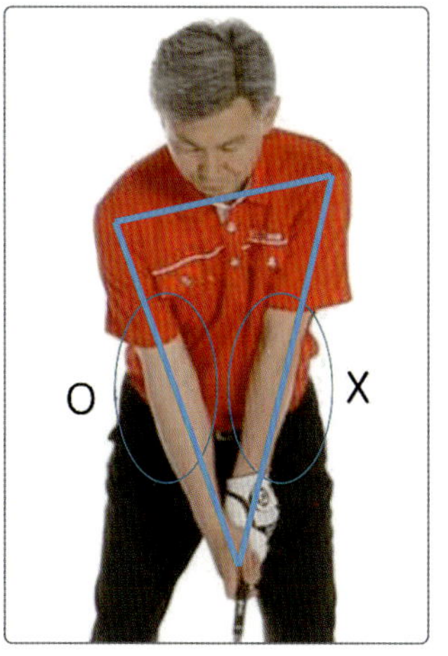

- 오른팔꿈치 Open(o)
  - ⇒ 백스윙 시 팔꿈치 접기 용이하다. 닭날개 (Flying elbow) 교정.
  - ⇒ 팔꿈치 안쪽면이 전방으로 보도록 열어 준다.
  - ⇒ 테이크어웨이 후 팔꿈치가 계속 하늘을 보도록 하고 그와 동시에 위로 바로 접어서, 오른쪽 팔꿈치가 접힐 때 왼어깨와 날개뼈는 힘을 빼 딸려간다.
- 왼팔꿈치 Close(x)
  - ⇒ 바퀴축 시스템 적용.
  - ⇒ 팔꿈치 안쪽면이 후방으로 보도록 닫아 준다.
  - ⇒ Butt를 누른 왼손바닥 끝의 압력이 느껴 왼팔 뚝 전체로 돌려내어야 한다.
  - ⇒ 임팩 시 바퀴축 시스템을 적용하기 위해 시동 걸 때 자동차 키를 돌리듯 또는 방문 고리를 잡고 열듯 왼팔 전체가 회전되도록 한다. 이는 손목의 각도를 만들어 주기 위함이다.
  - ⇒ 다운 스윙시 ⑤왼팔이 직하강-오른어깨를 힘을 빼 오른윗팔뚝이 동시에 떨어진다. 연이어 ⑥클럽이 최대 속도로 떨어지면서-⑦오른아래팔뚝이 펼쳐지며 클럽이 최대 속도로 더 가속된다.
  - ⇒ 바퀴축 시스템이 연이어 가동되어 팔 전체가 롤링, 로테이션되며 팔로우스루로 진행된다.
- 삼각형 유지
  - ⇒ 스윙 중 정상 삼각형과 접힌 삼각형이 오른팔꿈치를 접었다 폈다 하면서 이루어짐.

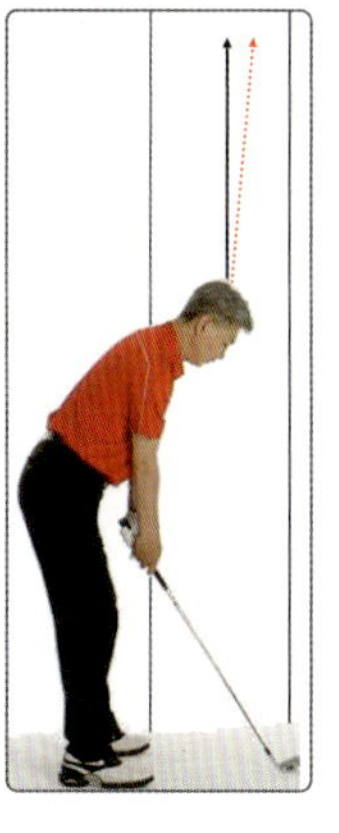

》 정렬 Alignment

- Alignment ⇒ 몸의 정렬
- Aim ⇒ 타겟으로 조준
- 헤드 페이스 스퀘어 라인에 직각
- 발끝, 무릎, 엉덩이 정렬
- 어깨 방향 ⇒ 몸의 정렬
- 주시(主視) 방향 ⇒ 우측 착시
- 주시와 주변시 역할 : 주시는 위치, 주변시는 거리

》 공의 위치와 발의 모양

- 클럽별 원 각도(Original Angle) ⇒ 라이와는 좀 다르다.
- 공의 위치가 오른쪽이면 가파르게, 낮게, Push 방향
- 공의 위치가 왼쪽이면 완만하게, 높게, Pull 방향
- 클럽 길이에 따른 포물선 곡면 각도
  - 숏아이언은 찍어 치고?,
  - 롱아이언, 우드는 쓸어 치고?,
  - 드라이브는 들어 올려 친다???.
  - 스윙은 똑같다. 단지 클럽 길이에 따른 곡면 각의 차이가 있다.

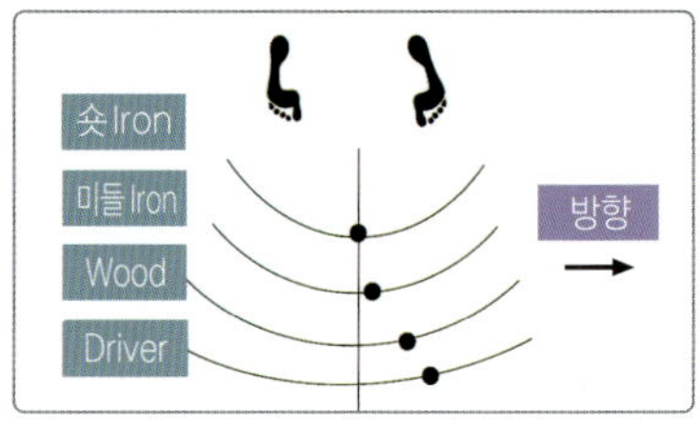

[용어의 정의 및 의미]

- 리 듬 : 강약, 박자, 빠르고 느림, 타이밍의 조화에 의한 부드러움.
- 템 포 : 스윙 시작에서 끝(임팩) 시간.
- 타이밍 : ①발바닥→②무릎→③골반→④상체→⑤왼팔→⑥클럽→⑦오른팔 순서에 의한 번호들 간 간격의 시간차.
- 밸런스 : 조화와 균형에 의한 보정 동작과 보상 동작.
  - 4차원 조화 : 길이, 높이, 넓이, 시간
- Way : 어떤 목적을 달성하기 위한 방법을 나타내는 가장 일반적인 낱말.
- Method : 논리적, 조직적, 과학적으로 조리 정연한 방법을 뜻하는 낱말.
- System : 시종 일관되게 하나의 체계를 이루고, 규칙에 따라 계통이 세워진 method를 뜻하는 말.
- Swing : 일정한 점을 축으로 전후 좌우로 흔들리거나 회전하다.
- Sway : 일정한 점의 축이 움직이므로 불안정하게 흔들리다.
- Wave : sway보다도 더 불안정하게 흔들리다.
- Sequence : 순서가 있는 연속성, 순차적 ⇒ 이 순서는 관성의 법칙 사용을 최대화 함.
  ①발바닥 →②무릎 →③골반 →④상체 →⑤왼팔 →⑥클럽 →⑦오른팔

[회전축의 개념]

- 인체 중심 축 (Static Pivot, 정적 축): 머리에서 경추와 척추를 지나 배꼽 밑 단전까지를 이른다. 척추를 중심으로 상체만 회전되는 모습.
- 백스윙 축 (Dynamic Pivot, 동적 축): 테이크어웨이를 시작하여 백스윙 탑이 만들어지는 축을 이루는 가상의 선이다.
  오른발 안쪽 가운데 ⇒ 오른무릎 안쪽 ⇒ 단전부근에 이르는 축이다.
  이때 인체 중심 축으로 회전하는 몸통이 백스윙 축으로 이동되어
  회전하며 상체와 팔을 완전히 이완시켜 다운스윙을 준비한다.
- 다운스윙 축(Dynamic Pivot, 동적 축): 다운스윙 시작 시 전환 동작이 먼저 이루어져, 왼발 안쪽 가운데→왼 무릎 안쪽→단전 부근까지이르는가상의 선을 이루는 축이다. 이때 인체 중심 축이 백스윙축으로 회전하던 몸통은 왼쪽의 다운스윙 축으로, 머리는 그대로 두고 몸통이 기울어져 이동하며 포워드 스윙이 일어나 스윙 파워를 만들며 순차적 스윙이 이루어진다.
  주의해야 할 점은 엉덩이가 앞쪽으로 밀려와 상체각이 펴지면 안된다는 것이다.

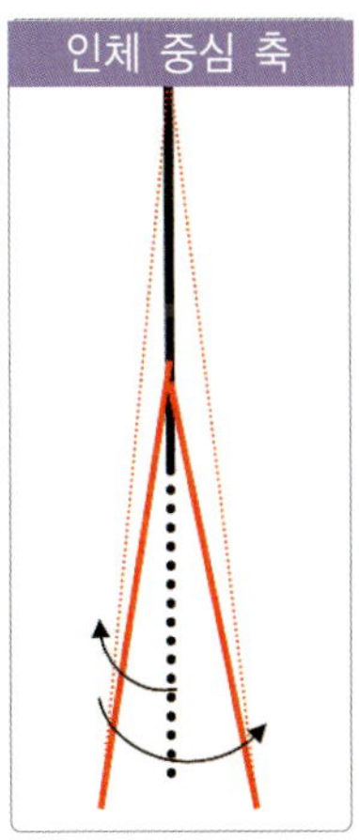

◎ Take Away

- 순차적 스윙에서 백스윙도 마찬가지로 ①~⑦ 순서로 되어야만 한다.
- 지면반력을 이용하여 무게 중심을 ①오른발바닥으로 이동하며 꾹 눌러 옮긴다.(1)
- ②오른무릎을 약간 안쪽으로 밀듯(Trigger)또는 약간 더 굽히듯 고정시킨다.(1)
- ③오른골반이 약간 회전하다 멈추면 관성에 의해 몸통·어깨(상체)가 회전을 시작한다.(2)
- 양 어깨와 그립한 양손의 삼각형을 유지한 채 손목을 돌리지 않고 ④어깨만 돌린다.(2)
- 왼팔, 왼어깨 일체감으로 왼손바닥 눌러진 채로 유지하여 화살표 방향으로 밀 준비를 한다.(3)
- 오른쪽 허벅지를 지나면서 오른아래팔뚝이 밀리면서 팔꿈치가 접히지 않게 한다.(3)
- 정지 관성에서 동적 관성으로 구동력을 ①~④(몸통)의 동작만으로 만들어 준다.
- 팔이 타겟 후방으로 밀릴 때 머리가 타겟 방향으로 기울어지는 보상 동작을 보정한다.(4)
- 양팔이 직후방으로 밀릴 때 얼굴면 만 타겟 방향으로 약간 돌려 준다.(4)

◎ Back Swing

》 수평회전 운동과 수직상하 운동이 동시에 일어나면 대각선(약 45도)으로 힘의 방향 Vector가 생성되며 백스윙 탑이 만들어진다.

- 골반 각도, 무릎 각도 유지해야 높낮이가 유지된다.
- 양팔은 수직으로 상하 운동.
- 몸통은 수평으로 정면에서 백스윙탑까지 90도 회전 ⇒ 직각 운동, 백터 운동.
- 사진(2)~(3)까지 멀리 보내듯이 하고 오른팔꿈치를 접을 때 왼손으로 Butt를 넘긴다.
- 이 두 동작을 동시에 하면 사진처럼 백스윙탑에서 왼팔의 뻗친 각도가 45도 정도로 이루어지는 삼각형 모양이 되어 이상적인 각도가 형성된다.(4)

》 Vector(힘)의 방향으로 눌러 밀어야 각운동으로 원이 만들어진다.

- 디딘 발바닥 안쪽에서 단전까지 백스윙 회전축을 형성한다.(1)
- 왼팔을 펼친 채 일체감으로 왼손바닥 눌러진 끝으로 화살표 방향으로 민다.(2)
- 몸은 그 자리에서 회전하며, 팔은 후방으로 직진해야 탑에서 정확한 각도가 된다.
- 오른손 중지, 약지 손가락을 약간 감아 주듯 당기면 왼팔을 쉽게 밀 수 있다.(2)
- 오른손바닥 가운데 근육선으로 손목을 젖히면서 밀어내어 손목의 코킹각을 형성된다.(2)
- 왼팔 바깥선으로 누르고 - 밀며, 왼 어깨가 90도 이상 회전이 되도록 밀어 준다.(3)
- 화살표 방향으로 밀어줌으로써 원운동이 일어나고 백스윙 탑까지 올라 간다.(4)
- 왼쪽 광배근의 힘을 빼면서 딸려가야 어깨 회전이 잘 되어 백스윙 탑이 이루어진다.(4)
- 백스윙 탑을 만드는 것은 Butt가 더 넘어가 팔과 어깨의 힘이 완전히 빠질 때 완성된다.(4)
- 원운동은 각(角)운동의 연속적 집합 이다.

》 관성의 법칙에 의해 백스윙 축으로 순차적 회전 후 정지

- 순차적으로 발바닥 - 무릎까지는 거의 움직이자마자 정지하여 고정시킨다.(1,2)
- 오른무릎은 정면에서 볼 때 화살표 방향으로 약간 밀며 눌러 주는 느낌으로 정지시킨다.(2)
- 골반의 사타구니가 바로 접히며 상체가 약간 회전되어 구동력을 만들어 준다.(1,2,3,4)
- 왼팔이 끝점에 도달하면 관성에 의해 클럽만 튀어 올라 헤드의 무게를 느낀다.(5,6)
- 관성력에 의해 클럽만 올라가도록 왼팔이 정지된 채 바깥 근육선만 딸려간다.(5,6)
- 오른 아래팔꿈치만 위로 접혀질 때 연이어 어깨 선이 탑까지 잘 딸려가 회전된다.(6,7)
- 왼팔과 왼어깨가 90도 이상 딸려가며 오른손바닥 중앙선에 의해 Butt가 넘어갈 때. 백스윙 탑이 완료(정점), 이렇게 ①~⑦까지 순차적으로 하며, 특히 ⑤~⑦이 중요하다.
- 이때 백스윙 탑에서의 양팔, 어깨 특히 견갑골과 광배근의 힘을 완전히 빼 준다. (탑)

① ② ③ ④ ⑤

⑤ ⑥ 탑

》 왼팔의 인체 구조를 알면 쉽게 뻗을 수 있다

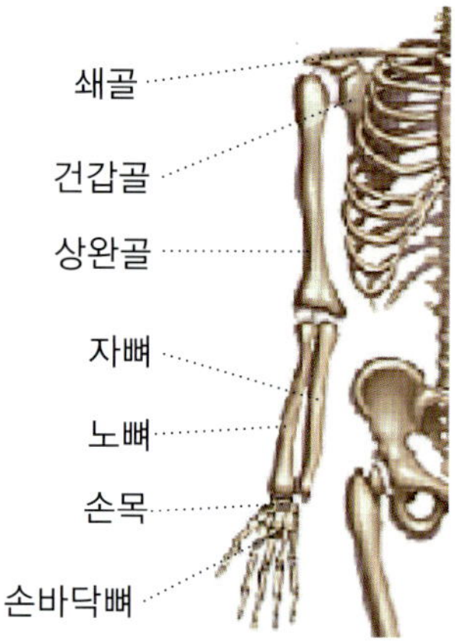

- 팔의 안쪽 근육들은 들어올리는 데 사용되며 힘을 쓰기 위해서는 굽히며 사용한다.
- 바깥 근육들은 팔을 뻗치는 데 사용된다. 한예로 엎드려 뻗치기 할 때 사용한다.
- 바깥 근육선(Outside Lane): 새끼손가락 - 팔꿈치 - 겨드랑이 까지 근육선을 사용한다.
- 안쪽 근육선(Inside Lane): 엄지 - 안쪽팔꿈치 - 가슴측 겨드랑이까지의 안쪽선 근육은 사용 금물, 오버코킹과 팔꿈치가 굽혀지는 원인이 된다.
- 중앙선(손목 안쪽 가운데 선, 손금 생명선): 백스윙과 다운스윙 때 중요한 각을 유지하는 데 도움이 된다.
- 백스윙 시 팔과 클럽을 들어 올리려면 굽혀지고, 또한 굽혀지지 않으려고 팔에 힘을 주면 더 굽혀지게 된다.
- 왼팔 바깥 근육선과 오른손목 중앙선을 유지한 채 양팔이 내려와야 코킹된 각을 유지할 수 있다.

팔의 안쪽 근육선은 굽혀서 힘을 쓰고자 할 때 사용하는 근육선이고, 바깥 근육선은 팔을 뻗쳐 힘을 쓰고자 할 때 사용하는 근육선이다. 당연히 백스윙 시 팔을 뻗고자 한다면 바깥 근육선을 사용해야만 한다.

오른손 중앙선으로 누르며 젖혀 줌으로 백스윙 탑의 각도가 잡히고, 다운스윙 시 바깥선과 함께 중앙선을 유지해 주면 코킹각을 쉽게 유지하여 내려올 수 있다.

바깥선으로 누르며 밀어 줌

바깥선을 눌러 유지한 채 내려 옴

Swing Plane

1. Toe-down

2. Toe-up

- 부치 하먼(Butch Hamon): One Plane
- 행크 헤이니(Hank Haney): On Plane
- 짐 매클린(Jim MLean): Safety Zone

3. Toe-over

- 중간 정도도 존재 (오른팔꿈치의 Shift)
- 체형, 그립에 따른 보정
- 공 위치에 따른 보정
- 백스윙 시 헤더 각도
- 오른손 그립에 따른 3가지 궤도
- 코킹 시작점에 따른 보정

》 백스윙 탑 Top of Back Swing

- 오른발바닥의 무게 중심의 하중은 90%, 왼발바닥은 가벼운 느낌
- 왼팔은 곧게 펼쳐 바깥선으로 왼쪽 등판 날개뼈까지 완전히 딸려가면 Butt가 넘어간다.
- 왼팔과 클럽 간의 각도 90도 정도 ⇒ Cocking
- 오른팔 윗팔뚝과 옆구리 각도 80도 정도
- 오른팔 윗팔뚝과 아래팔뚝의 각도 90도 정도
- 오른손목의 젖혀진 각도 100도 정도

이 네 각도가 백스윙 탑의 안정화에 가장 중요한 받침대 역할을 한다.

- 백스윙 탑에서 정점에 이르면 중력 가속도가 제로로 될 때 가장 가벼워진다.
- 특히 오른 위-아래팔뚝의 각도가 90도보다 크면, 다운스윙 시 쉽게 코킹각이 풀려 캐스팅이 일어난다.
- 클럽 길이에 따라 양손의 높이 위치는 약간씩 다르다. (사진의 클럽은 숏아이언)
- 백스윙 시 오른팔로 먼저 접어 클럽을 들어 올리면, 탑에서 오른 어깨가 움츠려 들어 힘이 들어가게 된다. 이로인해 다운스윙 시 타이밍과 속도가 현저히 떨어지는 문제가 생기게 된다. 특히 올려진 왼어깨에 의해 턱이 걸려 공을 보기 어렵게 된다.

》 Coiling(분절들의 순차적 회전)에 의한 스윙파워

- 왼발목 5도, 왼무릎 15도 회전(오른발목-무릎은 고정)
- 골반 45도 이하, 어깨 90도 이상 회전
- Torsion : 몸통 꼬임(x-factor ⇒ 확장 x-factor)
- 근육은 고무줄처럼 쉽게 탄성으로 꼬였다가 풀리지 않는다.
- 몸통 큰 근육으로 신전(이완)과 수축에 의해 회전력을 얻는다.
- 트리거하여 오른무릎 고정시켜 백스윙 축 만든다.
- 인체 중심축은 백스윙 축으로 이동되며 회전되어진다.
- 백스윙탑에서의 백스윙 각도보다, 다운스윙으로 전환될 때 스쿼트 각도가 중요하다.

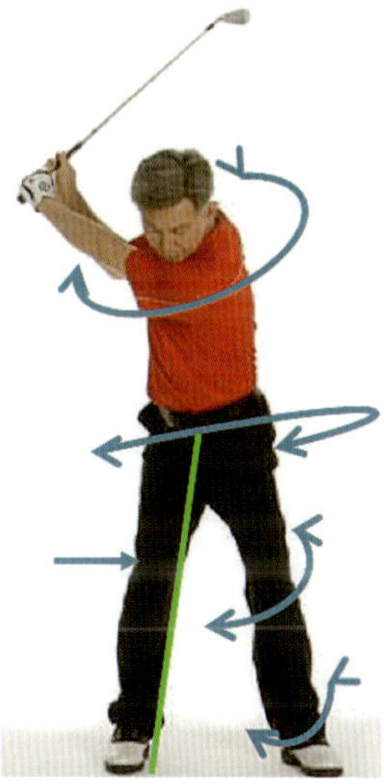

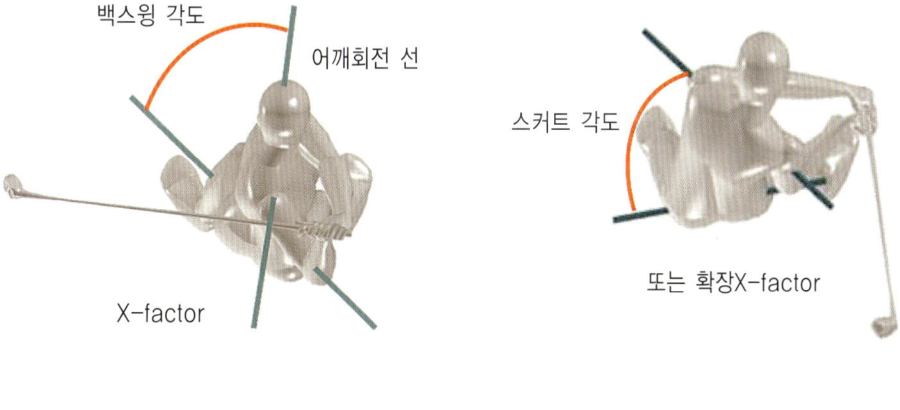

◎ Down Swing

》 무게 중심(체중) 이동 – 지면반력이 스윙파워 원천

- 무게 중심이 기저면 내에 있어서, 기저면 내에서의 무게 중심 이동은 안정적이다.
- 하체 무게 중심 이동으로 회전력(속도)과 순간 질량을 늘린다.(운동량 = 질량 * 속도)
- B.S 시 오른발을 꾹 디뎌 90%, 왼발 10%, 백스윙 축을 형성한다.
- D.S 시 스쿼트되며 왼발을 꾹 디뎌 99%, 오른발 1%의 다운스윙 축을 형성시킨다.
- 이어서 무릎의 이동은 굽혀진 채로 생각보다 많이 밀어서 수평 이동한다.
- 무릎 수평 이동 후 무릎이 돌아가 펴지면서 골반의 회전이 일어난다.- Slide & Turn

》 전환 동작 : Transition 또는 Squat에 의한 스윙파워

- 백스윙 정점에 이르기 직전=〉정점으로 계속 진행 중
- 왼쪽 등 날개뼈(견갑골) 부근의 근육을 완전히 힘을 빼 왼 광배근을 신전(이완)하면 더 회전된다.
- 동시에 타겟 방향으로 무게 중심이 ① ②가 먼저 이동된다. 이때 왼팔 전체에 느껴 지는 장력이 발생, 최대 신전
- 양손은 탑에서 기다림, 뒤에서 잡아당기는 힘이 느껴진다. 이때 왼손 Butt에서부터 왼발바닥까지의 근육선이 최대로 신전된다.
- 백스윙 축에서 다운스윙 축으로 무게 중심 이동 ③엉덩이 회전

- 연이어 ④광배근이 수축하며 정면까지만 상체 회전에 의해 손이 먼저 떨어지지 않고 각을 유지한 채 수동적으로 ⑤의 방향으로 직하강되며 다운스윙이 일어나게 된다.
- 이때 손목의 힘과 움직임을 적극적으로 자제해야 코킹된 각을 유지할 수 있다.
- 이 타이밍이 곧 다운스윙의 스피드와 힘의 원리이다.
- 곧 관성의 법칙이 순차적으로, 즉 연쇄관성으로 이루어지게 된다.
  - 하체(①발바닥 - 디딤발, ②무릎 - 대퇴이두근, ③골반 - 대둔근)
  - 상체(④광배근)
  - 팔과 클럽(⑤왼팔, ⑥클럽, ⑦오른팔)

》 Cocking 원리

- 코킹을 왜 해야 하는가?

1) 코킹에 의해 회전 반경(반지름)이 줄어들어 관성모멘트가 줄면서 다운스윙 시 회전 속도가 빨라지게 된다. 공이 가상의 벽에 부딪히면 관성의 법칙에 의해 관성력이 더욱 커진다.
2) 코킹각이 유지된 상태에서 헤더가 떨어질 때 위치가 높아 관성력이 크다.
3) 같은 각속도에서 선속도를 더 늘릴 수 있다.
4) 코킹이 지렛대 시스템이 되어 지렛대 효과가 일어난다. 이 결과로 관성력과 가속력이 더 증가하게 되고, 클럽들 간 길이에 의해 거리 차이를 내게 된다.

- D.S 시 왼팔 바깥선과 오른손 중앙선을 유지한 채 내려와야 코킹된 각도가 유지 된다.
- 오른팔에 의한 가속도는 위팔뚝 - 아래팔뚝 - 손목 풀림이 순차적으로 일어나야 한다.
- 코킹 시 손목의 구조는 왼손은 바깥선에 의한 엄지 측 손목의 수직 Hinge, 오른손은 중앙선에 의한 손등 측 손목의 수평 Hinge
- 양손을 수직, 수평으로 동시에 움직이면 45도로 꺾인다.(Cocking, Banding, Hinging)
- 왼팔과 클럽의 각도가 90도가 정상, 이보다 더 꺾이면 오버코킹이 되어 문제가 된다.
- Un-Cocking과 바퀴축 시스템이 연이어 작동할 때 릴리즈가 되면서 원심력이 일어난다.
- 코킹을 하기 위해 손목을 꺾거나, 풀기 위해 손목을 펼치면 안된다. 손목은 수동적이어야 한다.

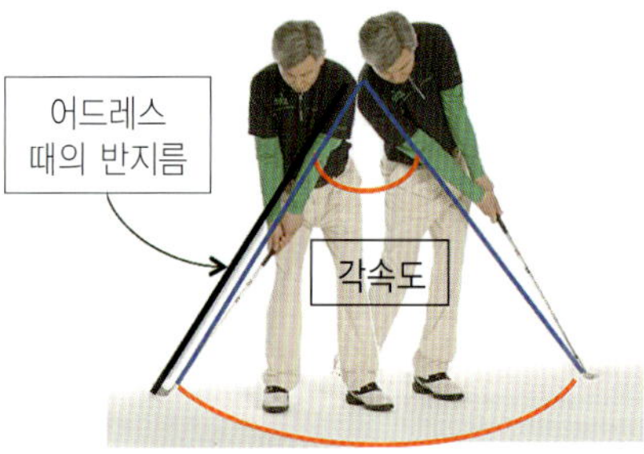

코킹을 하지 않았을 때 선속도의 크기

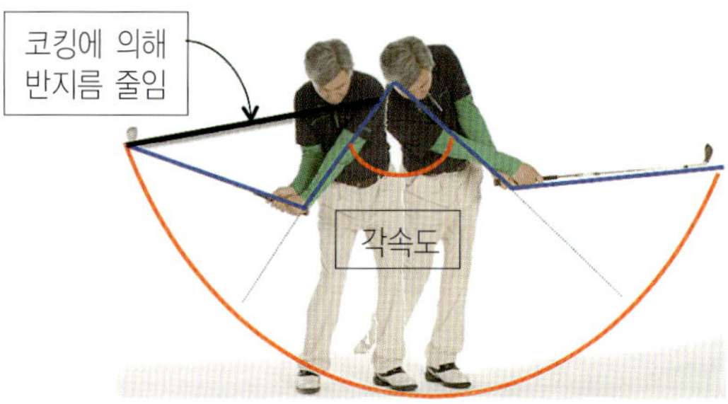

코킹을 하였을 때 선속도의 크기가 훨씬 큼

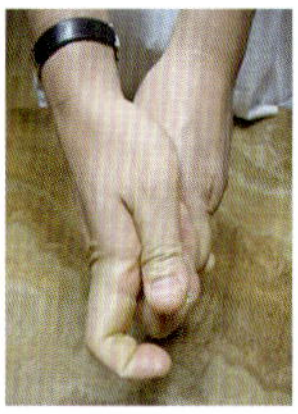

그립 시

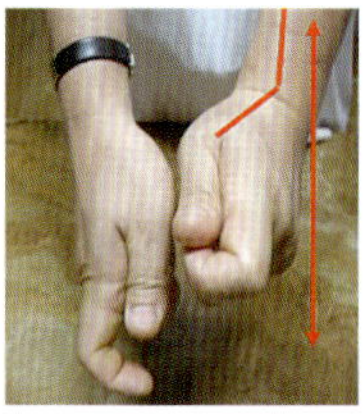

왼손 수직
Hinge:바깥선

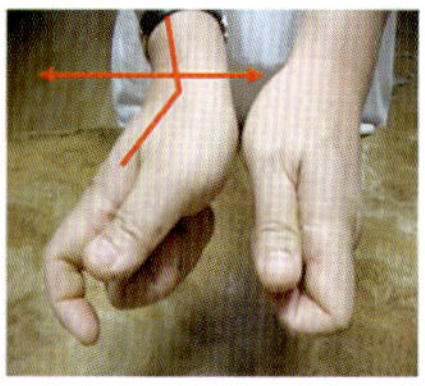

오른손 수평
Hinge : 중앙선

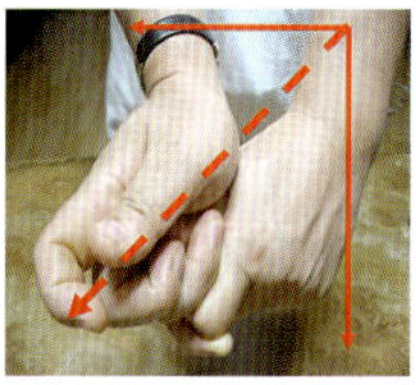

양손 동시
코킹 시 45도

》 Leverage System(코킹)에 의한 지렛대 효과

- 왼팔은 전체 1개 지렛대, 회전 반경 기준선(반지름)
- 왼팔꿈치 굽혀지지 않게 하는 관절 구조 이해
- 오른팔은 윗팔뚝, 아래팔뚝, 2개 지렛대
- 손목에서 클럽까지 1개 지렛대(도리깨의 작은 막대)
- B.S 시 어깨는 회전(수평)운동, 지렛대들 수직상승
- D.S 시 어깨는 회전(수평)운동, 지렛대들 수직하강

B.S　　　D.S

- 운동 방향과 힘의 방향(Vector 량) =〉 대각선 방향
- D.S 시 광배근으로 당겨 오른팔꿈치와 Butt을 푹 꺼지듯이 아래로 떨어뜨리면 대각선방향으로 힘(Vector)이 발생한다.
- 방향의 안정화는 당겨서 밀어주는 것이다.(Pull & Push, P & P)
- 클럽이 내려올 때 손 또는 손목의 힘을 이용하여 헤드로 공을 때리려 하면, 지렛대의 활용을하지 못하고 먼저 풀려 버린다.
- 팔과 클럽의 전체 길이가 코킹에 의해 접어질 때 회전 반경이 작아져 관성모멘트가 줄어 다운스피드를 늘일 수 있다. 이때 관성력이 커져 거리가 늘어나게 된다. 이것이 지렛대의 효과이다.

◎ Impact

》 다운스윙에서 임팩까지 오른팔 – 왼팔의 연동 = 삼각형 유지

- ④광배근에 의해 ⑤왼팔 전체가 수동적으로 직하강이 시작되면, 오른발목이 타겟 방향으로 젖혀진다. 왼무릎이 미끄러진 뒤 돌아가 펴지면서 골반이 45도 정도 돌아간다.(1, 2)
- 이때 오른어깨의 힘이 완전히 빠져 있어야 오른 윗팔뚝이 떨어지며 오른 옆구리 안쪽으로 팔꿈치와 손목이 펴지지 않은 채 내려오게 된다(2, 3), 이때 샤프트는 직선 통과
- 왼손이 코킹각을 유지한 채 오른허벅지 앞을 지나고, 오른팔꿈치가 옆구리를 통과하여 지날 때 왼손이, 오른팔꿈치가 가상의 벽에 급정거되면 관성에 의해 샤프트가 휘어지며 헤더가 튀어나간다. 연이어 오른팔꿈치가 펼쳐지면서 ⑥클럽에 가속도가 붙어 최대 속도가 된다.(3, 4)
- 클럽이 잘 빠져나가도록 왼손목의 각을 유지한 채 바퀴 축 시스템으로 돌려 내 보내어야 ⑦오른손목이 비로소 풀리며 돌아가게 된다. 이것이 바로 임팩이고 릴리즈이다.(4, 5)
- 순차적 연쇄 관성으로 헤더가 자연스럽게 떨어지면서 속도가 증가하게 되고, 왼팔, 오른팔의 순차적인 연동으로 가속도가 붙어 클럽헤드의 스피드는 최대가 된다.(5,6)
- 한마디로, 왼팔의 아크에 맞추어 오른팔꿈치만으로 펼쳐지고, 연이어 릴리즈 시 오른손목까지 돌아가면서 완전히 펼쳐져 팔로우스루가 된다는 것이다.(1~6)
- 연쇄 관성의 법칙에 의한 순차적(Sequence) 회전+오른팔에 의한 가속도의 법칙 + 작 용과 반작용의 법칙 으로 릴리즈 + 코킹 + 레버리지 시스템 + 바퀴축 시스템에 의해 조화롭게 작용되는 힘인 스윙파워가 최대가 되게 하는 것이 임팩트의 목표이다.

》 다운스윙에서 임팩까지 오른팔-왼팔의 연동

(1)

양팔은 탑에서 정점에 있을 때 스쿼트가 된다. 왼무릎이 돌아 펴지며 왼골반이 돌아가게 되면 등짝 근육(왼 광배근)을 회전시키면서 완전히 어깨의 힘을 빼주어 왼팔은 수동적으로 최하점으로 내려가게 된다.

(2) (3)

왼팔 아크에 맞추어 오른팔꿈치가 펴지지 않고 내려온다. 중앙선과 바깥선을 유지하면, 코킹한 손목 각도가 유지된다.

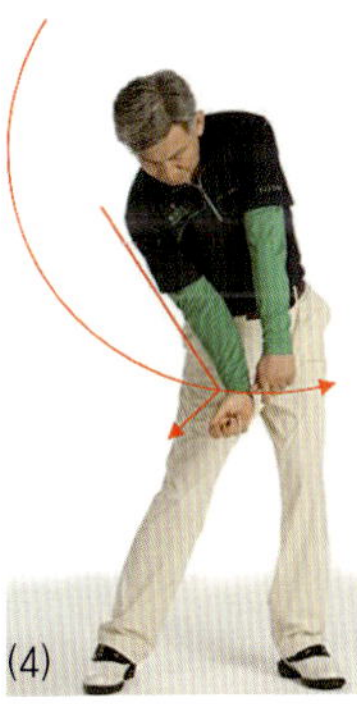
(4)

왼필 아크에 맞추어 오른팔꿈치에 의해 손목각은 유지된 채 팔꿈치만 펴진다. 연이어 왼팔은 가상의 벽에 부딪히며 급감속되어 그 자리에서 돌아 나가기만 한다.

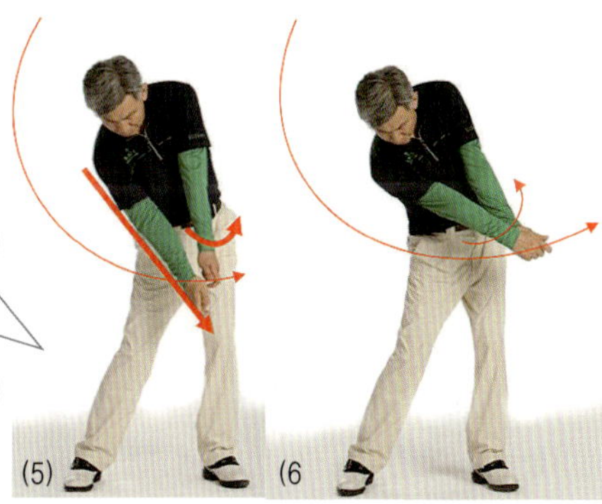
(5) (6

왼팔은 외전 또는 바퀴축 시스템, 오른아래팔뚝이 펼쳐진다. 오른손목이 롤링된다. 왼팔 위로 오른팔이 겹쳐지면서 돌아가 릴리즈하면 임팩이 된다.

》 Impact, Release, Coordination

- 왼팔 오른팔의 연동이 일어나는 과정을 살펴보면, 다운스윙 시 왼어깨를 왼쪽으로 당겨 올리지 않도록 하고 코킹각을 유지한 채 왼팔 전체가 아래로 ⑤직하강, 오른쪽 어깨의 힘을 완전히 빼주어 어깨에서부터 오른 윗팔뚝이 옆구리 앞쪽으로 떨어지도록 해야 한다. 이때 오른팔꿈치 각도와 손목의 젖혀진 각도는 그대로 유지하여 D.S가 진행되게 해야 한다.
- 왼팔 바깥 근육선으로 왼손목 각이 유지된 채 왼 광배근으로 수축하면 상체가 회전된다. 이때 내려오던 왼팔이 가상의 벽에 와서 급감속하면, ⑥클럽 샤프트가 관성에 의해 휘어지며 헤더가 튀어 나갈 때 운동량 보존의 법칙이 일어난다. 이때 왼팔은 바퀴축 시스템이 가동되기 시작하며, 동시에 오른팔뚝이 펼쳐지면서 클럽이 최대로 가속된다.
- ⑦오른팔뚝이 거의 다 펼쳐질 때 왼손목의 바퀴축시스템이 가동되어 Feedback 되지 않도록 돌아나가게 되는데, 이때 젖혀 있던 오른손목이 비로소 돌아가게 된다. 이때 공이 임팩이 되면서 양팔이 롤링되고, 팔로우스루로 진행되어 스윙한계선까지 쭉 펴지며 돌아나가게 된다. 이때 상체를 돌리거나 일어서지 않도록 하여 클럽을 뒤 따라 가야만 한다. 이것이 Impact, Release, Coordination에 대한 설명이다.
- 바퀴축 시스템으로 잘 돌려 내보내어야 임팩 시 왼팔이 닭날개처럼 굽어지지 않고 손목으로만 릴리즈하게 되는 스쿠핑이 일어나지 않게 되어 양팔이 교차되어 팔로우스루 된다.
- 이것이 ⑤, ⑥, ⑦의 움직임이다. 정리하면 먼저 오른어깨의 힘을 빼 윗팔뚝이 먼저 떨어지고, 옆구리 앞으로 통과하면서 급감속하면 관성에 의해 클럽이 튀어 나가게 된다. 이때 아래팔뚝이 펼쳐지고 계속해서 손목이 돌아가면서 아래 팔뚝 전체가 릴리즈되어 임팩이 되며, 팔로우스루로 진행하여 잔여 원심력으로 피니쉬 까지 가게 된다는 것이다.

》 Impact, Release, Coordination – 후면사진

》 Impact, Release, Coordination – 타겟면 사진

▶어깨, 상체의 위치 주시

》 **Impact, Release, Coordination – 관성에 의한 헤더와 샤프트 휨**

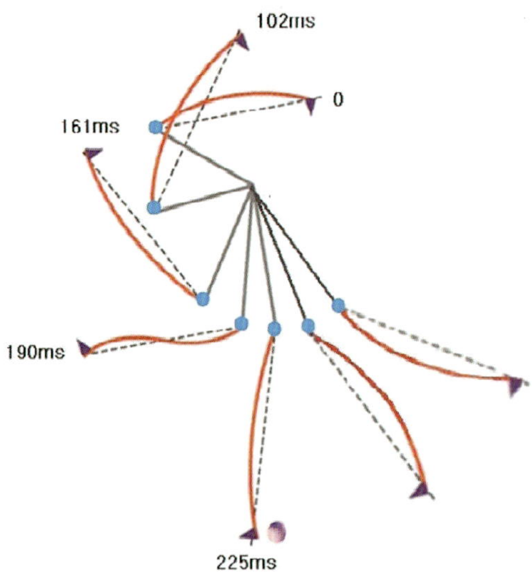

[샤프트의 중요 요소들]

- 샤프트의 탄성 : 단위 cpm, X, S, R, A, L
- 길이, 무게, 굵기
- 밴딩 포인트
- 스파인
- 3 Dimension Distortion(세 방향 휨)
  . 킥포인트 : High, Middle, Low
  . 토우 다운 현상
  . 토오크 : 샤프트 의 뒤틀림, 돌림힘.

》 자주 일어나는 보상 동작들에 대한 문제점

- 백스윙 시 역회전축이 되는 현상은 머리의 움직임과 오른무릎과 골반 위치가 원인이 된다. 이것은 팔을 밀지 못하고 들어올리려 할 때 반사신경으로 인해 밸런스가 작동하여 머리를 고정시키는 것 때문에 목에는 힘이 들어가서 머리는 타겟 방향으로 기울어지고 무릎과 골반이 스웨이 되면서 역 회전축이 만들어지면서 일어나는 현상이다.
- 이로 인해 곧바로 다운스윙이 시작되지 못하고(정상적인 백스윙 탑으로) 다시 돌아와 다운스윙이 일어나게 된다. 이때 이때문에 타이밍을 맞추지 못하게 되면서, 오른손목이 먼저 펴짐으로써 코킹이 풀려 ⑤보다 ⑥, ⑦의 순서가 먼저 가동되어 순서가 흐트러지게 되는 것이다.
- 또 다른 문제로, 오른손 또는 손목으로 힘을 가해 헤드로 공을 때리려고 할 때 코킹의 각도가 유지되지 못하고 ④, ⑤, ⑥이 이루어지기도 전에 ⑦양 손목이 먼저 가동 되는 경우가 발생하기도 하는데, 이것을 '캐스팅된다' 라고 한다.
- 백스윙 때 90도 이상 회전시킨 어깨는 정면의 방향으로까지만 되돌려 정지하여야 한다. 연이어 ⑤, ⑥, ⑦이 순서대로 이루어진 뒤 헤드를 뒤따르면서 잔여 원심력으로 어깨와 몸통이 딸려가야 하는데, 그보다 먼저 타겟 방향으로 회전력을 너 키운다는 착각으로 인해 ④상체를 계속 돌려버림으로써 순서가 흐트러지기도 한다.

백스윙 시 역 회전축 / 다운스윙 시 캐스팅으로 코킹 풀림 / 임팩 시 어깨 먼저 회전 / 임팩 시 왼팔꿈치 치킨윙

이 때문에 타이밍이 맞지 않아 심각한 문제가 일어나게 된다. 슬라이스의 원인 중 90% 이상이 바로 이 때문이다.

- 임팩 시 왼팔의 바퀴축 시스템을 가동시키지 못해서 오른팔이 임팩하기 위해 힘으로 밀고 오면 왼팔이 비켜주지 못하여 왼팔꿈치가 접혀지면서 문제가 생기기도 한다. 이를 '닭날개 현상' 이라고 한다.

》 Sequence Power의 보정 동작으로 교정

- 탑에서 양팔이 내려오지 않고 기다린다는 느낌(정점)으로 Squat 하면서 다운스윙 하면 왼쪽 광배근의 수축으로 인해 정면까지만 회전하게 된다. 이때 수동적으로 왼팔은 한 개의 지렛대로, 오른팔은 두 개의 지렛대로 작용하는데, 오른쪽 어깨 힘을 완전히 빼 오른팔꿈치와 손목이 접혀진 채로 윗팔뚝으로만 내려온다. 왼팔은 겨드랑이에 붙어 있으면서 왼팔 전체가 직하강되도록 한다. 오른쪽 팔꿈치는 옆구리 앞쪽으로 지나도록 한 뒤 클럽헤드가 튀어 나갈 때 오른쪽 아래팔뚝을 펼쳐 밀어주며 연이어 손목이 돌아가며 릴리즈 해야 한다.
- 오른손으로 힘을 가해 공을 때리려 하지 말고 양 어깨의 힘을 완전히 빼서 어깨에 의해 수동적으로 내려지는 왼팔 바깥선과 오른손 중앙선을 유지하게 되면 코킹각이 유지되면서 순서가 뒤바뀌지 않게 된다. 이때 오른손 엄지, 검지의 Sense를 가동하면 더 잘된다.
- 백스윙 때 90도 정도 회전시킨 어깨는 다운스윙 시 정면방향으로까지만 회전시키고 정지해야 관성으로 ⑤, ⑥, ⑦이 순서대로 이루어진다. 그리고 헤드의 잔여 원심력으로 끌려가듯 어깨가 뒤따라가야 한다. 왼쪽 가상의 벽에 ④왼쪽 광배근으로 ⑤왼팔을 강하게 부딪혀 급정거가 되면, 관성에 의해 운동량 보존의 법칙이 ⑥클럽을 튀어 나가게 한다.
- 임팩존에서 ⑤, ⑥, ⑦이 순차적으로 일어날 때, 언코킹과 바퀴축 시스템 적용이 완벽하게 이루어져야(릴리즈) 왼팔꿈치가 접히지 않고 타겟을 향해 스윙 한계선까지 밀어 주며 잔여원심력으로 피니쉬까지 큰 원을 그리며 부드럽게 갈 수 있게 된다.
- 스윙이 잘못 일어나 나쁜 결과를 야기한 상태에 대하여서는, 결과 상태를 고치려하지 말고 원인 행위를 정확히 찾아 고쳐야 한다.

◎ Follow Through & Finish

- 바퀴축 시스템 가동으로 왼손, 오른손이 Feedback되지 않고 돌아 나가도록 한다.(1)
- 임팩 직후 오른손목이 완전히 돌아가는데, 이때 공을 지나 20cm 정도 땅으로 내린다.(1)
- 양팔을 겨드랑이에서 떨어뜨려 타겟으로 스윙 한계선까지 양팔이 딸려가 펼쳐 준다.(2, 3)
- 먼저 보낸 헤드 끝의 잔여원심력에 의해 상체는 자연스럽게 뒤따라 가면서 회전 한다.(2, 3, 4)
- 오른어깨는 타겟 방향으로 마무리 회전하며 세우면 관성으로 클럽이 먼저 올라 가고, 왼팔꿈치만 접어 몸이 딸려가게 한다. (3,4,5)
- 배꼽을 타겟 방향으로 민다. 왼발쪽으로 무게중심 완전히 이동한다. - 99%(4,5,6)
- 오른발목에 힘을 주어 발끝으로 바로 세운다.(5) → (6)은 뒷모습 사진 참고
- 몸통이 회전되어야 하는데 왼팔꿈치를 먼저 들면서 돌리게 되면 피니쉬 궤도가 틀어진다.(6)
- 임팩에서 힘을 다 쏟아서 잔여 원심력으로 딸려가면서 소프트 랜딩이 되도록 한다.(6)

①

②

③

④

⑤

⑥

5 5가지의 다른 게임

◎ 두뇌 활동

두뇌 활동

마인드 컨트롤

1. Mental Game
   - 메커니즘 위주의 스윙에서 느낌 위주의 스윙으로 전환
   - 프리샷 루틴으로 일관성 있는 스윙, 공간 인지 적응
   - 불안, 흥분, 감정 조절 - 아드레날린 분비로 근육 수축

6. Management Game
   - 샷 기법과 클럽의 선택 - 기후, 코스, 잔디 형태, 라이 상태
   - 통계적 분석, 모험과 위험
   - 연습 시 클럽별 샷의 느낌 메모 활용

신체적 컨트롤

3. Power(Long) Game
   - 신체적 체력, 재능, 연결, 리듬, 조화, 스피드, High Power
   - 힘과 스피드, 목표 : 스루드 그린

7. Short Game
   - 간결한 리듬, 부드러움, 정확도, Low Power
   - 기교적(Finesse) 스윙, Sense Check, 목표 : 그린

11. Putting Game
   - 감각, Putting Line, Face 정열, 그립과 손목 응력(Tension)
   - 어깨에 의한 Stroke 시 관성력 이용, 목표 : 홀

생각 〈 느낌 〈 행동
연습은 메카닉으로, 라운드는 필링으로

6 연습 방법

◎ Step by Step

》 Step 1 : 기본 리듬 타기– 몸의 진동수 맞춤

1) 발을 땅에 붙이고 30cm정도 벌림.
2) 어깨로부터 양팔의 힘을 빼고 팔꿈치는 굽혀지지 않게 하여 걸어가듯 흔든다.
3) 팔과 함께 같은 쪽 무릎을 약간씩 구부리며 양팔을 흔든다.
4) 골반을 뒤로 밀어 각도를 약간 굽힌 채 계속한다.
5) 양팔을 대각선으로 교차되게 흔든다.
6) 양발의 폭(스탠스)을 어깨 너비만큼 넓혀 계속한다.
7) 골반도 무릎과 자연스럽게 맞추어 약간씩 돌아가며 계속한다.
8) 양팔의 흔드는 방향을 앞뒤⇒ 대각선 ⇒ 양옆으로 방향을 전환한다.
9) 양손을 펴서 정면에서는 마주 보게 하고, 백스윙은 오른손바닥 - 왼손등 정면.
10) 포워드스윙은 왼손바닥 - 오른손등 정면이 되도록 흔들어 준다.
11) 머리는 자연스럽게 양손의 방향과 반대 방향으로 약간씩 얼굴만 돌려 준다.
12) 백스윙으로 갈 때는 오른팔꿈치는 자연스럽게 접어 주며 다운스윙 때는 펴 준다.
13) 어깨의 회전은 디디는 발 끝 방향으로 반대의 어깨가 따라간다.

》 Step 2 : 아이언 클럽으로 1/4 스윙연습(Quarter 스윙)

1) 스탠스는 어깨 너비로 선다.
2) 이 단계에서는 그립의 악력과 어깨의 힘을 최소로 가볍게 한다.
3) Step 1에서 빈 손으로 스윙 리듬을 살려서 똑같은 느낌으로 흔든다.
4) 헤드의 롤링이 되도록 왼팔을 바퀴축 시스템으로 회전시킨다.
5) 이때 손목으로 펴면서 돌리지 않도록 주의한다.
6) 팔로 흔드는 것이 아니라 어깨로 움직여 팔이 스윙이 되도록 한다.
7) 무릎과 골반의 움직임의 느낌을 찾도록 운동 신경을 일깨워 준다.
8) 어깨의 움직임에 의해 양팔이 움직여 스윙이 되는 느낌을 찾도록 운동신경을 일깨워 준다.
9) 팔에 의해 클럽이 회전되는 느낌을 찾도록 운동 신경을 일깨워 준다.
10) 다운스윙 시 광배근에 의해 왼팔을 당기고 이어 오른팔은 따라가며 팔꿈치만

펼쳐 눌러 밀어 주는 느낌(왼팔, 오른팔의 연동 참조)을 찾도록 운동 신경을 일깨워 준다.

》 Step 3 : 아이언 클럽으로 2/4 스윙 연습(Half or "L"자 스윙)

1) 자세와 그립을 정확하게 하여 하프스윙을 익힌다.
2) 지면반력의 무게 중심 이동 ⇒ 백스윙 회전축과 다운스윙 회전축을 찾는 연습.
3) 왼팔의 기준선(반지름)이 굽어지지 않도록 한다.
4) 오른팔꿈치는 위, 아래팔뚝만으로 접었다 펼치는 타이밍을 찾는다.
5) Sequence 순서를 번호로 정확히 느끼도록 인식되어야 한다.
6) ①발바닥 - ②무릎 - ③골반 - ④상체 - ⑤왼팔 - ⑥클럽 - ⑦오른팔
7) 물리 운동 법칙의 관성과 가속도 그리고 작용과 반작용을 느끼며 연습한다.
8) 코킹 - 언코킹 시점과 바퀴축 시스템 작동 타이밍을 찾는다.
9) 팔로우스루 시 왼팔꿈치가 접히지 않도록 스윙한계선까지 멀리 보내는 연습을 한다.

》 Step 4 : 풀 스윙을 익힘

1) 테이크어웨이 시 ①, ②, ③, ④까지 어깨, 양팔, 클럽의 삼각형을 그대로 유지되게 한다.
2) 테이크어웨이에서 백스윙1단계로 진행될 때, 왼팔 바깥선과 오른손 중앙선의 움직임이 백스윙 각운동 또는 관성과 자연스럽게 연동되도록 한다.
3) 백스윙 시 ⑤, ⑥, ⑦이 관성의 법칙을 이용하여 진행되도록 오른팔의 접힘을 느낀다.
4) 백스윙 탑에서 양 어깨의 힘을 완전히 빼고(정점) 클럽의 무게가 가볍게 되도록 양팔의 각도를 잡아 준다.
5) 다운스윙 시작 시 스쿼트가 되도록 할 때 정점에서 양손과 양팔을 기다리게 하면, 텐션(장력)이 생기는데 이것을 찾아내도록 한다.
6) 다운스윙 시 손을 쓰지 않고, 광배근 수축회전에 의해 팔로만 직하강되게 한다.
7) 하체인 발 - 무릎 - 골반으로 리드하여 상체(광배근)는 정면까지만 돌리고 정지하여 관성에 의해 왼팔 - 클럽 - 오른팔 - 양 손목 순으로 가속과 원심력이 일어나도록 순차적으로 스윙한다.
8) 오른팔 움직임 순서는 ①어깨 - 윗팔뚝, ②팔꿈치 - 아래팔뚝, ③손목의 순으로 왼발 끝선 근처 릴리즈 포인트 방향으로 펼치며 클럽에 가속도를 더한다.
9) 릴리즈(언코킹과 바퀴축 시스템, 작용과 반작용)의 가동을 완전히 느끼도록 한다.
10) 잔여 원심력으로 팔로우스루로 진행하고, 피니쉬 때 오른발 끝으로 세워주고 오른 어깨를 밀어 타겟 방향으로 돌아가게 한다.

◎ 테이크어웨이 연습

》 삼각형을 유지한 채 테이크어웨이 연습

1) 어드레스에서 어깨와 양팔이 삼각형을 이루고 있는데, 이 모양을 그대로 유지한 채 양손이 오른 허벅지를 지나도록 삼각형의 형태를 유지하는 연습. 특히 왼손 누른 채 테이크어웨이되도록 한다.
2) 양 손목을 돌리면서 테이크어웨이되지 않도록 주의한다. 이때 상체에 의해 약간 돌아가게 된다.
3) 오른팔꿈치를 오픈 해두어야 손목이 먼저 과도하게 돌지 않고 뒤로 밀 수 있다.
4) 내린 모습 그대로 올려 왕복, 머리 움직임의 연습과 병행(트리거)한다.
5) 효과 및 기대 : ①~④상체 회전에 의해 수동적으로 팔이 떨어지는 것이 가능하다. 구동력을 만들어 움직이는 동안 왼팔(⑤)으로의 백스윙이 쉬워진다.

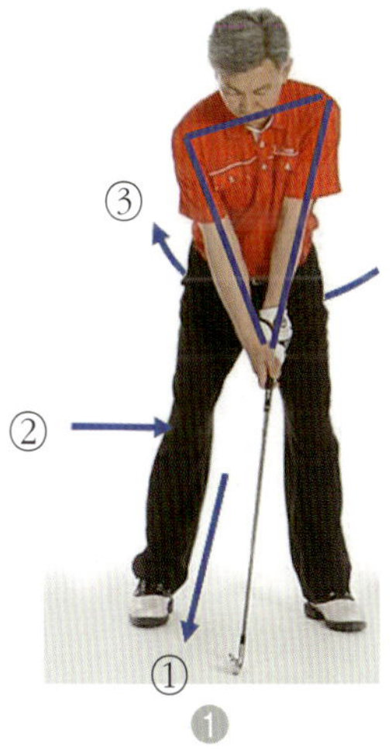

❶

❷

❸

◎ 백스윙과 탑의 연습

1) 테이크어웨이 후 연속으로 왼팔을 직 후방으로 클럽을 던지듯 하여 왼팔이 지면과 수평이 될 때 멈추어(끝점) 주면, 관성으로 클럽이 튀어 올라간다. 이때 클럽만 올라가고 연이어 오른쪽 팔꿈치를 접어 동시에 상체가 따라가 90도 정도가 되게 한다.
2) 이 때 오른쪽 손바닥은 받침대 역할을 하는데, 손바닥 중앙선으로 더 젖혀 주고, 왼쪽 날개뼈(견갑골)의 힘을 빼주며 마무리 한다. 이렇게 하면 팔이 더 올라가는 것이 아니라 어깨와 상체가 더 돌아 가게 된다. 이렇게 해주어야만 힘을 뺄 수가 있다.
3) 백스윙 탑에서 양팔을 그대로 두고 광배근으로 상체만 돌려 올리고-내리고 연습 한다.
4) 효과 및 기대 : 어깨, 상체 회전에 의해 백스윙 탑이 완성 마무리 된다. 중력가속도 0인 정점을 찾아 만드는 것이 키 포인트이다. 손 또는 손목이 먼저 공을 때리려는 것을 자제해야 하고, 다운 스윙 시 몸통의 순차적인 움직임으로 팔이 수동으로 내려오게 해야 한다.

◎ 양팔의 연동 연습

》 양팔이 다운스윙 시 연동되는 연습

1) 백스윙 탑에서 양 팔은 삼각형을 이룬다. 이때 스쿼트하면서 이 팔 모양을 그대로 유지한 채 옆구리까지 삼각형의 형태를 유지하는 연습이다.
2) 오른팔이 굽혀진 채로 옆구리를 통과하여 계속 진행하며 샤프트가 직진하여 가상의 벽까지 진행하여 종을 타종하듯이 Butt를 가상의 벽에다 강하게 쳐 세운다.
3) 왼손바닥 끝, 오른손목, 오른손 중지, 무명지 이 세 포인터로 코킹각도를 유지한다.
4) 효과 및 기대 : 몸통(발, 무릎, 골반, 상체) 회전에 의해 수동적으로 팔이 가상의 벽까지 코킹된 각도를 유지하게 된다. 특히 이때 광배근으로만 내려야 한다. 손 또는 손목이 먼저 공을 때리려는 것을 자제해야 한다.

◎ 골반 이동 연습

》 골반 수평 이동 후 회전 연습

1) 백스윙 탑에서 다운스윙으로 전환 시 하체가 먼저 이동하게 된다. 이때 왼발 바닥을 꾹 디뎌 무게 중심을 이동시킨다. 이때 무릎을 굽힌 채 수평 이동 후 회전하면서 왼무릎을 펴 주면 골반의 회전 움직임이 일어 나게 된다.
2) 골반 움직임을 구분 지어보면, 먼저 타겟방향으로 미끄러지듯 이동 후 왼무릎을 펴주면서 왼 골반을 45도 뒤로 회전 한다.(Slide & Turn)
3) 이로써 왼 무릎이 완전히 펴져 빳빳하게 세워지게 된다. 이때 상체 회전은 등판의 광배근으로 수축하여 회전하면 왼팔이 수동적으로 최저점까지 내려와 정지할 수 있다.
4) 효과 및 기대 : 하체의 리드로 상체(광배근)를 회전시킨 후 정지하여 관성을 만든다.
5) 주의 : 왼어깨가 위로 당겨 들리지 않도록 왼손의 위치가 왼팔의 최저점으로 와야 한다.

◎ 오른팔꿈치 연습

》 오른팔꿈치 펼치는 연습

1) 백스윙 탑에서 양 어깨의 힘을 완전히 빼고 오른윗팔뚝이 떨어지도록 한다.
2) 다운스윙 시 팔 또는 손목을 쓰지 않고 오직 몸통 회전에 의해 직하강되게 한다.
3) 옆구리 앞쪽에 도달할 때 배를 스치듯 아래팔뚝을 왼발끝선 방향으로 펼친다.
4) 오른손목이 백스윙 탑에서 젖혀져 있는 상태에서 내려와 펴지지 않도록 하여, 팔꿈치만 펴지도록 연습한다. 이때 양손의 위치는 공을 지나 릴리즈 포인터를 향하도록 연습한다.
5) 내려진 모양 그대로 올려서 반복한다.
6) 효과 및 기대 : 오른팔의 순차적 스윙을 가능하게 해준다. 또 코킹 각의 유지를 가능하게 하고, 가속도 파워는 오른팔꿈치만으로 펴 주며 일어나게 한다.

◎ 임팩 관성 연습

》 임팩 관성 연습

1) 앞의 9번 연습을 3회 반복 후 10번을 연속하여 한번에 팔로우스루까지 한다.
2) 광배근 수축에 의해 왼팔이 오른허벅지까지 내려오고 가슴이 정면에 오면 브레이크가 걸려 멈추듯 기다린다. 이때 클럽헤더가 튀어 나가도록 바퀴축 시스템으로 길을 열어 주고 헤더가 관성에 의해 빠르게 빠져나가게 한다.(운동량 보존의 법칙이 발생)
3) 코킹된 각을 유지한 채 양손이 공을 지나자마자, 힘을 풀어(릴리즈) 헤더만 보낸다.
4) 효과 및 기대 : Body Power가 아닌 Swing Power가 만들어진다.
   과도하게 어깨가 계속 회전되어 공의 방향, 구질 등 전반적으로 샷의 문제를 일으키는 부분들이 크게 개선된다.
   임팩 관성뿐만 아니라 가속도를 만들어 내는 효과도 기대 된다.
   이때 롤링과 로테이션의 차이를 느끼게 된다.

◎ 릴리즈 연습

》 왼손 릴리즈(언코킹과 바퀴축 시스템)연습

1) 임팩 존에 들어오면 왼팔의 움직임이 단순해진다. 그러나 이때 왼팔을 예민하게 움직여 주어야 한다.
2) [사진] 코킹을 유지하기 위해 바깥선을 유지하여 몸통에 의해 내려오는 연습.
3) 언코킹되면서 왼손목이 어드레스 시 기준선 잡을 때의 왼손목각도까지 각도를 유지한 채(약간의 토우 다운) 돌아 나가도록 바퀴축 시스템을 연습.
4) 왼팔이 최저점으로 Butt가 땅을 향하여 내려와 감속하게 되면, 관성에 의해 운동량 보존의 법칙이 일어나 클럽이 튀어나가는 것이 휘두르는 것보다 헤드속도가 훨씬 빠르게 된다.
5) 효과 및 기대 : 임팩 시 왼팔을 돌려내지 못하면 치킨윙이 되어 왼팔이 접히면서 거리와 방향이 문제를 일으키는데, 릴리즈 연습을 통해 이 문제를 해결할 수 있다. 릴리즈를 잘 해주면 클럽이 최대 속도로 빠져나갈 수 있게 된다.
양팔을 스윙한계선까지 펼쳐주면서 스윙파워를 더 만들어 낸다.

◎ JJ 퍼터그립

》 JJ 퍼터 그립 잡는 방법

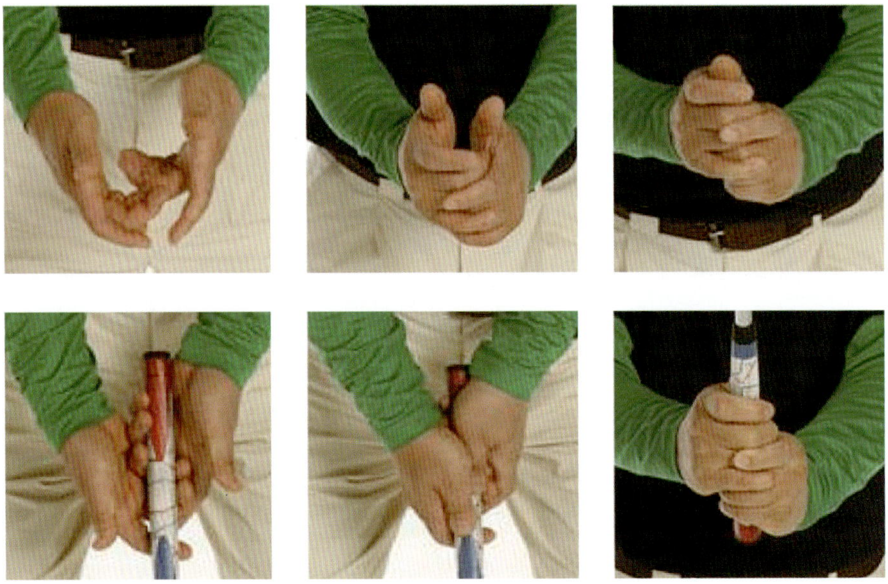

7 숏게임 메카닉

◎ 숏게임 스윙 원리

- 무게 중심 이동(체중 이동)과 회전축(운동량과 에너지는 질량과 속도의 관계)
- 순차적 스윙 : 관성의 법칙, 가속도의 법칙, 작용과 반작용의 법칙
  ①발바닥 → ②무릎(대퇴이두근) → ③골반(대둔근) → ④상체(광배근) → ⑤왼팔 → ⑥클럽 → ⑦오른팔
- 백스윙, 다운스윙 모두 순차적 스윙을 한다.(연쇄 관성)
- Finesses Swing : 근육의 신전 - 수축의 힘으로 하지 않고 관성의 법칙과 백스윙 크기에 의한 위치 에너지로 스윙한다.
- 셋업 시 양팔과 어깨간의 삼각형 구조를 테이크어웨이를 지나 백스윙 중간 단계까지 유지하는 것이 중요 하다.
- 숏게임의 테크닉 종류
  - Chip Shot : Chip - Cut(페이스 오픈), Chipping(페이스 스퀘어)
  - Pitch Shot : Pitch - Cut(Rotation), Pitching(Rolling)
  - Lob Shot : 페이스를 열고 전체 스윙을 부드럽게 피네세스 스윙을 한다.
  - Plop Shot : Lob Shot과 비슷하지만 어드레스 시 그립 위치는 중앙에 두고 임팩 시 손목을 사용하여 헤더를 공 아래로 파고 들듯이 손목을 스쿠핑 시킨다.

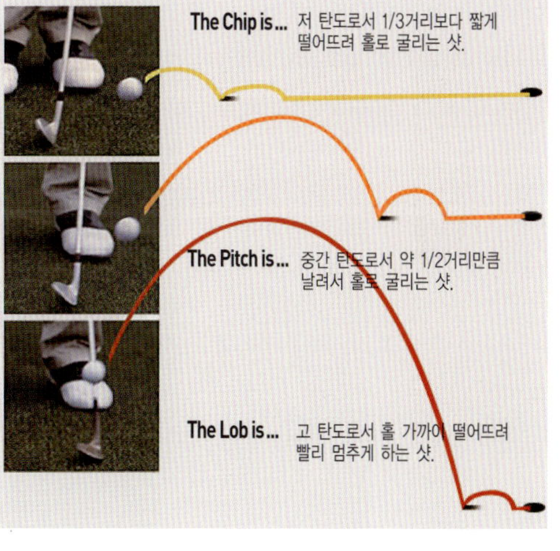

◎ 피치샷 스윙 동작 설명

- 자세는 풀스윙 시 스탠스보다 조금 더 좁게 서고, 왼발을 30~40도로 연다.
- 왼손 눌러 잡는 것을 확실하게 하여 처음부터 끝까지 풀리지 않게 한다.
- 백스윙 시 거리에 대한 크기만큼(끝점) 가서 감속하면 관성에 의해 클럽이 뒤로 넘어 가면서 코킹이 이루어지는데, 이 상태를 그대로 유지한 채 힘을 쓰지 않고 오직 몸통(1~4)의 순차적 움직임으로 다운스윙하면 위치에너지를 얻을 수 있다.
- 몸통에 의해 다운스윙 하면서 코킹된 각을 유지된 채 양손이 공을 지나가서 가상의 벽에 멈추어서면(Butt) 관성력이 일어나 클럽이 빠르게 지나 임팩이 일어난다. 다운스윙 시 임팩존까지 올 때 왼팔의 Butt가 최저점으로 와야 한다.
- 오른손 그립의 생명선을 테이크어웨이 시작부터 임팩까지 느끼며 스윙한다.
- 임팩시 롤링(헤더 토우가 넘어감)하면서 릴리즈하느냐 로테이션(넘어가지 않고) 하면서 릴리즈하느냐에 따라 Pitching 또는 Pitch- Cut Shot으로 구분한다.
- 피치컷 샷은 많이 구르지 않고, 피칭 샷은 피치컷보다 더 구른다.
- 어드레스 시 왼팔을 시계 시침 6시라 하면, 백스윙 시 왼팔을 7, 8, 9, 10시로 하여 30m, 40m, 50m, 60m 등의 거리로 보낼 수 있다.
- PW, AW, SW 클럽으로 각각의 사이 거리를 만들어 낼 수 있다.

◎ 피치샷 연속 스윙

》 백스윙 7시 30분의 경우

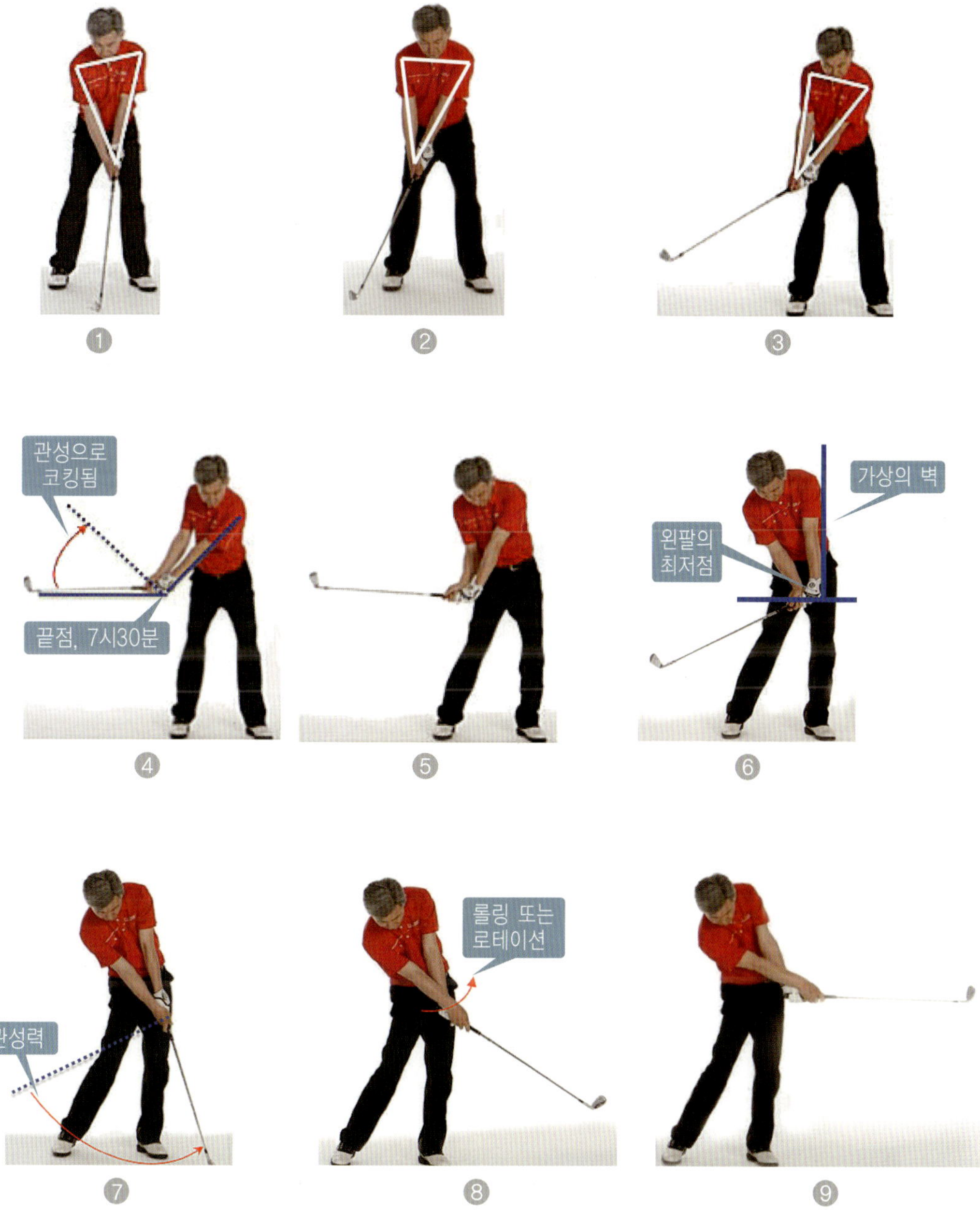

◎ 피치샷 연속 스윙

》 백스윙 9시의 경우 / 끝점, 9시

◎ 칩 샷 연속 스윙

- 그립 끝(Butt)은 왼쪽허벅지 중간에 위치하여 왼손 그립은 많이 덮히도록 한다.
- 왼손바닥 눌러 잡은 것을 스윙 시 절대로 변화되게 하면 안된다.
- 자세는 양발을 모은 채 왼발 앞꿈치만 40도 정도 열어 왼발 쪽에 70% 정도 체중의 무게를 두는 방법과 또 백스윙 시 오른발에 80% 이상 옮겨 왔다가 다운스윙 시 무릎으로 체중을 왼발쪽으로 80% 이상 옮겨 임팩하는 방법 중 택일할 수 있다.
- 백스윙 시 왼손바닥을 누르며 진행하고, 탑에서부터 다운스윙 시 양 손목의 코킹 각을 유지한 채 왼팔을 겨드랑이에 붙여 몸통만 움직여 양손이 공의 지점을 지나 가상의 벽에 부딪히듯 정지하면 관성력에 의해 임팩 된다.
- 연이어 백스윙 시 약간 접혔던 오른팔꿈치만 펼치면서 손바닥이 공 바로 앞의 땅을 누르면서 전방으로 10㎝정도 밀고 간다.
- 임팩 포인터를 공 바로 앞의 땅에 둠으로써 그곳에 리딩에지가 디봇을 내지 않게 헤드의 솔(바닥)부분에 의해 미끄러지면서 빠져 나가도록 한다.
- 공의 위치를 왼발 끝에 두느냐 안쪽 또는 바깥쪽에 두느냐에 따라 공의 굴러가는 거리가 달라진다.
- 거리는 백스윙 크기로 정하는데, 공을 어디에 떨어뜨려 얼마나 굴러 가게 하느냐에 따라 결정 된다.

◎ 칩샷 연속 스윙

◎ 퍼팅 스트로크 연속 스윙

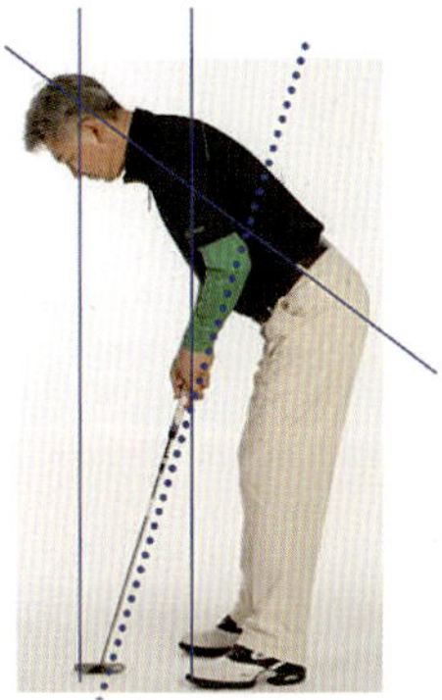

⓪

①

②

③

사진2에서 멈추면
관성이 일어나
사진3처럼 뒤로
더 갔다가 정점을
만들어 두고,
상체가 먼저
선행하여
다운스윙을 함.

④

샤프트 기울기가
유지된 체로 상체
(복사근)의
회전으로만
다운스윙을 하면
클럽은
뒤따라 온다.

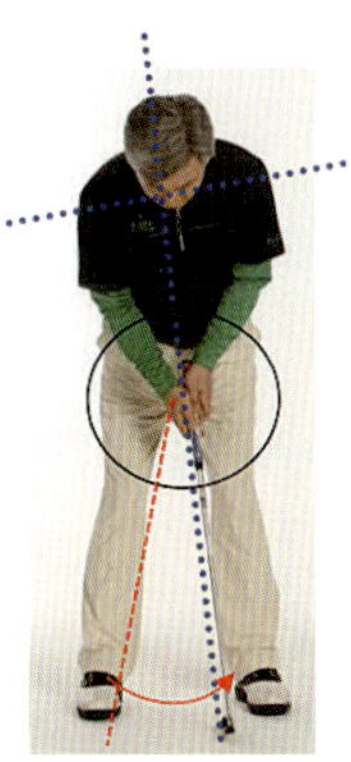

⑤

⑥

사진5에서
멈추면(빨간선) 관성력이
일어나 헤드가
파란선으로 튀어
나가며 임팩이 되는데
사진6과 같이 몸전체가
함께 팔로우스루를 한다.

◎ **퍼터 그립 방법**(일명 JJ그립)

1) 오른 새끼손가락과 왼손 검지를 들어올려 놓고 나머지 손가락을 정렬하여 연결한다. 오른손 검지, 중지, 약지-왼손 중지, 약지, 새끼손가락이 연결되어 양손이 아주 가깝게 밀착된다.
2) 양 엄지손가락은 그립 평면에 정렬하여 일직선이 되도록 한다.
3) 손의 움직임이 적어 상체-어깨로만 스트로크하기가 용이하고 관성으로 스윙 하게 된다.

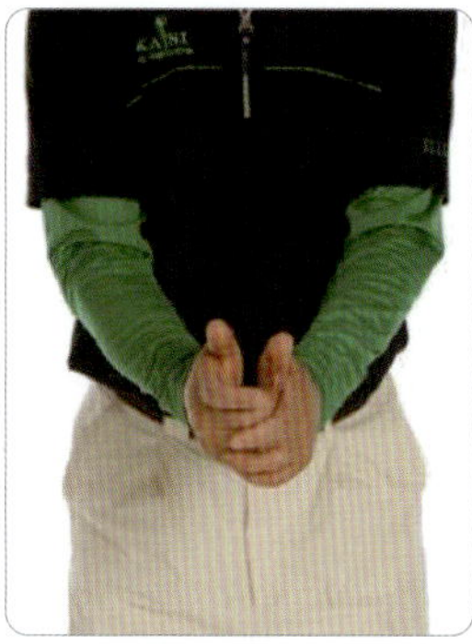

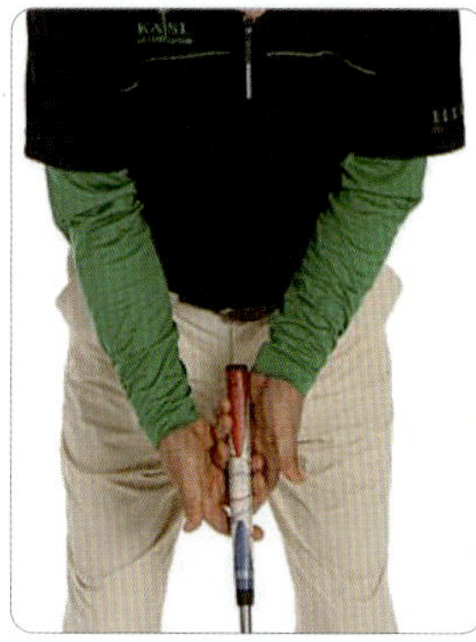
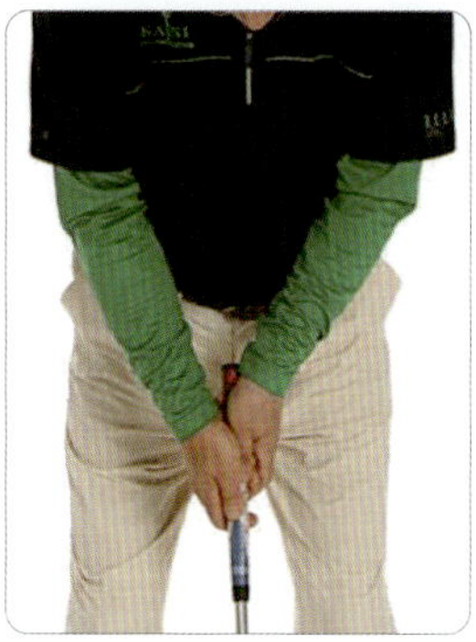
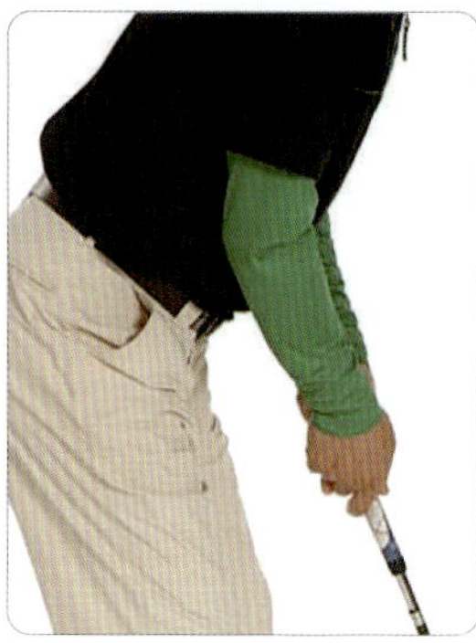

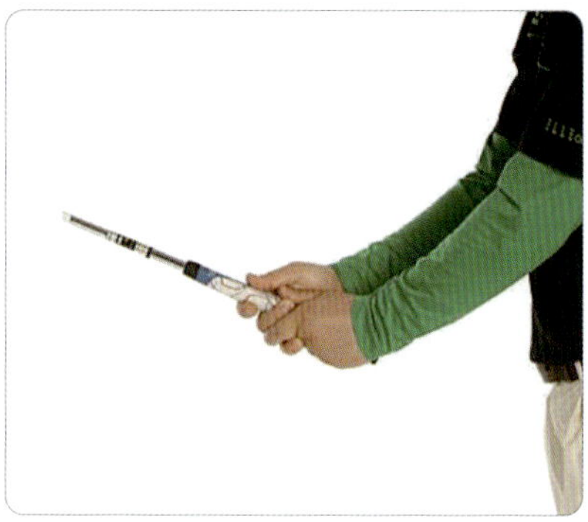

◎ **퍼터 그립 방법**(여러가지 그립들)

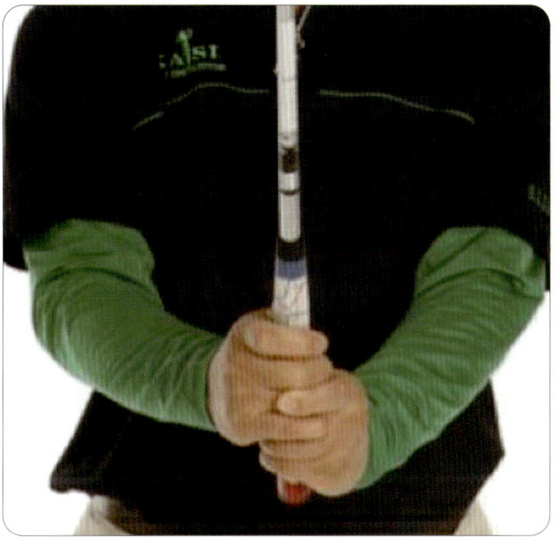
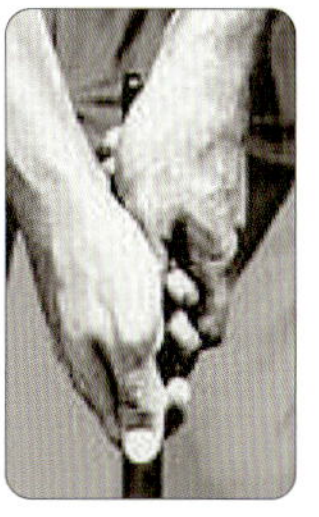
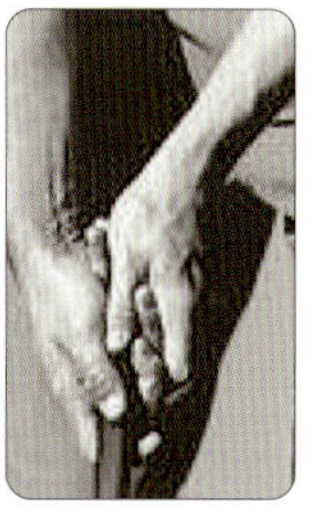
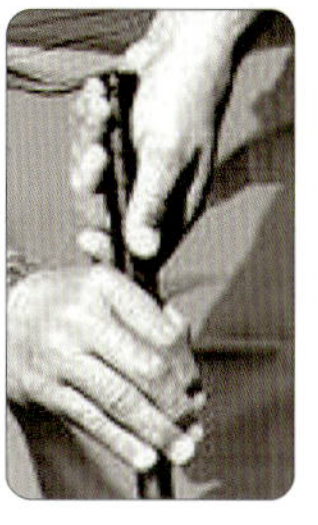
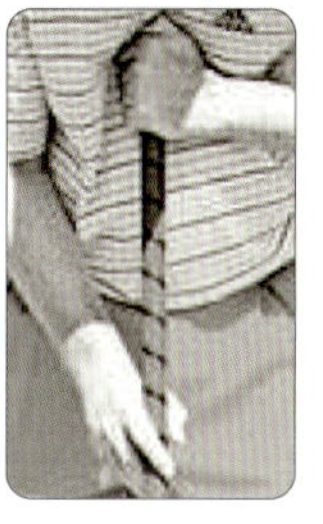

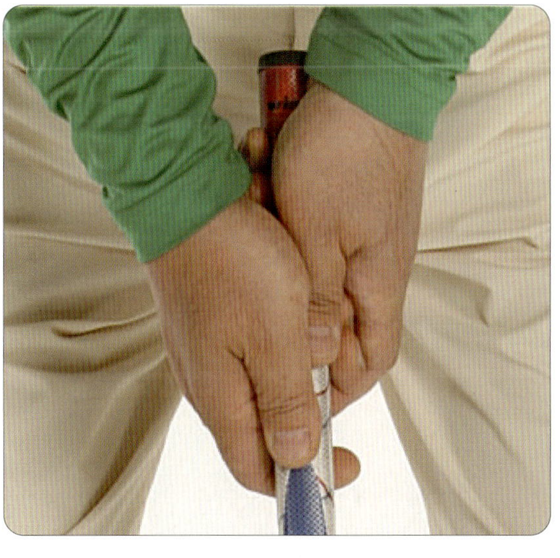
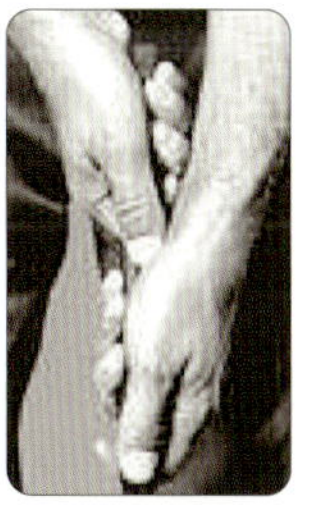
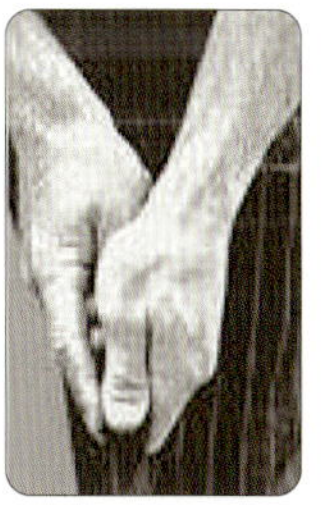
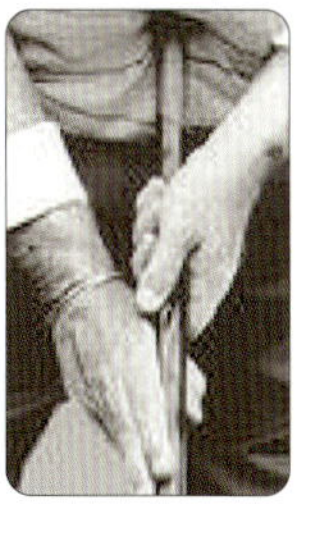
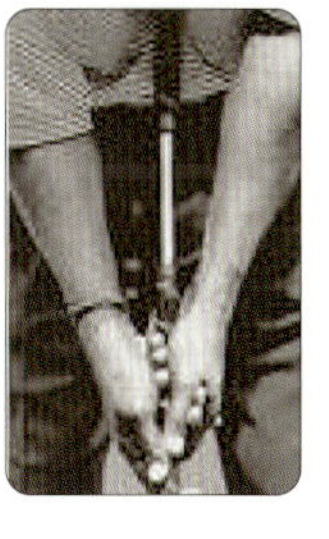

◎ 퍼팅 방법

볼 스피드에 따른 휨 정도가 달라 볼 스피드에 의한 거리를 맞추는 것이 중요

- 퍼터 헤더의 궤적이 10도 틀어지면 공의 진행 방향은 2도 정도 바뀐다.
- 헤더 페이스 각도가 10도 틀어지면 공의 진행 방향은 8도 정도 바뀐다.
- 퍼팅은 공이 회전되지 않고 구르기만 한다.
- 스쿼드 현상이 적게 일어나도록 공을 굴리는 것이 중요하다.

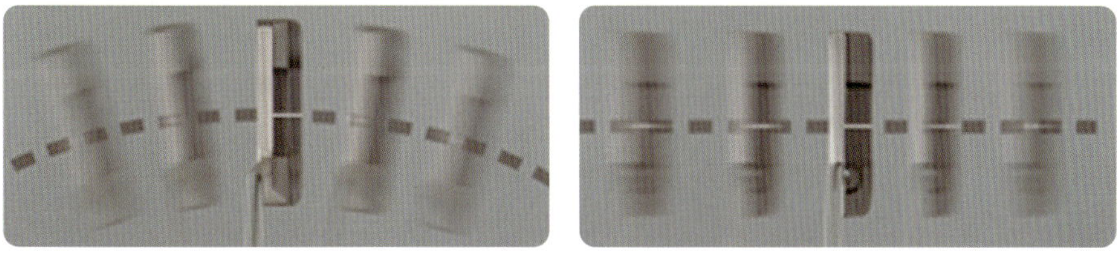

- 헤더 페이스 발란스(수평 각도)는 퍼팅 스트로크의 곡면 각과 맞추어 주어야 한다.

제4장 기본 기술의 연습 방법과 실제

1. 똑같은 그립에서 탈출하자
2. 스텐스의 방법
3. 스텐스의 종류
4. 어드레스
5. 어드레스의 방향 설정
6. 백스윙
7. 스윙의 종류
8. 비거리와 체중 이동법
9. 전략골프와 연습방법
10. 볼의 위치와 스윙템포
11. 아이언 연습방법

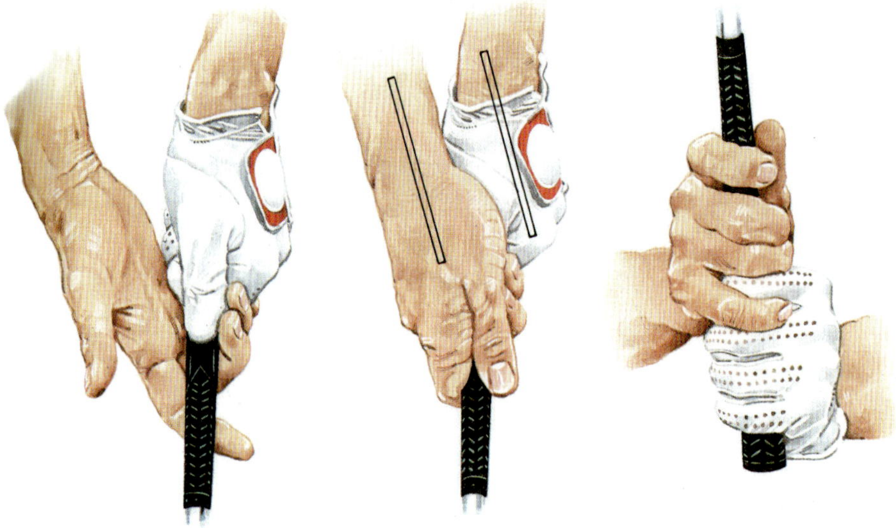

〈오버랩핑 그립 방법〉

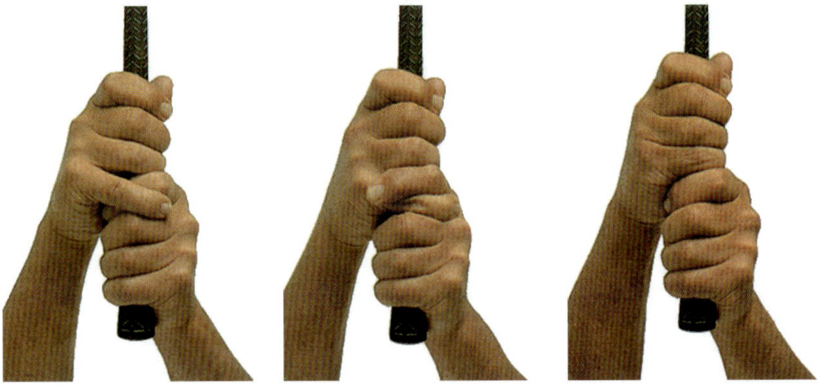

오버랩핑 그립 인터록킹 그립 베이스볼 그립

〈그립의 종류〉

1 똑같은 그립에서 탈출하자

세계적인 프로들은 각 클럽마다 볼의 놓는 위치나 그립의 형태, 스윙의 종류 등이 상황에 따라 수시로 다르다. 그런데 결과는 대부분 좋다. 투어 프로들은 경기에 출전하여, 대회에서 벌어들이는 상금으로 생활하는 선수들이다. 그들은 짧게는 수년, 길게는 수십 년씩 매일마다 같은 방법으로 여러 가지의 샷을 연습한다. 그들의 성적이 좋은 이유는 바로 이 때문이다.

여기에서 아마추어들이 배워야 할 점은 일부 프로들의 드라이버샷과 아이언샷의 그립이 다르다는 것이다. 특히 100m 이내의 짧은 웨지샷의 그립은 다른 드라이버샷이나 아이언샷의 그립과는 다르다는 것을 알 수 있다.

드라이버샷은 오른손 새끼손가락이 왼손 둘째 손가락 위에 걸치는 오버랩핑그립이 비거리를 내기에 좋다. 짧은 웨지샷을 할 때에는 오른손 새끼손가락이 왼손 둘째 손가락과 깍지를 끼듯이 끼는 인터록킹 그립이 다른 그립보다 더 견고해 더욱 정확한 샷을 할 수 있다.

구력이 3~4년 되는 중견 아마추어 골퍼들 가운데 일부는 드라이버샷, 아이언샷, 퍼터 그립까지 똑같이 잡고 플레이를 하기도 한다. 그들의 입장에서는 그들 자신의 몸에 맞는 그립을 잡았다고 생각할지 모르겠만 그것은 잘못된 방법이다. 똑같은 그립으로 플레이하기보다 자신의 몸에 가장 알맞은 골프의 모든 것(그립 스윙 등)을 찾았을 때에 비로소 골프 실력이 일취월장하게 된다.

그렇다면 과연 어떻게 자신의 몸에 맞는 골프 기술을 찾을 수 있을까. 우선 연습라운지에 있는 코치들로부터 자신에게 적합한 골프기술을 배우는 것이 가장 좋은 방법이다. 골프 또는 구력이 10년 이상인 골프 선배들과 최소한 5개월 이상 같이 연습하는 것이 좋고 또 라운딩을 할 때 이들에게 조언을 구하는 것도 좋은 방법이다.

한편 아마추어들은 골프 구력이 10년 미만인 사람들의 무분별한 조언에 귀를 기울여 그것을 그대로 따라 하기도 한다. 이는 아마추어들이 골프를 시작할 때 가장 많이 범하는 실수라고 할 수 있다.

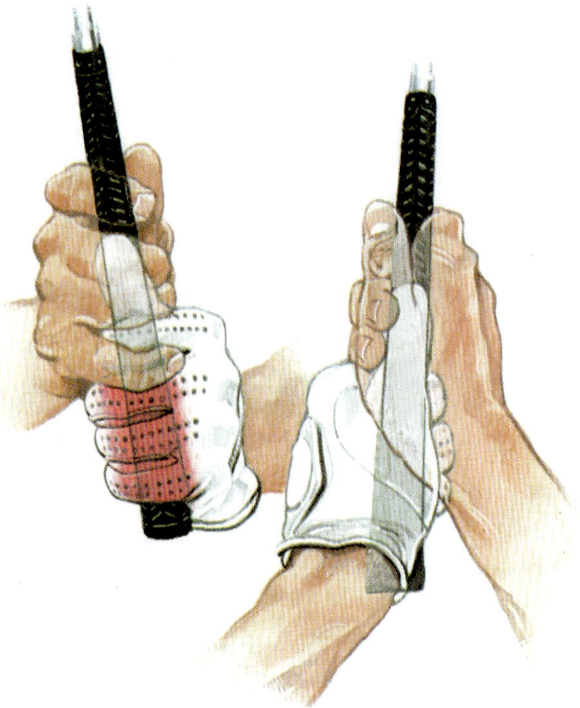

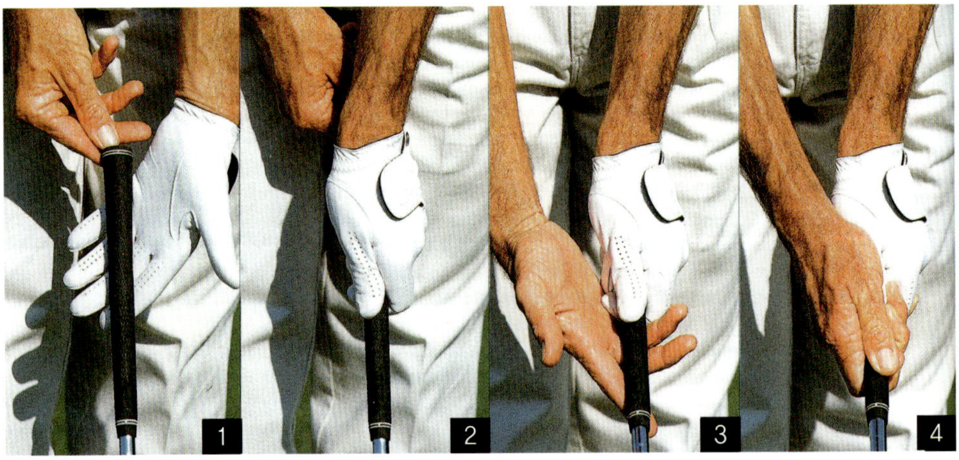
1
2
3
4

2 스탠스 방법

많은 골퍼들이 스탠스를 목표를 향해 단순히 셋업하는 예비 단계 정도로 생각한다. 그러나 사실 스탠스는 보기보다 훨씬 더 중요한 내용을 담고 있다.

두 발의 너비를 지칭하는 스탠스는 7번 아이언으로 표준샷을 하려고 할 때에는 어깨 너비 정도의 폭을 유지하는 것이 적당하다. 그보다 작은 클럽을 사용할 경우에는 두 발을 약간 좁힌다. 롱 아이언이나 우드로 스윙을 할 경우에는 어깨 너비보다 조금 더 벌리면 된다. 만약 두 발을 어깨 너비보다 더 벌리거나 좁게 한 상태에서 샷을 하게 되면, 볼이 보내고자 하는 방향과는 무관하게 날아갈 것이다.

두 발을 어깨 너비보다 더 벌리면 양 다리가 당기게 돼 다리 관절이 단단하게 굳어져 스윙 자체에 무리를 주게 된다. 또 다운스윙 시 체중 이동과 하체와 허리 회전에 무리를 주게 되어 오른쪽 어깨가 열려 들어오는 아웃사이드인 스윙이 되고 만다.

두 발이 어깨 너비보다 좁을 때는 다운스윙 시 힘에 의해 몸 중심이 흔들리며, 앞으로 상체가 쏠리게 되어 좋은 샷을 기대할 수 없다. 올바른 스탠스는 골퍼 자신의 어깨 너비 정도로 유지하는 것이 제일 적당하다. 구체적으로 말하자면 오른발은 비구선과 직각이 되게 하고, 왼발은 직각에서 왼쪽으로 23°정도 돌려야 한다.

골프를 처음 배울 때는 두 발을 직각으로 놓고 스윙 연습을 한다. 직각으로 모아 주면 하체의 흔들림이 방지되어 스윙이 좋아지기 때문이다. 그래서 골프를 처음 배울 때 몇 주 동안 스퀘어 스탠스를 권하는 경향이 있다.

신발을 비구선에서 23°쯤 왼쪽으로 열어 주는 것은 백스윙 시 왼쪽 무릎 뒤틀림을 방지, 하체와 상체가 용수철처럼 탄력 있게 꼬이도록 해주고, 다운스윙 시 허리 회전력을 좋게 하기 위함이다.

자신의 어깨 너비와 똑같이 스탠스를 유지하고 왼발은 비구선에서 왼쪽으로 오픈시켜 주면서 오른발은 비구선과 직각이 되도록 스탠스를 잡으면 현재보다 발전된, 재미있는 골프를 즐길 수 있을 것이다.

3 스탠스의 종류

스탠스의 형태는 타구 방향에 대해 양발을 놓는 방법에 따라서 세 가지로 구분한다. 타구 방향에 있어 평행으로 서는 스퀘어 스탠스가 스탠스 형태 중 기본이고, 스퀘어 스탠스에서 왼발을 앞으로 내는 클로즈 스탠드와 오른발을 앞으로 내는 오픈 스탠스도 있다.

스퀘어 스탠스란 타구 방향에 대해 평행으로 서는 스탠스를 일컫는다. 골프의 가장 기본이 스탠스이기 때문에 골프를 처음 시작하는 사람은 이 스퀘어 스탠스부터 익히도록 해야 한다. 골프 플레이 중 스퀘어 스탠스가 가장 이상적인 방법이다.

클로즈 스탠스란 타구 방향에 있어 닫혔다는 의미를 뜻하는데, 왼발은 그대로 두고 오른발을 뒤쪽으로 잡아 당기기 때문에, 목표를 향해 오른쪽으로 비스듬한 스탠스가 된다. 여간해서는 제대로 서기 어려운 스탠스이다. 물러서는, 즉 오픈 스탠스와 반대되는 스탠스를 클로즈 스탠스라 한다. 이 스탠스로 스윙을 하면, 클럽헤드가 인사이드 상태에서 볼을 막는 스탠스가 되기도 하므로, 드라이버나 페어웨이 우드의 샷에서 이 스탠스를 취하는 사람이 많다.

오픈 스탠스란 스퀘어 스탠스에서 왼발을 23°정도 앞쪽으로 열어 주고 오른발을 약간 앞으로 내민 스탠스로, 몸이 약간 왼쪽으로 열리게 된다고 해서 오픈 스탠스라고 한다.

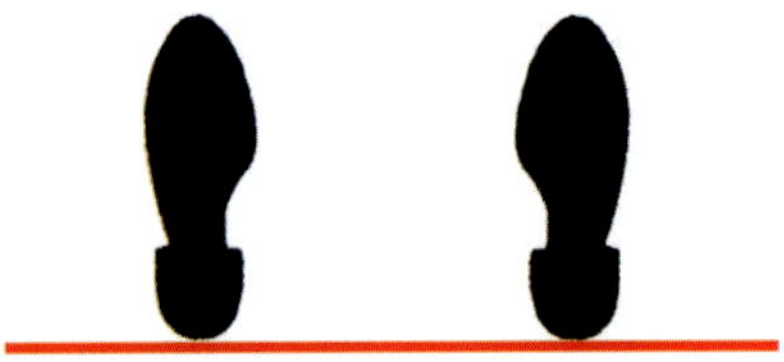
스퀘어 스탠스

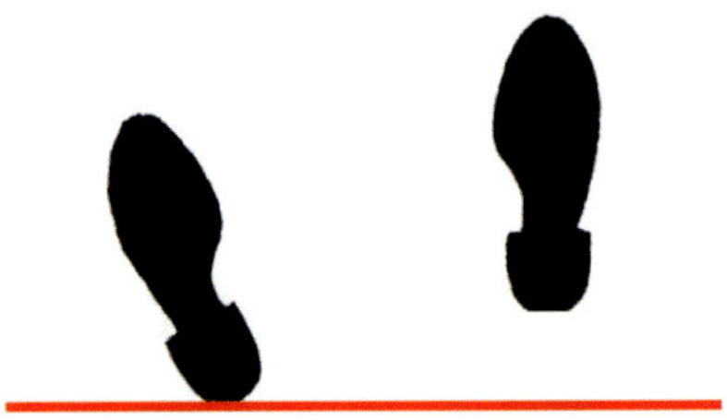
오픈 스탠스

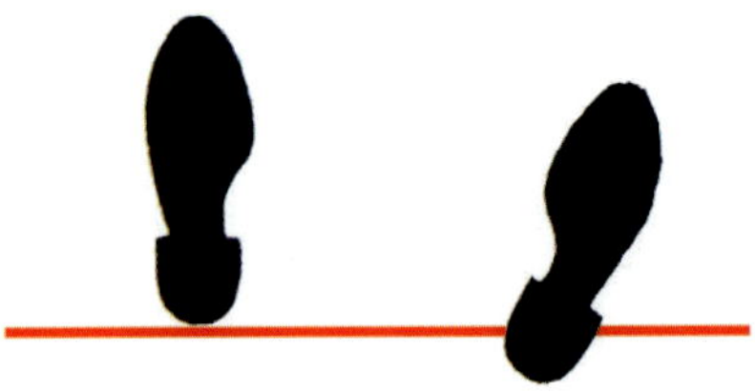
클로즈 스탠스

4 어드레스

어드레스는 스윙에 필요한 모든 요소를 양팔이 창출해 낼 수 있게 해준다. 양팔의 윗부분(팔중간)은 가슴과 겨드랑이에 밀착해 있어야만 한다. 왜냐하면 자신의 겨드랑이에 밀착시킨 두 팔을 무의식적으로 떼려고 할 때 강력한 힘으로 당기지 않는 이상 두 팔의 간격은 절대 떼어놓을 수 없기 때문이다. 골프 스윙의 경우, 양 팔은 사실상 클럽과 몸을 연결하는 역할을 한다.

두 팔의 간격이 좁으면 좁을수록 양팔의 일체화가 잘되어 임팩트 시 최대한의 힘을 발휘할 수 있게 해 준다. 양 팔꿈치는 몸에서 옆으로 내밀지 말고 겨드랑이에 당겨 끼도록 한다. 어드레스 때 왼쪽 팔꿈치는 왼쪽 허리를 똑바로 가리켜야 하며, 오른쪽 팔꿈치도 오른쪽 허리를 가리켜야 한다.

왼손은 그립을 잡은 그대로 허리 주위에 머무르게 하고, 오른손은 자연스럽게 늘어뜨려 클럽의 손잡이를 잡는다. 이때 오른팔은 팔꿈치가 조금 구부러지게 안쪽으로 감아야 한다.

팔 중간 부분에 있는 움푹 패인 지점이 서로 마주 보는 것이 아니라 하늘을 향해야 올바른 자세라고 할 수 있다. 오른팔 윗 부분이 가슴의 옆쪽으로 가급적 밀착되어 있다면 오른쪽 팔꿈치를 움직이지 않게 유지하는 데 큰 도움이 된다.

다음으로 어드레스의 다리, 무릎, 허리, 어깨, 머리 부분에 대해 알아보자.

양 다리와 무릎이 바람직하게 구부러져 있어야 허리와 어깨가 편안하게 움직일 수 있으며, 모든 스윙 동작이 자연스럽게 이루어질 수 있다.

용수철 원리를 상상해 보도록 하자. 용수철은 눌렀다가 놓으면 스프링의 탄력에 의해 사정없이 위로 튀어오른다. 골프 스윙도 마찬가지다. 폭발적인 힘을 발휘하는 데 하체 동작 중에서 양 무릎을 구부렸다 펴주는 힘이 절대적이라 할 수 있다.

양 무릎을 스프링처럼 탄력 있게 구부리지 않고 뻣뻣하게 펴고 있으면, 스윙 동작이 원활하게 이루어지지 않을 뿐 아니라, 하체를 최대한 사용할 수 없게 되기 때문에 좋은 임팩트를 만들 수 없다.

무릎 위치를 살펴보자. 허리를 절반쯤 굽히는 자세를 취했을 때 무릎을 굽혀 상체는 비교적 꼿꼿하게 하고 양무릎은 안쪽을 가리키도록 한다. 양 무릎은 넓적

다리 아랫부분으로 굽혀야 한다. 이때 몸은 양 옆이나 앞뒤로 치우치지 않도록 알맞게 균형을 유지해야 한다.

또 양 무릎부터 정강이까지 긴장감을 느끼게 해야 한다. 몸무게의 중심은 발가락이 아닌 발 뒤꿈치에 더 많이 두어야 하며, 양 발은 접착제처럼 땅에 딱 붙여진 상태이어야 한다.

허리와 상체는 앞으로 가볍게 숙이고 엉덩이는 앉는 자세를 취한다. 엉덩이와 허리 중간 지점에 있는 요추뼈를 조금 들어가게 하면 안정된 자세가 된다. 상체를 숙이는 각도는 20~30° 사이가 적당하다.

5 어드레스의 방향 설정

아마추어 골퍼들과 라운딩을 하다 보면 그들이 정확하고 훌륭한 샷을 구사했는데도 공은 엉뚱한 방향으로 날아가는 모습을 종종 볼 수 있게 된다. 공이 멋대로 날아가면 오비(O.B)가 나든가 아니면 깊은 러프 지역으로 들어가 그날의 경기를 망치게 된다. 공을 정확하게 타구하는 데만 신경을 쓰고 공이 날아가는 방향은 감안하지 않았기 때문에 생긴 실수라고 할 수 있다. 물론 공을 정확하게 맞춰야 하지만, 그보다 더 중요한 것은 골퍼 자신이 공을 보내고자 하는 방향을 정확하게 설정하는 것이다.

연습라운지에서는 티박스(타석자리)가 곧바로 목표 지점으로 배치가 돼 있어 어드레스 방향을 쉽게 잡을 수 있지만, 필드에서는 티박스가 있어도 자신의 판단에 따라 어드레스를 잡아야 하므로 그 방향을 정확하게 찾는 게 중요하다. 롱홀이나 미들홀에서 두 번째 샷이나 세 번째 샷을 할 때는 그린 위의 깃대를 향해서 어드레스 방향을 정해야 한다. 자신이 보내고자 하는 방향을 따라 철도 레일이 목표 지점과 연결이 되어 있다고 상상을 해보는 것도 아마추어에게는 좋은 방법이다.

철도 레일 한 선에는 자신의 발을 비구선과 직각으로 놓고 또 다른 선에는 클럽을 정렬시켜서 어드레스를 하면 공이 날아가는 목표 지점을 정확하게 잡을 수가 있다. 또한 자신의 발 아래에 다른 클럽을 목표 지점으로 놓고 샷하고자 하는 클럽을 수평으로 가지런히 위치시키면 정확한 어드레스 방향을 판단할 수 있다.

공을 맞추는 데 신경을 쓰는 것만큼 먼저 타구할 방향을 정확하게 잡는 것도 중요하다. 방향을 정하는 방법을 요약하면 첫째, 공이 놓인 지점의 2m 뒤에서 보내고자 하는 방향을 정한다. 둘째, 공과 클럽헤드가 직각이 되게 정렬시킨다. 셋째, 공과 발이 가지런히 수평이 되게 한다.

6 백스윙

◎ 클럽페이스가 낮고 긴 테이크 어웨이

두 팔과 어깨로 [테이크 어웨이]를 주도한다. 클럽페이스가 낮고 긴 스윙을 만들어 가는 것이 백스윙의 중요한 원칙이다.

체중은 오른발과 왼발에 50 : 50으로 두고 있다가 클럽헤드가 오른발을 벗어날 즈음 오른발에 체중의 80%를 옮겨 주어야 한다. 이때 가상의 임팩트존(60㎝직선)을 클럽헤드가 지나서 안으로 들어가는 인사이드가 되어야 한다.

테이크 어웨이가 끝난 지점에서 백스윙을 점검하기 위해서는 코킹(왼손목의 꺾임)이 시작될 지점에서 클럽과 그립, 팔이 같은 선상에 있어야 한다. 또 클럽페이스는 정면을 향하고 있어야 한다.

그리고 테이크 어웨이를 할 때 두 팔과 어깨는 볼 뒤쪽으로 이동을 시작하지만, 머리축과 허리축은 어드레스 자세 그대로 고정되어 있어야만 한다. 왜냐하면 골프 스윙은 머리를 축으로 하는 원운동이기 때문에 원의 중심인 머리가 움직이면 좋은 스윙이 될 수 없어 바른 임팩트가 나올 수가 없기 때문이다. 이처럼 골프에서 머리축, 허리축의 고정은 중요하다고 볼 수 있다. 테이크어웨이가 끝날 시점에서 왼손의 코킹이 시작돼 어깨가 90°가량 회전될 때까지 계속해서 직각이 되게 만든다.

백스윙에서 몸의 회전은 어깨 90°, 허리 45° 정도가 기본이지만, 하체의 힘이 좋은 사람이나 몸이 유연한 골퍼는 자신의 하체가 지탱할 수 있는 범위 내에서 최대한 어깨를 틀어 주는 것이 좋다.

백스윙의 정점(톱 오브 스윙)에서 클럽은 지면과 수평이 되어야 한다. 오른팔은 쟁반을 받치듯 왼손과 클럽을 받쳐드는 형상이 되어야 한다.

7 스윙의 종류

골프 스윙은 목선을 따라 360° 움직이는 회전 운동이다. 이 회전 운동 중에 목의 앞(턱)이나, 목의 뒤(오른쪽 어깨) 어느 곳에 왼팔이 위치 하느냐에 따라 스윙의 종류가 나뉘어진다.

전자를 신장 발달이 좋은 서양인들이 선호하는 업라이트스윙이라 하고 후자를 체구가 작은 동양인들에게 적합한 플래트스윙이라고 한다. 최근에 와서는 동양인들의 신체가 발달하면서 업라이트와 플래트의 중간 형태인 미디엄스윙이 많이 애용되고 있다.

골프를 재미있게 배우고 즐기기 위해 아마추어 골퍼는 자신의 몸에 어떠한 스윙(업라이트, 플래트, 미디엄) 이 적합한가를 찾아야 한다. 업라이트스윙은 신장이 180cm 이상인 사람에게 적합하며, 볼을 강력하게 찍을 수가(다운블로)있기 때문에 정확한 아이언샷을 할 수 있다. 임팩트존이 몸 가까이 형성되어 미스샷의 요인이 줄어들어 정확한 타점이 나오는 것이 최장점이다.

신장이 큰 사람은 백스윙을 할 때 스윙의 아크를 목 앞쪽(턱)으로 바로 하는 것이 적당하다.

플래트스윙은 신장이 작은 사람들이 선호하는데, 그 이유는 스윙의 아크가 목 뒤쪽(오른쪽 어깨)으로 형성되어 체구가 작아도 충분히 파워를 낼 수 있기 때문이다. 업라이트스윙이 볼의 찍힘(다운블로)이 좋은 스윙이라면, 플래트스윙은 쓸어치는 스윙에 적합하다. 또 플래트스윙도 드라이버나 페어웨이우드 또한 치기가 한결 쉽다.

최근에 유행하는 미디엄스윙을 살펴보면, 이 스윙은 업라이트와 플래트의 중간 형태이며 두 스윙의 장점을 모두 갖추고 있어(찍힘이 좋은 아이언샷, 쓸어치기 좋은 우드 샷)새롭게 골프에 입문하는 사람들이 가장 많이 선호하는 스윙이다.

8 비거리와 체중 이동법

◎ 기본기 후에 비거리

기본기를 배운 다음 비거리를 내는 것이 좋을까, 아니면 그 반대일까. 골프에 입문한 초보자들이 부딪히는 고민거리다. 어떤 것이 맞다고 단언하기 힘들다. 그러나 필자의 경험으로는 기본기를 충실히 배운 뒤 비거리를 내는 데 힘을 쏟는 것이 바람직하다고 생각한다. 왜냐하면 골프는 자세 운동이기 때문이다.

자세가 좋으면 골프 기술도 좋을 수밖에 없다. 세계적인 유명 프로 골퍼 가운데 자세가 좋지 않은 사람이 별로 없는 것과 같은 이치이다. 골프는 기본기를 정확하게 배운 뒤 비거리를 내는 데 집중해야만, 정확한 자세에서 파워 있는 스윙이 나온다.

반대로 비거리를 내는 방법을 먼저 배운 뒤 기본기를 익히면 여러 가지 문제점이 생긴다. 우선 한번 잘못 배운 자세는 좀처럼 고치기 힘들고 또 자세를 고치는 데 시간도 많이 필요하다. 그렇게 되면 골프에 대한 흥미도 잃기 쉽다. 스윙의 폼이 일정하게 머릿속에 정립되어야 하는데 비거리를 내는 법을 먼저 배운 뒤 기본기를 익히게 되면 이 또한 어렵게 된다. 특히 주니어 선수에게 골프를 가르칠 때에는 3~6개월 동안 거울 앞에서 몸에 맞는 스윙 자세만을 골라 집중적으로 익히도록 한다. 이는 기본기를 터득한 뒤 비거리를 내도록 하는 방법이기도 하다.

◎ 체중 이동법

셋업포지션에서 양쪽 발에 있는 체중을 백스윙하는 동안 오른발로 옮기고 다운스윙 직전 왼발로 이동시켜라.

필드에서 플레이 도중 골퍼 자신이 원하지 않았던 슬라이스나 혹은 스윙 순서가 맞지 않아서 발생하는 경우가 대부분이다.

스윙 순서를 방해하는 요소 중 하나인 체중 이동법에 대해 알아보자.

체중 이동을 올바르게 하기 위해서는 스윙 순서를 제대로 지켜야 한다. 다운스윙이 하반신부터 시작되면 피니시에서 체중이 왼발에 실리게 된다. 발에서 시작되는 다운 스윙을 연습하지 않으면 진정한 의미에서의 체중 이동은 기대할 수 없다.

백스윙을 했으면 톱에서는 왼발꿈치를 착지시키는 연습을 해보자. 힐 다운에서 소리가 날 정도로 세게 밟아보자. 왼발꿈치가 착지되었으면, 그 뒤는 아무것도 생각하지 말고 한번에 피니시까지 휘두른다. 하체의 움직임과 팔과 손의 움직이는 타이밍이 맞을 때 모든 샷이 더욱 수월해지며, 일관성 있게 공이 날아가게 된다. 하체의 움직임 즉, 체중 이동이 제대로 안 되면 임팩트할 때 클럽이 공을 통과하는 궤도가 일치하지 않게 된다. 골프를 칠 때에는 그 자리에만 그대로 서서 팔과 손만 움직이지 말고 스윙할 때 엉덩이와 다리도 이용하여야 한다.

체중 이동법에 대해 미국의 투어 프로인 바이론 넬슨(Nelson)은 매번 똑같은 타구를 할 수 있게 하는 하체와 상체의 조화된 동작을 흔들 의자와 같다고 했다. 셋업포지션(어드레스)에서 왼발과 오른발에 절반씩 나누어져 있다. 체중을 백스윙을 하는 동안 오른쪽 발로 옮기고, 다시 다운스윙 직전에 왼발로 옮겨간다. 체중이 오른발에서 왼발로 옮겨지는 순간 타구가 이루어진다.

◎ 스웨이 방지 요령

골프 스윙의 원리는 어드레스를 취한 자세에서 다리를 거의 움직이지 않고 상체만을 꼬아서 얻는 힘으로 공을 치는 데 있다. 이를 용수철 작용이라고도 한다. 이때 가장 주의해야 할 점은 상체와 하체의 꼬임이 최대한이 되어야 한다는 것이다. 중 · 고등학생이나 20대라면 허리가 유연해서 힘들이지 않고도 상체와 하체를 최대한 비틀 수 있다. 그러나 30대 이후라면 허리가 굳기 시작해 하체의 움직임 없이 상체만을 비튼다는 것은 여간 힘든 일이 아니다.

어드레스 자세에서만 상체가 움직여야 하는데, 하체의 움직임 없이 상체를 비틀어서 어드레스 밖으로 몸의 일부가 나가는 경우가 의외로 많다. 이렇게 되면 몸이 흔들려서 원의 중심이 잘 잡히지 않으며 정확한 타점이 일정하게 나올 수 없게 된다. 이를 스웨이라고 한다.

스웨이를 방지하려면 우선 스탠스를 취한 양발 끝에 클럽헤드가 없는 샤프트를 꽂았다고 상상을 하는 것이 중요하다. 스윙 도중에 양 옆에 있는 샤프트에 몸의 일부분이 닿지 않도록 스윙 연습을 반복한다. 왼쪽 어깨를 90°로 백스윙할 때 허리와 가슴은 반대 방향으로 돌린다고 생각하자. 그러면 상체와 하체의 꼬임은 최대가 된다. 그리고 오른쪽 무릎을 백스윙의 초기 단계인 테이크어웨이가 시작된 시점에서 왼쪽 무릎쪽으로 조금 회전하면 오른쪽으로 하체가 스웨이되는 것을 막을 수가 있다. 다운스윙 역시 왼쪽 무릎이 앞으로 나가는 것을 막아 주면 좋은 스윙이 된다.

◎ 볼의 위치와 스윙 리듬

앞에서 설명한 왼발 뒤꿈치 선상의 볼 위치가 클럽에 따라 다소 다르게 변화되어야 한다는 이론이 더 일반화 되어 가기 때문에 스윙템포와 함께 이를 설명하고자 한다.

평지에서 볼의 위치는 7번 아이언을 기준으로 할 때 스탠스의 중간에 위치한다.

볼 하나 간격으로 앞쪽(왼발)으로는 6번 아이언, 볼 2개 간격으로 5번 아이언, 볼 3개 간격으로 4번 아이언, 볼 4개 간격으로 3번 아이언에 위치하며, 3번 우드(스푼), 2번 아이언, 1번 아이언, 1번 드라이버는 볼 위치가 똑같다.

반대로 뒤쪽(오른발)으로는 볼 하나 간격으로 8번 아이언, 볼 2개 간격으로 9번 아이언 순서이녀, 마지막으로 볼 3개 간격으로 웨지 순이다.

슬라이스(오른쪽으로 급히 휘는 구질)볼이 많이 날 때에는 볼의 위치를 정위치보다 가운데로 옮기는 경우도 있지만, 라운딩 도중 아주 급한 상황이 아니고는 절대로 볼을 정위치에서 옮기는 일은 없어야 한다.

아마추어 골퍼는 드라이버의 거리나 아이언의 정확도 파워 스윙 자세에 대해서만 열중 하고 스윙의 템포에 관해서는 별로 중요하게 생각하지 않는 경향이 있다. 여기서 말하는 템포와 리듬은 클럽을 뒤로 치켜 올리는 동작과 타구를 하기 위해 끌어내리는 동작의 속도를 말한다. 이때 백스윙과 다운스윙은 거의 같은 속도로 이루어져야 한다.

언제나 백스윙할 때보다 다운스윙을 할 때 클럽헤드가 빠르게 움직이기 마련이지만 손은 그 속도를 따라가지 못한다. 스윙의 리듬과 템포는 일정하게(빠르면 빠르게, 느리면 느리게) 유지해야만 한다.

백스윙을 빨리 했다면 다운스윙 또한 같은 정도로 빨리 해야 한다. 그렇지 않으면 타성을 잃어버리게 되어 비거리도 줄어든다. 반대로 백스윙을 천천히 하고 다운스윙을 빨리하면 톱스윙 때 클럽을 컨트롤 하지 못해 직선으로 타구하기 어렵다.

현재의 스윙 속도(리듬)가 자신의 몸에 적합한가를 체크할 필요가 있다. 만일 지금보다 속도를 빨리 했을 때 더 효과를 보았다면 지금의 스윙 템포는 어쩌면 너무 느린 것인지도 모른다. 혹은 그 반대의 경우일 수도 있다. 스윙을 할 때 무엇보다도 중요한 것은 골퍼 자신에게 가장 적합한 템포를 찾아내는 일이다.

이는 어림짐작으로 되는 것이 아니다. 백스윙을 최대한 빠르게 하고 다운 스윙을 타성과 몸의 균형, 클럽헤드의 컨트롤을 잃지 않게 빨리 하는 법을 익혀야 한다.

◎ 경사진 라이에서 샷

》 공이 발보다 높거나 낮은 경우

골프장의 지면은 결코 평평한 수평만으로 이루어진 것이 아니다. 비기너들은 경사가 진 휠라이에서 정확한 타구를 하는 것에 어려움을 느낀다. 그러나 몇 가지 방법만 제대로 배운다면 공이 휠라이에 있더라도 두려움 없이 원하는 방향으로 정확한 샷을 할 수 있다.

그러면 첫째, 공이 내리막 경사에 위치한 상태에서의 타구 방법을 배워보도록 하자. 공이 발보다 아래에 위치하는 내리막일 경우 정상적인 샷을 했을 때 슬라이스(오른쪽으로 휘는 구질)가 발생한다. 그렇기 때문에 처음부터 슬라이스가 발생할 것을 염두에 두고 타구할 목표지점을 조금 왼쪽으로 정하는 것이 바람직하다. 클럽페이스를 직각으로 놓아, 공이 오른쪽으로 휘면서 날아가는 페이드 볼을 치는 것도 좋다.

클럽은 평소 샷할 때보다 길게 쥐고, 두 무릎을 낮고 좁게 한다. 백스윙의 정점인 톱을 얇게 한 뒤 정확하게 치면 된다. 체중은 발 뒤꿈치에 단단히 싣고 천천히 스윙해야만 한다. 경력이 짧은 골퍼 대부분은 볼이 놓인 지점이 평탄한 잔디 이외일 경우 당황부터 한다. 이 때문에 무리하게 그립을 강하게 쥐고 다운스윙을 매우 급하게 한다. 그 결과 헤드업을 동반하게 되어 악성 슬라이스나 쌩크(공이 클럽헤드와 샤프트 연결 부분인 목에 맞아 90°로 오른쪽으로 휘는 구질)를 만들고 만다.

둘째, 공이 발보다 위쪽에 위치한 오르막 경사에서의 타구 방법을 알아보자. 이 때에는 공이 발보다 높은 곳에 위치하기 때문에 훅볼(왼쪽으로 휘는 구질)이 되는 경향이 있다. 그래서 타구 목표지점을 오른쪽으로 많이 정해야 한다. 체중은 몸의 균형을 잃어버리지 않도록 두 발가락에 골고루 싣고 지면을 아주 단단하게

밟고 있어야 한다. 그리고 무릎은 굽히되 정상적인 어드레스 무릎 위치보다 조금 펴는 것이 좋다. 왜냐하면 발 위치가 공보다 아래에 위치하기 때문에 무릎을 조금 펴야 정상적인 어드레스 때처럼 몸과 공의 거리가 일정하게 맞아 들어가기 때문이다. 그립은 앞의 무릎을 조금 펴는 것처럼 조금 짧게 잡아야 한다. 공의 위치는 평소보다 몸 가까이 오게 하고, 백스윙은 최대한 천천히 짧게 해야한다. 공은 다운블로(찍어치기)로 치지 말고 쓸어 치듯이 타구해야 자신이 원하는 방향으로 정확하게 보낼 수 있다.

》 스탠스 경사가 오르막이거나 내리막일 때

첫째, 다운휠라이에서의 타구 방법은 다음과 같다. 우선 체중은 오른발에 대부분을 싣고 스탠스는 비구선과 직각인 클로즈 스탠스(Close Stance, 오른발과 왼발은 비구선과 발끝이 직각이 되게 한 자세)를 하고 공은 평소보다 오른발에 가깝게 놓이게 한다. 왜냐하면 임팩트지점(클럽헤드와 공이 맞는 지점)이 평상시 샷할 때의 위치보다 뒤쪽(오른쪽)에 형성되기 때문이다. 친 공은 낮게 날아가 런이 많으므로 평소에 쓰는 클럽보다 한 두 클럽 로프트가 높은 것을 선택하는 것이 좋다.

예를 들면 7번 아이언으로 샷할 거리에 8번 아이언이나 9번 아이언으로 샷을 해야 런이 적어서 그린 위, 홀컵 옆에 정확하게 떨어뜨릴 수가 있다. 또 다운 휠라이에서는 슬라이스(오른쪽으로 휘는 구질)가 날 확률이 높으므로 클럽페이스를 공과 직각으로 잡는 것이 바람직하다. 그리고, 공을 보내고자 하는 지점보다 조금 왼쪽으로 잡는 것도 좋고(클럽 길이가 길수록 휘는 정도가 많아 목표 지점을 잘 계산해서 잡아야 한다), 페이드(직선으로 가다가 목표 끝 지점에서 오른쪽으로 조금 휘는 구질)를 치는 것도 바람직하다.

두 번째는 업휠라이에서의 타구 방법이다. 업휠라이에서 타구 방법은 다운휠라이에서 샷 할때와는 반대이다. 체중의 대부분을 왼발에 두고 오픈 스탠스(Open Stance, 오른발을 왼발보다 조금 공쪽으로 내놓고 목표를 향한 뒤 왼발 끝을 앞으로 23°정도 여는 자세)를 취해서 훅(왼쪽으로 휘는 구질)이 발생할 것을 막아 주는 것이 중요하다.

공의 탄도는 스탠스 자체가 오르막이기 때문에 공이 많이 뜨고 런이 적은편이다. 클럽 선택은 평소 샷 할 때보다 한 클럽 긴 것을 잡아야 한다.

◎ 다양한 상황에서 응용샷 높은 샷

대부분의 아마추어들에게 가장 어렵게 느껴지는 것 중 하나는 공을 공중으로 높게 띄워 올리는 것이다. 그 이유는 골프가 공을 높게 올리려 노력하면 할수록 대개의 경우 토핑이 일어나기 때문이다. 그러므로 아무리 떠올리고 싶은 유혹이 생기더라도 스윙 자체에는 변화를 주지 않는 것이 상책임을 잊지 말아야 한다. 이때 필요한 것은 스탠스의 두 가지 작은 조정뿐이다. 첫째, 공을 평소보다 약간 앞쪽에 놓고 플레이를 한다. 평소에 공을 왼발 안쪽 앞에다 놓고 플레이를 했다면 공 한 개 정도의 크기만큼 앞으로 더 이동시키도록 한다.

여러분이 평소에 놓았던 공의 위치가 다운스윙의 최저점에서 임팩트가 일어나게 했다면 이전 위치는 공이 업스윙 초기에 걸리도록 해줄 것이다. 둘째, 오른쪽 발에 체중이 평소보다 조금 더 실리는 느낌이 들도록 어드레스 때 체중을 재분배

한다. 이러한 조정은 몸의 무게 중심과 함께 스윙의 중심점을 공 뒤쪽으로 약간 더 이동시키는데, 높은 탄도의 타구를 내기 위해서는 반드시 임팩트 때 이렇게 무게 중심이 공의 약간 뒤쪽에 위치하게 해야 한다.

스탠스가 준비되었으면 다음에는 그저 평소와 똑같은 정상적인 스윙을 하면 되는데, 이때는 손을 높이 치켜든 자세로 피니시를 하는 것을 목표로 삼아야 한다. 공이 평소보다 스탠스 앞쪽에 놓여 있다고 해서 몸이 공을 따라가야 한다고 생각해서는 안 되며, 또한 공을 떠올리려고 의식적으로 노력을 해서도 안 된다.

》 강한 백스핀 샷

낙하한 공이 마치 고무줄이라도 연결되어 있었던 것처럼 부드럽게 뒤로 빨려 나오도록 공에 엄청난 백스핀을 먹이는 것은 플레이어가 공을 가지고 할 수 있는 최고의 멋진 기술 중의 하나이다.

이 샷은 특히 바위처럼 단단한 그린에서 플레이를 하거나 벙커 등 장애물 바로 너머에 깃대가 꽂혀 있을 경우 핀에 공을 가까이 붙이는 데 큰 도움을 줄 수 있는 유용한 기술이다.

이런 샷을 성공적으로 플레이하기 위한 첫 번째 필수 조건은 클럽페이스를 공에 최대한 접촉시킬 수 있도록 해주는 좋은 라이에 있다. 맞바람이 불고 있거나 그린이 골퍼 쪽으로 경사가 져 있을 때 이러한 샷이 도움이 된다.

끝으로 사각형의 홈이 파진 아이언이나 소프트커버 공을 사용하는 것도 백스핀을 먹이는 데 도움이 된다. 이 테크닉의 주안점은 기운차고 날카로운 타격으로 공의 뒷면을 때리는 데 있다. 공이 간발의 시간동안 지면의 잔디를 짓누르도록 공의 뒷면 상방 사분면(원을 네 개로 나눈 것 중에 하나)을 때리는 것이 이상적인 목표 지점이다.

이렇게 하면 풀과의 마찰로 인해 공에 백스핀이 걸리게 된다.

이 샷을 구사하려면 우선 공을 평소 위치보다 스탠스 후방으로 1~2㎝ 정도 이동시켜야 한다.

그보다 후방에 위치하면 그저 낮게

만 날아가는 강속구가 나올 뿐이므로 그 이상 뒤로 가지 않도록 주의를 기울여야 한다. 또 한 가지 주의할 점은 평소보다 그립을 더 단단히 잡아야 한다는 것이다. 이는 손목의 작용을 감소시키기 위한 방법으로, 골퍼가 원하는 것이 손의 속도를 내는 것이지 손목의 속도를 내는 것이 아니기 때문이다.

스윙은 정점에서 최저점까지 강력하고 공격적이어야 한다. 대다수의 사람들이 생각하는 것과는 달리 빨려 나오게 하는 샷은 손목으로 깎아 쳐서 스핀을 먹이는 것이 아니라 큰 근육들을 사용해 플레이를 하는 것이다.

손목을 굳게 고정시킨 상태로 공에 다가가서 하체가 목표를 향해 움직이는 것과 동시에 팔로 세차게 스윙을 하면 된다.

》 스핀이 없는 샷(너클볼)

상황에 따라서는 스핀이 거의 없는 샷을 플레이하기도 한다. 이것은 익혀 두면 아주 유용한 샷으로, 특히 공이 툭 떨어져 그린 위로 굴러 올라가기를 바랄 경우 큰 도움이 된다.

겉으로 보기에 이 샷의 스윙은 다른 아이언 샷들의 스윙과 거의 비슷해 보인다. 사실 이 샷의 진짜 큰 차이점은 스윙때 느끼는 감(Feeling)에 있다. 이때의 감은 긴장이 전혀 없는 느낌이다.

대부분의 샷에서는 다리에 일정량의 긴장을 유지해야 하지만 이 샷을 위해서는 스윙이 특별히 더 부드럽게 흐르도록 허벅지와 장단지의 근육들을 이완시켜야 한다. 이때의 무릎은 다른 스윙을 할 때처럼 총알같이 튀어 나가지 않으며 다리의 동작은 부드럽고 유연하다. 임팩트 때 클럽은 디보트를 남기는 하향 타격으로 하기보다는 3번 우드 같은, 높이 치는 공격 각도로 공을 쳐야 한다.

》 펀치 샷

펀치 샷은 일종의 변형 샷이다. 이 또한 그린의 형태에 따라 6, 7번 아이언에서 피칭 웨지까지 어떠한 클럽으로도 칠 수가 있다.

펀치 샷은 영국이나 아일랜드의 골프코스들처럼 안전한 페어웨이가 넓게 펼쳐져 있고 그린 주위에 장애물이 그리 많지 않은 홀에서 사용할 수 있는 방법이다. 이 샷은 바람이 세게 부는 날 그 진가를 발휘한다. 낮고 강력한 탄도가 다른 샷들에 비해 바람의 영향을 훨씬 덜 받게 하기 때문이다.

펀치 샷의 어드레스 자세는 칩샷 때와 동일하다. 클럽은 샤프트 쪽으로 내려 잡고 공은 스탠스의 중앙 쪽으로, 평소보다 뒤쪽에 오게 함으로써 손이 공보다 앞쪽에 놓이고 체중의 약 3분의 2 정도가 왼발에 분배되도록 한다.

하지만 이 경우 비교적 수평에 가까운 각도로 공을 공략하는 것이 목표이기 때문에 굳이 더 기운찬 타격을 조장하기 위해 몸을 열 필요가 없이 스퀘어 스탠스를 취하도록 한다. 아마도 이 샷이 쓰이는 게임은 스퀘어 스탠스를 취해야 하는 유일한 쇼트게임일 것이다.

펀치 샷의 또 다른 특징은 다른 샷에 비해 빠른 동작으로 스윙을 한다는 것이다. 이것은 약간의 스냅이 들어간 빠른 백-앤드-스루 동작이다. 이 경우 가능한한 의식적으로 손목을 쓰지 않으려고 주의를 해야 하며 스윙 때 클럽이 가급적이면 지면 가까이, 낮게 유지되도록 신경을 써야 한다. 이 샷을 할 때 폴로스루는 아주 짧아 손이 무릎을 많이 지나서는 안된다.

》 잔디를 잘라내듯 샷하라

많은 골퍼들이 롱 혹은 미들 아이언을 사용할 때 저지르기 쉬운 실수는 쇼트 아이언으로 타구할 때 처럼 디보트가 생기게 샷을 하려고 하는 것이다. 이렇게 되면 클럽이 공의 뒤쪽을 타구하게 되어 공이 페어웨이를 따라 간신히 몇 미터 날아가거나, 공을 치기는 치지만 공을 정확히 맞히지 못해 공이 그린 너머로 날아가거나, 아니면 볼의 윗부분을 타구하게 된다.

이런 실수를 피하기 위한 가장 좋은 방법은 스윙의 최저점에 클럽헤드가 도달하기 전 2.5㎝되는 지점에서 클럽헤드로 잔디를 쓸어내듯이 볼을 치는 것이다. 이렇게 하면 샷을 성공시킬 확률이 높아지게 되고 그린 주위나 그린 안으로 볼이 떨어지게 할 수 있다. 이런 샷을 하려면 먼저 어드레스 때 공이 스탠스의 중앙이 아닌 왼쪽 발 뒤꿈치의 연장선상에 놓이게 해야 한다. 그런 다음 일반적인 스윙을 한다. 공에 대해서는 생각하지 말고 다만 그 밑에 있는 잔디의 윗부분을 잘라낸다는 느낌으로 샷을 하라.

》 러프에서 샷

러프(풀밭)에서 볼을 치면 지면과 볼 사이에 잔디가 있어 역회전이 잘 걸리지 않게 된다. 페어웨이에 있는 볼을 아이언으로 치면 볼이 높이 날아가 낙하하여 금방 멈추지만 러프에서는 숏 아이언으로 쳐도 날아간 볼이 떨어져도 잘 멈추지 않는다. 역회전이 걸리지 않아 그린을 지나쳐서 너무 멀리 날아가게 된다.

이 때문에 골퍼들은 그린 공략에 상당히 애를 먹는다. 역회전이 걸리지 않아서 그린을 오버하게 되는 구질을 플라이어라고 하는데, 이것은 하이볼(공중볼)과는 또 구분된다.

그런데 이 플라이어의 성질을 이용하면 오히려 페어웨이에서 날렸을 경우 볼을 보다 멀리 날릴 수 있는 효과를 볼 수도 있다. 볼이 풀잎에 잠겨 있을 때 8, 9번 아이언으로 치켜올리듯 업 블로우의 스윙 궤도로 쳐서 플라이어가 되면 1백40m나 1백50m 정도를 날릴 수도 있다. 풀잎의 저항을 이기려고 곤두박질치듯 내리치는 다운블로우만으로는 결코 볼을 높이 날릴 수 없다. 볼은 왼쪽으로 휘어져서 가기 때문에 하늘을 향해 클럽헤드가 올라가는 하이피니시 자세를 취해야 한다. 이렇게 하면 플라이어의 볼이 되어 멀리 날아가게 된다.

러프에서 칠때는 클럽 선택이 중요하다. 이를 잘 못하는 원인으로는 대표적으로 플라이어 현상을 들 수 있다. 드롭 블로우로 불리는 이 현상은 볼을 치는 순간에 풀잎의 방해로 볼에 역회전이 제대로 안 걸려서 결과적으로 볼이 낙하한 다음 많이 굴러 목표 지점을 훨씬 지나치기 때문에 생긴다. 이 점을 무시하면 그린을 크게 지나 어려운 상황에 이른다.

러프가 역결로 되어 있는 풀밭의 상태나 볼이 반이상 풀잎 사이에 잠겨 있을 때 플라이어가 생기기 쉽다. 이때는 플라이어의 현상을 미리 예상하고 한 두 클럽 아래를 사용하는 것이 바람직하다.

》 러프에서 플라이어 방지 요령

홀의 100m이내에서는 거리를 조절해서 쳐야 하는데, 러프에서 치더라도 볼이 낙하한 다음 금방 멎게 하는 샷이 필요하다. 역회전이 걸리지 않고 플라이어가 생겨 그린을 지나치는 것이 가장 위험하다. 러프에서 플라이어가 나지 않게 치기 위해서 손목 동작은 되도록 억제하는 것이 좋다.

플라이어를 이용해서 날릴 때에는 어느 정도 손목 동작을 쓰는 것이 필요하지만, 러프에서 피칭웨지나 샌드웨지로 거리를 조절해서 칠 때는 절대로 임팩트 과정에서 오른쪽 손목을 펴지 않도록 주의해야 한다. 또 양쪽 팔에서 생긴 삼각형을 그대로 유지하여 돌진시켜야 한다. 세팅했을 때의 오른쪽 손목의 각도(꺾인 상태)를 그대로 유지한 상태로 치려면 왼손으로 클럽을 단단히 잡고 다운스윙은 왼팔로 유도하는 것이 좋다.

먼저 왼손으로 다운스윙을 시작하고, 그 다음에 오른손으로 스윙을 하면 된다. 이때 왼손은 끝까지 느슨해지지 않게 클럽을 단단히 잡아야 하고 오른손의 힘도 왼손의 힘보다 세면 안된다. 왼손이 느슨해지면 볼이 왼쪽으로 휘거나 높이 뜨기 어렵기 때문이다.

러프샷에는 다양한 상황이 있다. 러프샷에서 무엇보다 유의해야 할 것은 공의 상태이다. 예를 들어 공이 반쯤 풀잎 사이에 숨어 있거나 공이 완전히 잠겨 있을 때, 공이 풀잎 위에 들떠 있을 때의 경우가 있다. 볼의 상태 여하에 따라 사용하기에 적합한 클럽과 타법이 각각 다르다.

그린까지 100m 남아 있다고 롱 아이언을 꺼내서 치는 것은 금물이다. 볼을 치는 순간 풀잎의 강한 방해를 받아 스윙이 어려워질 뿐이다.

》 깊은 러프에서 4번 우드 활용

고전적인 플레이어들은 러프(Rough : 그린 및 해저드를 제외한 코스 내의 페어웨이 이외의 부분. 키 큰 풀이나 잡목 내지 큰 나무들이 그대로 있는 지역)에 들어간 공을 탈출시키려면 반드시 아이언 클럽을 사용해야 한다는 고정 관념에 사로잡혀 있는 경우가 많다.

그러나 때로는 이러한 고정 관념을 깨고 모험을 해 보는 것이 현명할 때도 있다. 빽빽한 러프에서 4번우드가 최선의 클럽인 경우가 의외로 많다. 긴 러프에서 이 클럽을 제대로만 사용한다면 다른 어떤 아이언보다 훨씬 더 정확하게 러프에서 탈출할 수 있을 뿐만 아니라 골퍼 자신이 원하는 목표 지점으로 공을 곧장 날릴 수도 있다. 왜냐하면 4번 우드 클럽은 클럽헤드가 비교적 두껍고 로프트가 크기 때문이다. 이러한 특징 덕분에 방향을 벗어나지 않고 깊은 잔디(러프)에 있는 볼을 탈출시킬 수 있다.

이런 우드 샷을 할 때는 평소보다 볼에 가깝게 스탠스를 취하는 것이 바람직하다. 가장 조심해야 할 점은 임팩트 때 클럽 페이스와 볼 사이에 가능하면 풀이 적게 끼게 해야 한다는 것이다. 다소 빠르고 힘 있는 다운스윙으로 날카롭게 타구를 하고 폴로스루를 충분히 길게 해야 한다.

이런 종류의 샷은 볼이 약간 오른쪽으로 휘어져 날아가는 경향이 있으므로 공을 보내고자 하는 방향을 목표보다 조금 왼쪽으로 겨냥하는 것이 현명하다. 4번 우드는 클럽을 평소보다 조금 짧게 잡는다면 러프에서도 클럽 본래의 비거리를 충분히 낼 수도 있게 한다.

4번우드로 낼 수 있는 비거리보다 먼 곳에 목표 지점이 있는 경우에는 그 방법으로 샷을 하면 좋은 결과를 얻을 수 있다.

》 디보트에서 샷 요령

디보트 자리라고 해서 크게 어려운 것은 아니다. 디보트의 크기와 깊이를 면밀히 살피고 맨땅에서 하는 피칭샷의 요령과 같이 클럽헤드를 예각으로 내리찍는 다운블로 타법을 이용하면 아주 쉽게 탈출할 수 있다. 이때 뒤땅을 때리지 않고 볼을 직접 타격하는 것이 중요하다.

어드레스 상태에서 볼의 위치는 평소보다 약간 오른쪽에 두고 체중은 왼발에 실은 채 왼손 리드의 스윙을 해야 한다. 바로 이렇게 하는 것이 뒤땅치기를 사전에 방지하는 비결이다. 또 손목은 절대로 사용하지 말고 퍼팅을 하듯 볼을 직접 때려야 피치 앤드 런의 효과를 얻을 수 있다.

사용할 클럽은 샌드웨지보다는 피칭웨지가 더욱 효과적이며, 남은 거리에 따

라 다소 차이는 있지만 핸디 90 이상의 주말 골퍼일 경우 9번 아이언 정도를 사용하는 것이 보다 효과적이다.

디보트내에도 종류가 크게 가지로 구별된다. 첫째, 볼이 디보트 앞쪽 귀퉁이에 있는 경우이다. 이럴 경우, 오히려 페어웨이에 있는 볼보다 클럽 헤드가 더 정확히 타격할 수가 있어 백스핀이 많이 걸리는 좋은 샷을 할 수가 있다. 둘째, 그러나 볼이 디보트 뒤쪽에 있는 경우에는 문제가 다소 심각해진다. 만약 그린 앞쪽에 별다른 장애물이 없다면 샌디웨지 대신 9번이나 피칭웨지를 잡고 고의적인 토핑을 치는 것이 좋다. 만약 지나치게 다운 블로로 볼을 찍으려다 자칫 홈런이라도 날리면 이만저만한 낭패가 아니기 때문에 손목의 힘을 뺀 상태에서 다운스윙을 해야만 한다. 셋째, 볼이 디보트의 경계 안쪽에 있으면 대부분의 경우 클럽헤드의 휠이 잔디에 걸림으로써 클럽페이스가 닫혀 악성 훅이 발생할 수 있으므로, 조준 목표를 조금 오른쪽으로 잡는 것이 중요하다. 마지막으로 볼이 디보트의 경계 바깥쪽에 있다면 클럽헤드의 끝에 볼이 걸리면서 클럽페이스가 열리면서, 악성슬라이스가 발생하므로 목표보다 조금 왼쪽으로 겨냥하는 것이 바람직하다.

》 비오는 날 플레이

골프는 야외 운동인 만큼 맑은 날의 플레이 방법과 비오는 날의 플레이 방법에 많은 차이가 있다. 비오는 날 라운딩의 가장 큰 문제는 그립에 물기가 묻어 강하게 그립을 잡을 수 없다는 데에 있다. 그립이 불안정하면 좋은 스윙은 말할 것도 없고 안정된 임팩트도 나올 수 없다. 그래서 비가 오면 서둘러 골프백의 덮개를 덮어야 한다.

플레이 도중에 그립에 물이 묻으면 마른 수건으로 샷을 할 때마다 그립의 물기를 깨끗이 닦아야 한다. 또 양피 장갑보다는 세무 장갑이 미끄럼 방지에 더 효과가 있다.

또다른 어려움은 클럽페이스의 홈에 물기가 차는 일이다. 그렇게 되면 임팩트 때 클럽헤드가 볼에 정확히 닿지 않고, 백스핀이 제대로 걸리지 않는 수가 많다. 그렇게 되면 자연히 런이 많게 된다. 이런 점을 감안해서 그린을 공략할 때 볼의 낙하 지점을 그린엣지나 핀에서 먼 지점에 잡는 것이 좋다.

비가 올때에는 볼이 목표 지점에서 조금 오른쪽으로 휘는 페이드샷을 날리면 효과적이다. 이런 샷을 구사하기 위해서는 정상적인 경우보다 한 단계 낮은 클럽(8번아이언 대신 7번아이언)을 선택해야 한다. 클럽페이스도 목표보다 왼쪽을 겨냥하고 스윙은 거의 양팔만 이용해야 한다. 즉 임팩트 순간에는 손동작을 거의 하지 말아야 한다. 폴로스루에 들어갈 때 오른손은 왼손 뒤에 따라오는 자세가 되어야 한다.

임팩트 순간에 클럽헤드가 잔디 밑을 파고 들어가지 못하게 하는 'U자형 스윙' 을 해야 한다. 잔디 위의 볼만 떠내는 요령이다.

비가 올때는 비록 볼에 백스핀이 적게 걸리기는 하지만 빗방울의 무게가 비구를 방해하므로 평소 이상의 거리로 날아가지 않는다. 그리고 어프로치샷을 할 때에는 미끄러지는 것에 대비해 평상시보다 하나 더 긴 클럽을 잡고 컨트롤이 잘된 균형 잡힌 스윙을 하는 편이 좋은 스코어를 내는 현명한 방법이다.

》 강풍일수록 그립은 가볍게

주먹을 꽉 쥐고 전박에 있는 근육과 힘줄들이 얼마나 팽팽하게 긴장했는지를 살펴본다. 주먹을 틀면 전박은 다시 느슨해질 것이다. 이것은 골프 스윙을 하는데 아주 중요한 지식이다.

그립을 아주 꽉 쥘 경우에는 스윙 전체에 빳빳하게 힘이 들어가버리게 된다. 빳빳해진 팔은 자유롭게 움직일 수가 없고 어깨는 회전을 하기보다는 평면으로 기울어지려는 경향이 생기게 되어 클럽페이스를 스퀘어하게 공으로 가져가기가 몹시 어렵게 된다. 이럴 경우 힘만 낭비한다면 그나마 다행이지만, 잘못하다가는 끔찍한 슬라이스가 나와 낭패를 보는 경우가 생기게 된다.

반면 클럽을 가볍게 잡는다면, 리드미컬하고 물 흐르듯 자연스럽고 부드러운 스윙의 가장 중요한 첫발을 내딛는게 될 것이다. 맞바람을 향해 플레이를 할 경우 이 점을 특히 유의하라고 권하고 싶다. 왜냐하면 대부분의 골퍼들이 이런 상황에서 더 크고 강한 스윙을 하려고 몸에 잔뜩 힘을 주기 때문이다. 아무리 강한 바람이 불어 오더라도 손은가볍게 그립을 잡도록 하자.

》 클럽을 짧게 잡자.

구력이 짧은 골퍼 대부분은 첫 홀 티샷에서 OB가 날 확률이 60%가 넘는다. 이는 몸이 경직된 데다 스윙을 무리하게 한 나머지 최악의 사태가 발생했기 때문이다. 세계적인 최정상급 프로들도 첫홀에서의 티샷을 가장 어려워 한다. 왜냐하면 첫 홀의 스코어가 한 라운드의 성적을 좌우하기도 하고 또 첫 홀에서의 경기에서 근육이 경직되어 시합에 대한 부담과 함께 긴장감을 더하기 때문이다.

자신도 모르게 어깨에 힘이 많이 들어 갈 때는 클럽을 평소 잡는 지점보다 1~2인치 짧게 잡고 스윙을 부드럽게 해야 한다. 이렇게 하면 클럽헤드가 볼을 때리는 임팩트감이 몰라보게 좋아짐을 느낄 수 있으며 스윙 또한 한결 쉬워진다. 클럽을 짧게 잡으면 볼과 몸의 거리가 가까워져 스윙에 대한 부담도 줄어든다. 마치 쇼트아이언을 치는 기분으로 스윙을 하기 때문에 무리하게 힘이 들어가지 않는다. 또 공이 놓인 지점의 라이가 나쁠수록 클럽을 짧게 잡고 샷을 해야 한다. 벙커샷은 물론 어프로치샷도 짧게 잡아야 한다.

자신이 공을 보내고자 하는 방향에 해저드나 깊은 벙키가 있을 경우 그 지점을 피해서 안전하게 샷을 하는 것이 최선이다. 왜냐하면 골프는 기회가 단 한 번 밖에 주어지지 않는 경기이기 때문이다. 물론 이 경우에도 클럽을 짧게 잡는 것이 바람직하다. 자신이 보내고자 하는 방향에 해저드나 깊은 벙커가 있으면 자신도 모르게 몸에 무리한 힘을 주게 되는데 바로 이를 막기 위해서다.

단 클럽을 짧게 잡은 만큼 거리는 줄어들게 된다. 이 점을 감안하여 자신이 보내고자 하는 거리를 잘 계산해서 샷을 하는 것을 잊지 말아야 한다.

9 전략 골프와 연습 방법

◎ 워밍업

경기 전의 워밍업은 모든 스포츠에 있어서 중요하다. 더구나 미세한 차이로 순위가 가려지는 골프의 경우에는 이 워밍업에 더욱 신중을 기울여야 한다.

라운드 전의 연습 목적은 몸을 풀어줌과 동시에 좋은 기분으로 티그라운드에 설 수 있도록 하는 것이다. 만약 워밍업을 하지 않은 상태에서 타구를 하게 되면, 근육에 갑작스럽고 격렬한 경련이 일어나 좋은 결과를 기대할 수 없게 된다.

좋은 샷을 하고 싶다면 사전에 근육을 꼭 풀어줘야 한다. 골프 워밍업의 한 가지 방법은 티업한 공을 7번 아이언으로 치는 것이다. 풀스윙을 하기에는 무리가 있기 때문에 하프 스윙이나 스리쿼터 스윙을 하도록 한다.

상당수의 골퍼들은 어프로치부터 시작하는 경우가 많은데, 처음부터 권할 만한 연습 방법은 아니다. 거리는 생각하지 말고 느긋한 템포로 공을 몇 개 친 후에 큰 클럽의 풀샷, 어프로치로 순서를 밟아야 한다. 경기 전에 스윙 폼을 교정하는 행위는 절대 금물이며, 어디까지나 가벼운 워밍업이라고 생각해야만 한다.

연습을 할 때는 체크와 조정이 목적이다. 슬라이스를 내는 골퍼라면 어느 정도 공이 휘는지를 파악할 수 있기 때문에 반드시 목표를 설정해서 어드레스하도록 한다. 목표했던 방향보다 몇 야드의 오차가 있는가를 먼저 파악해 두면 공의 오른쪽 사이드가 위험한 경우, 드라이버가 아닌 스푼으로 티샷을 하는 등 응용을 할 수 있게 된다. 생각보다 슬라이스가 많이 나도 교정하려고 하지 않는 것이 좋다. 짧은 시간 안에 슬라이스가 고쳐질리 없기 때문이다. 구질과 휨을 체크해 당일 플레이에 슬라이스를 역으로 이용하면, 보다 좋은 경기를 할 수 있다.

◎ 티의 높이 조정

대다수의 초보 플레이어들을 포함하여 일부 노련한 플레이어들 역시 티에 올리는 공의 높이를 매번 똑같이 함으로써 스스로에게 직접적 · 즉각적 불이익을 초래하기도 한다.

실제로 노련한 플레이어드들은 한 라운드를 돌 때 티를 대여섯 개의 다른 높이로 조정하는데, 이것이 매번 샷의 티의 높이가 적절하게 사용되는 경우라고 할 수

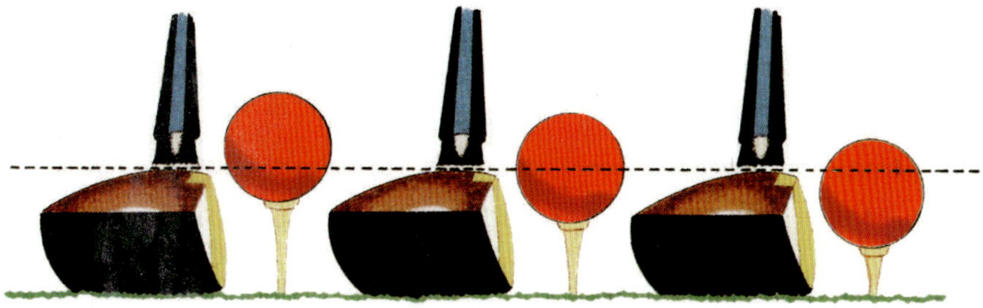

뒷바람을 질 때 보통의 티 샷 페이드

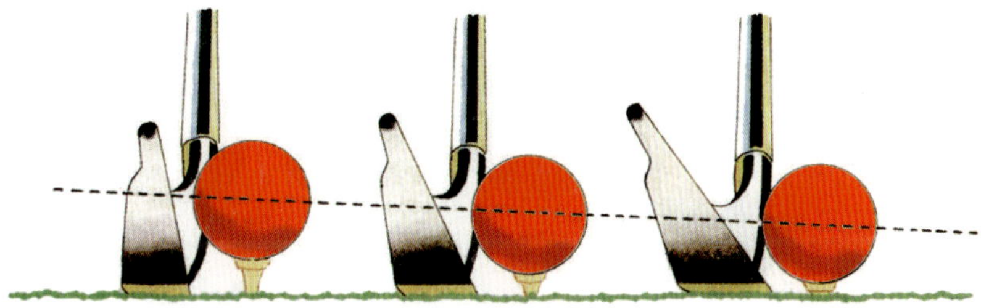

2번 아이언 5번 아이언 9번 아이언

있다. 티를 가장 높이 꽂아야 하는 경우는 바람을 등지고 높게 띄우는 드라이브성 샷이나 오른쪽에서 왼쪽으로 휘어지는 드로우를 구사하려고 할 때이다. 다음으로 더 높이가 높은 것이 드라이버를 사용하는 보통의 티샷이다. 약간 낮은 탄도의 드라이버 샷을 하고자 하거나 왼쪽에서 오른쪽으로 휘어지는 페이드를 구사할 생각이라면 그보다는 약간 낮게 티를 꽂아야 한다. 그 다음은 페어웨이 우드나 아이언으로, 클럽의 길이가 점점 짧아질수록 티의 높이도 낮아져야 한다. 2번 아이언으로 티샷을 하는 경우, 티는 지면에서 1cm 이상 솟아 있으면 안 된다.

손에 잡은 아이언의 길이가 짧아지면 짧아질수록 지면에 박은 티의 높이도 그에 맞게 짧아져야 한다는 사실을 알 필요가 있다.

◎ 샤프트의 강도

샤프트는 골프클럽을 구입할 때 가장 중요하게 고려되어야 하는 요소이다. 그러나 또한 가장 흔히 간과하기도 한다. 골퍼 여러분들은 될 수 있는 한 유연성이

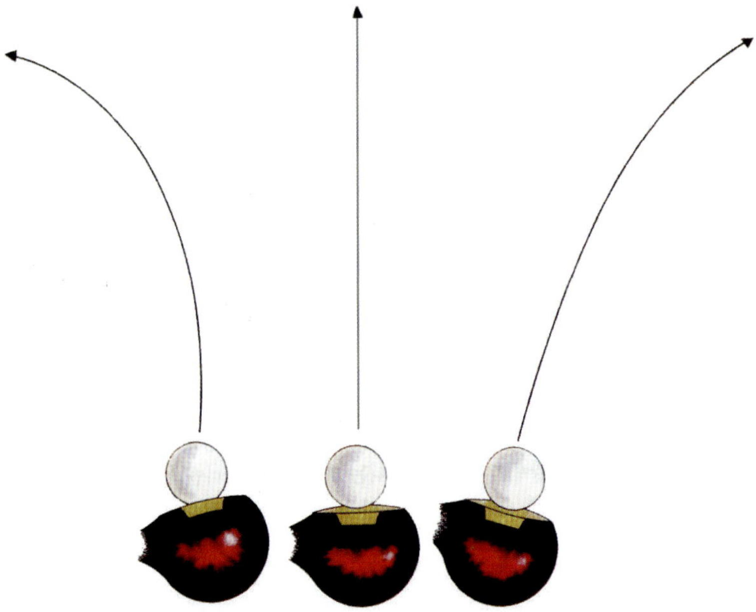

많은 것보다 샤프트 강도가 강한 것으로 사용하는 것이, 실력 향상과 힘을 배양하는 데 훨씬 적합할 것이라 생각한다.

클럽 샤프트의 유연도는 일반적으로 4단계로 나눌 수 있다. 잘 휘어지는(whippy) A, 그 정도가 보통인(regular) R, 딱딱한(stiff) S, 아주 딱딱한(extra stiff) X이다.

유연도가 큰 것은 비거리가 많이 나는 반면 정확도는 떨어진다. 만일 당신이 13세에서 35세 사이의 연령층이고 스코어가 90이라면 샤프트가 A(잘 휘어지는 것)인 것이 가장 적합하다고 할 수 있다. 스티프한 샤프트는 더 유연성이 있는 샤프트들 만큼 스루 때 구부러져 클럽페이스를 닫는 일이 없기 때문에, 실제로 약간 더 공격적인 스윙을 할 수가 있다. (물론 각자가 자신의 필요와 기호에 따라 선택할 수 있다.) 능숙한 플레이어는 자신의 실력에 맞는 클럽과 조화될 때 만들어진다는 사실을 항상 명심해야 한다.

◎ 각 클럽의 거리

골프클럽은 1번 드라이버부터 퍼트까지 14개가 한 세트로 이루어져 있다. 클럽의 구분은 각 클럽이 내는 거리에 따라 나뉜다. 사람마다 각 클럽당 내는 거리는 각각 다르지만 교과서에 적힌 거리에서 자신이 내는 거리를 조절해 본다면 코스 공략에 더할 나위 없이 좋을 것이다.

각 클럽이 내는 거리를 보면 1번 드라이버 230m, 3번 스푼 220m, 4번 170m, 5번 160m, 6번아이언 150m, 7번아이언 140m, 8번아이언 120m, 9번아이언 110m. 그리고 피칭웨지는 50~100m, 샌드웨지는 60m 이내를 표준거리로 잡고 있다.

이 표준거리는 교과서에 나오는 거리이지, 꼭 골퍼 자신의 스윙에 맞출 필요는 없다. 만약 자신의 7번 아이언 거리가 140m이면 모든 샷을 할 때 표준샷보다 10m 줄여 잡으면 되고, 그 반대이면 조금 늘리면 될 것이다.

샷의 거리는 모든 힘을 뺀 상태, 즉 릴렉스하게 골프 헤드 무게만으로 샷을 했을 때 날아가는 거리를 말한다. 한 예로 400m 미들홀을 공략할 때 1번 드라이버를 사용하여 230m를 날렸다면 나머지 거리는 170m가 남는다. 그러면 세컨샷은 5m런을 생각할 때 5번 아이언으로 공략하면 온그린될 것이다.

바람의 영향에 따라 다소 차이가 있는데, 뒷바람이 있을 경우에는 한 클럽 정도 짧게 잡고, 앞바람이 불어올 때는 한 클럽정도 길게 잡으면 자신이 내고자 하는 거리에 적합하게 활용할 수 있을 것이다. 한 클럽당 무리하게 거리를 많이 내려 해서는 안 된다. 대형 연습장에서 100개 정도의 샷 중 3분의 2 이상 볼이 모인 지점이 각 클럽의 거리이다.

자신의 클럽이 내는 거리를 정확하게 알아야만 코스 공략을 자신있게 할 수 있게 되고, 좋은 스코어를 만들 수 있다.

◎ 최상의 연습법

모든 골퍼들은 라운드에 앞서 기본적으로 연습장에 발을 들여보기도 하고 몸을 풀며 리듬감을 잡아 보기도 한다. 이러한 선행 작업은 스윙의 상태를 가늠해 보기 위함이다. 때에 따라서 본인들의 스윙이 평소보다 더 느긋하고 부드럽게 느껴지는 날이 있기도 하고 또 그반대인 날이 있기도 한다.

이것은 플레이어들의 샷이 평소보다 한쪽 또는 그 반대쪽으로 치우치려는 경향이 생겼다는 의미이다. 하지만 라운드 직전에는 이러한 상황을 교정해 보려고 억지로 애를 쓰기 보다 자신이 처한 상황을 최대한 이용하는 쪽으로 연습을 하는 것이 지혜로운 방법이 될 수 있다.

라운드 전 최상의 방법은 여러 가지 클럽을 가지고 연습하는 것이다. 어떤 날은 피칭 웨지로부터 시작해 9번 아이언을 건너뛰어 8번을 연습한 다음 7번을 건너뛰고 6번으로, 또 4번으로 짝수 번호의 클럽만으로 연습을 하기도 하다.

다음 날은 샌드웨지로부터 시작해 홀수 번호의 클럽만을 가지고 연습을 한다. 이 연습법은 어떤 클럽을 매우 익숙하고 편안하게 느끼게 하는 동시에 익숙하지 못한 상황이 발생하는 것을 예방하는 아주 좋은 방법이라 할 수 있다.

◎ 자기의 기량 평가

골프의 신성, 벤 호건(Ben Hogan)은 매일 자신의 연습 일지를 일기 형식으로 쓰라고 말한 바 있다. 벤 호건(Ben Hogan)은 이 연습 일지 덕분에 골프 신성이 될 수 있었다고 한다. 만일 여러분이 진심으로 자신의 플레이를 향상시키고 싶다면 이와 같은 방법으로 자신을 평가해 보는 것이 좋을 것이다.

우선 자신의 게임을 드라이빙, 페어웨이 우드, 롱 아이언, 미들 아이언, 쇼트 아이언, 웨지 플레이, 벙커 플레이, 치핑, 퍼팅과 트러블 플레이로 구분하도록 한다. 그런 다음 각 부분에 대해 자신에게 핸디캐퍼를 부여한다. 만일 전체적인 핸디캐퍼는 열다섯 가지이지만 퍼팅만은 유일하게 클럽에서 최고라는 명성을 얻고 있다면, 퍼팅에 5나 그 이하, 심지어는 이븐파의 핸디캐퍼를 주도록 한다. 그리고 자신이 못하는 기술에도 정확한 평가를 내리도록 한다. 만일 벙커에 들어갈 때마다 심한 고생을 한다면 벙커 플레이에는 절대 30 이하의 핸디캐퍼를 주어서는 안될 것이다.

정직하게 이런 평가서를 작성해 보는 것은 두 가지 이익을 가져다 준다. 먼저 자신이 비교적 잘하는 부분에 대해 자신감을 가지게 해준다. 다음으로 자신의 장점들 옆에 숫자를 써 약점을 시인함으로써 그 약점들을 보완해 나갈 수 있다.

이것을 토대로 지속적으로 게임을 발전시킬 교습이나 훈련, 또는 골프 학교나 연습 프로그램 같은 것을 통해서 경기력 향상 계획을 세울 수가 있다. 그리고 그것이 어떤 방법이 되었든, 그 계획들은 여러분 자신이 인정한 약점들에 초점을 맞추어야 할 것이다.

◎ 자신의 장기를 최대한 활용한다.

내가 말할 수 있는 최상의 전략적인 충고는 자신의 실력을 정확히 파악해 그것을 최대한으로 이용하라는 것이다. 여러분에게는 다른 누구보다 잘할 자신이 있는 몇 가지 기술이 있을 것이다. 장기를 표출할 수 있는 상황에 놓였을 때는 과감히 플레이를 해야 한다.

만일 쇼트 게임에 자신이 있다면 직면하는 모든 피치와 칩샷, 퍼팅을 바로 홀컵 안으로 넣어 버리겠다고 생각한다. 그리고 드라이버가 강점이라면 다른 사람들이 겁을 먹고 움츠려든다고 해서 똑같이 소극적인 플레이를 할 필요가 없다.

자신의 능력에 자신감을 가져라. 그렇게 한다면 그 능력은 점점 더 향상될 것이다. 공격이 최상의 방어이다.

◎ 걷는 동안 미리 생각하라

프로라고 해서 한 라운드를 도는 동안 내내, 조금도 흐트러지지 않고 강력한 집중력을 유지할 수 있는 것은 아니다. 적어도 몇 번의 휴식을 갖지 않고서는 네 시간 동안 줄곧 정신을 집중시킬 수가 없다.

티샷에서 세컨샷 다시 써어드샷으로 걸음을 옮기는 동안, 온갖 잡다한 생각들이 떠오른다. 하지만 최상의 컨디션으로 플레이를 할 때면, 머리는 발이 공에 도달하기 훨씬 전부터 골프에 초점을 맞추게 된다.

공 앞 40m쯤 되는 지점에 도달하면 직면한 상황들을 분석하기 시작한다. 풍향을 가늠하기 위해 나무 꼭대기들을 둘러보고 공이 어떻게 굴러갈지 감을 잡기 위해 앞서가는 사람들의 피치나 그린 주위에 서 있는 사람들에게로 시선을 보낸다. 그래서 공에 도달할 무렵이면 나는 완전히 목전의 샷에 집중을 할 수 있게 된다. 아마추어 골퍼들도 이런 방법으로 플레이를 하면 마음의 여유와 코스에 대한 전략이 생겨서 플레잉의 속도가 빨라지게 될 것이다.

◎ 그린을 계측해 둔다.

잘 설계된 골프 코스에 나가면 다양한 크기의 그린들을 만나게 된다. 대개의 경우, 짧은 어프로치 샷을 하게 되는 홀들에서는 그린의 크기가 작다. 이런 홀들에서는 정확한 클럽의 선택은 물론이요, 그 정확한 클럽들로 정확한 타격을 하지 않으면 안된다.

하지만 더 긴 홀들로 가면 그날 그날의 핀의 위치에 따라 각각 다른 클럽을 뽑아 들어야 하는, 30m 짜리 그린과 만나게 된다.

여러분이 자주 나가 플레이하는 코스의 대형 그린을 주의 깊게 보아 두었다가

이 그린을 공략할 때 주로 사용하게 되는 클럽들을 명심해 두기를 바란다. 어떤 그린은 두 개 정도의 클럽을 쓰게 되고 또 어떤 것은 세 개를 쓰는 경우가 있을 텐데 이럴 경우 핀이 그린의 앞쪽이냐 중간이냐 뒤쪽이냐에 따라 각기 어떤 클럽을 쓰게 되는지 미리 기록해 두는 것이 좋다. 이렇게 해 두면 적절한 클럽의 선택과 자신 있는 스윙을 하는 데 큰 도움이 된다.

◎ 미스 샷을 빨리 잊자

골퍼라면 누구든지 골프를 사랑한다. 그러나 유감스럽게도 이 골프라는 운동은 우리가 사랑하는 만큼 우리에게 애정을 쉽게 보이지 않는다.

골프에는 사람이 아무리 애를 써도 맘대로 되지 않는 것들이 있다. 승리보다는 훨씬 더 많은 패배를 경험하기도 하고, 주말 플레이어들의 경우에는 제대로 된 풀샷보다는 훨씬 더 많은 미스 샷을 하기도 한다.

그러나 지금부터는 그런 것들을 모두 훌훌 털어 버리도록 한다. 잠시 옆으로

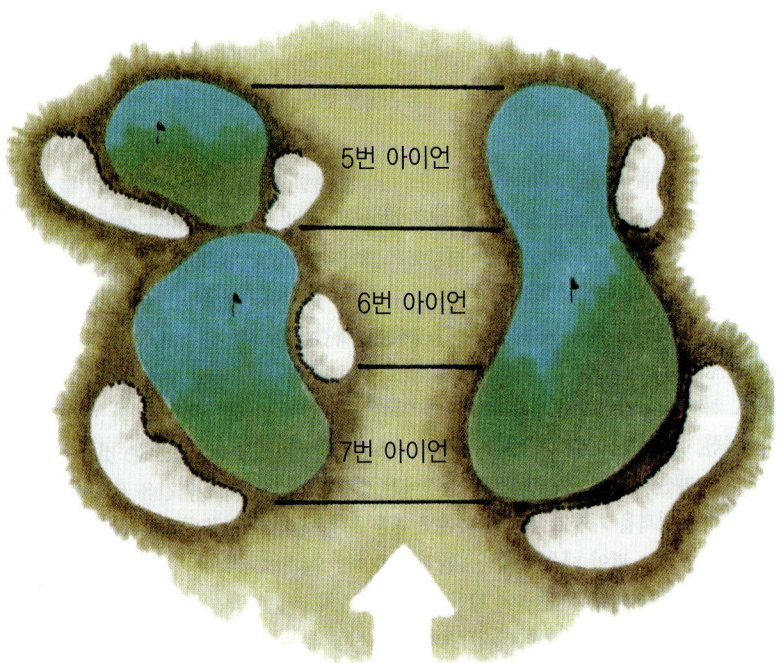

물러서서 심호흡을 한 다음, 지그시 눈을 감고 무슨 일이 일어났는지를 재빨리 잊어버린다. 라운드 중에는 자신에게 분노나 자학을 할 시간적, 정신적 여유가 없다.

빨리 마음의 평정과 굳은 결의를 회복할수록 풀샷은 그만큼 빨리 돌아오게 된다. 지난 것은 빨리 잊어버리고 골프를 사랑하자.

10 볼의 위치와 스윙템포

◎ 올바른 볼의 위치

올바른 볼의 위치에 대해서는 세계적인 프로들 사이에서도 의견이 두 가지로 나뉜다. 첫 번째는 유일한 기준이 되는 것이 공의 위치이므로 항상 같은 위치로 둔다는 것으로서, 이것이 현재 주류를 이루고 있다. 잭니클라우스(Jack Nicklaus)와 그렉 노먼(Greg Norman)이 대표적이다. 두 번째는 티샷은 공을 티업하는데 비해, 그밖의 샷은 지면 위에 있는 공을 치기 때문에 같은 위치로 하면 좋지 않다는 것이다.

그러나 동일하게 한다 혹은 다르게 한다는 식으로 표현하면 완전히 다르게 들리지만, 실제로는 공 2개 정도의 차이밖에는 없다. 따라서 공의 위치는 플레이어가 선택해야 할 사항이라고 주장하는 프로도 있다.

누구의 의견에도 그 나름대로의 설득력은 있지만, 근본적으로 차이는 풋 워크와 깊은 관계가 있다. 즉 발목의 유연성이 커다란 포인트가 된다.

풋 워크가 좋은 사람은 공 라인과 왼발의 위치가 항상 일정하므로 클럽이 바뀜으로써 공에 가까이 가 오른발을 왼쪽 옆에 바짝 붙여서 스윙할 수 있다. 그리고 실제로 잘 못치는 사람은 풋 워크의 부족을 보충하기 위해 공의 위치를 조금 바꾸는데, 거기에 허용 범위가 있다고 생각하는 것이 가장 알기 쉬운 방법이다. 공의 위치에 대해서는 흔히 왼쪽 발뒤꿈치 선상이 기준이 된다는 표현을 많이 하는데, 이것 역시 하나의 대략적인 기준일 뿐이다. 스윙의 축이 있고 그 축을 중심으로 몸을 회전시키기 때문에 그 순간 왼발 뒤꿈치 선상 부근이 스윙의 최하점이 된다.

11 아이언 연습 방법

◎ 쇼트아이언

골프클럽은 모두 14개, 각 클럽마다 고유의 역할이 다르다. 골프클럽 가운데 가장 긴 비거리를 날리는 드라이버의 역할은 보통 첫 번째 샷으로, 골프장의 페어웨이 안에 볼을 넣는 것이다. 드라이버의 임무는 정확성보다는 긴 비거리가 우선이다. 이와 반대로 클럽 길이가 짧을수록 거리보다는 정확성을 목표로 한다. 왜냐하면 골프는 지름 4.24인치의 홀컵 속에 볼을 넣는 것을 목표로 최선을 다하는 운동이기 때문이다.

벤호건(Ben Hogan)은 쇼트 아이언샷에 대해 골퍼들이 새겨들을 만한 견해를 밝힌 적이 있다. 그는 "나는 쇼트 아이언으로 가장 멀리 날리는 플레이어가 아니라 가장 정확하게 날리는 플레이어로 알려지고 싶다."고 말했던 것이다.

8, 9번 아이언과 웨지는 컨트롤 클럽. 이들로 장타를 날리려는 것은 아무런 의미가 없다. 물론 쇼트 아이언으로 풀스윙을 하기는 하지만 어드레스 때 미세한 변화, 즉 목표 방향보다 조금 왼쪽으로 몸을 열어줌으로써 컨트롤을 좋게 한다.

모든 골프 스윙은 스퀘어스탠스가 원칙이지만 쇼트 아이언으로 칠 때는 임팩트와 컨트롤이 잘 되는 자세, 즉 오픈스탠스가 좋다. 이는 목표선과 평행인 평소의 정렬선에서 왼발을 몇㎝ 정도 뒤로 빼서 위치시키는 것이다. 목표의 약간 왼쪽을 향해 정렬이 이루어지도록 골반과 무릎과 어깨를 몇 도 정도 시계 반대 방향으로 회전시킨다.

이 스탠스는 더 업라이트한 백스윙은 물론 더욱 날카롭게 내려오는 하향 타격을 만들어 주는 효과가 있다. 이러한 임팩트는 8, 9번 아이언과 웨지에서 사용하는데, 높고 부드러운 탄도를 형성하면서도 더 많은 백스핀이 걸리게 된다. 이에 따라 공이 그린에 착지함과 동시에 부드럽게 선다.

◎ 미들아이언

미들아이언은 표적 거리 확보용으로 대단히 중요한 샷이다. 클럽 가운데 가장 중심이 되고 안정된 샷이 요구되는 아이언이다. 그러므로 아이언은 왼 어깨를 돌려 넣어야하고 미들아이언이 되면 적절한 거리뿐만 아니라 방향 역시 중요하기 때문에 찌르는 스타일로 샷해야 한다. 9번까지는 풀 샷하게 되어 있으므로 우드와 마찬가지로 미들아이언은 모두 풀 샷한다.

그렇게 하려면

첫째, 왼손의 새끼손가락을 헐겁게 하지 않아야 하고

둘째, 어드레스에서 웨이트를 왼쪽에 치우치도록 해야 하며

셋째, 백 스윙에서 왼 어깨를 깊이 넣어야 한다.

넷째, 왼손을 헤드보다 선행시켜 친다. 특히 어깨를 드라이버처럼 돌리는 것 하나만 제대로 해도 멀리 날아간다. 그리고 충분히 자신감을 가져야만 표적했던 거리를 확보하게 된다. 주저하지 말고 거리는 로프트에 맡기고 충분히 풀샷을 한다. 그리고 헨드 퍼스트에 철저를 기하여 오른쪽으로 친다.

아이언에서 높이 나가지 못하는 사람은 헨드 퍼스트가 부족하여 걷어올리기 때문이다. 오픈 스탠스에서 왼쪽 웨이트로 어드레스하면 클럽의 샤프트가 약간 왼쪽을 향하게 된다. 아주 약간이지만 이러한 상태의 샤프트에서 마음껏 시계 1시 방향으로 샷한다. 그 뒤 폴로스루에서 오른팔을 크게 뻗쳐보라. 그러면 폴로스루가 자연히 이뤄지며 샷은 의도한대로 똑바로 날아가 굿샷이 되는 것을 볼 수 있을 것이다.

◎ 롱아이언

》 정확하게 멀리 치는 방법

멀리 정확하게 샷하기는 페어웨이 우드보다는 롱아이언이 보다 정확하고 치기가 쉽다. 특히 바람이 강하게 부는 날에는 더욱 그러하다. 아마추어 골퍼들은 롱아이언을 어렵게만 생각하기 쉬운데 골프 스윙은 모두 같기 때문에 똑같이 7번 아이언 스윙하듯이 쉽게 하면 된다.

가까운 연습장에서 연습을 많이 쓰는 클럽만큼만 사용하면 오히려 7번 아이언보다 더 쉬울 것이다. 미리 겁을 먹고 아예 연습을 안 하기 때문에 스윙이 빨라지

고 힘이 들어가서 실수할때가 많아진다.

쉬운 클럽만을 치게 되면 롱아이언이나 페어웨이 우드 드라이버 같은 것은 더 어렵게만 느껴진다. 반대로 어렵다고 생각되는 롱아이언을 먼저 정복하면 자연히 쇼트아이언을 하기는 더욱 쉬울 것이다.

바람이 많이 불 때 롱아이언을 평소보다 공 뒷면이 오른쪽 발 가까이에 놓이게 하고 목표의 왼쪽을 겨냥한다. 그리고 임팩트 때 손목을 빨리 돌려 클럽헤드로 공을 강타한다. 페어웨이 지면이 단단하고 낮은 탄도로 오버 스핀(over spin)을 많이 걸어 샷을 하면 평상시 롱아이언으로 얻을 수 있는 것보다 10내지 15야드의 비거리를 더 기대할 수 있다.

》탄도와 비거리 향상을 위한 샷

롱 아이언으로 온그린(on green)을 노릴 때 보통의 경우 공이 그린에 낙하하여 그린을 오버해서 멀리 굴러가는 수가 많다 그래서 그린 앞에 공이 멈추지 않고 그린을 넘어 어려운 곳에 빠지게 되는 경우가 종종 있다.

이런 곤란한 상황에서는 약간 더 긴 아이언 클럽을 선택하여 페이드 샷을 하는 것이 최선이다. 예컨대 그린까지의 거리가 통상 3번 아이언이 낼 수 있는 비거리라면 대신2번 아이언을 사용하는 것이 적당하다. 공은 왼발 뒤꿈치가 대신 발 안쪽의 맞은편에 놓이게 스탠스를 취한다.

클럽페이스는 어드레스 때 다소 열고 페이드 볼이 될 것이므로 목표물의 왼쪽을 겨냥해야 한다. 클럽헤드는 지면에 가깝게 하여 공 뒤를 직선으로 타구한다. 다운 스윙은 클럽의 탄도에 따라 다르게 하며 공을 내려치는 것이 아니라 클럽헤드로 잔디 위의 공을 쓸어내듯 타구한다.

토핑을 방지하려면 의도적으로 클럽헤드를 낮게 하여 임팩트 때 공에서 약간 떨어진 지점을 쳐서 홀을 향해 똑바로 날아가게 한다. 클럽헤드가 잔디 위의 공을 쓸어내듯이 타구해야 하므로 이런 샷은 좋은 라이일 경우에나 가능하다.

》롱 아이언 정복법

만일 훌륭한 골퍼와 중간 혹은 하이 핸디캐퍼 골퍼들 사이에 선을 그어 구분할 수 있는 기준이 있다면, 그것은 아마도 롱 아이언 샷을 구사하는 능력일 것이다. 결코 롱 아이언들이 가방에 있는 클럽들 중 가장 쉽다고 말할 생각은 없다. 그런데 이 클럽들은 대부분의 사람들이 생각하는 것처럼 마스터하기가 그리 어렵지는 않다. 여러분들에게 할 수 있는 최상의 조언은 약간 철학적이라 할 수 있는 것으로, 결국 너무 안간힘을 쓰지 말라는 것이다.

아마추어들은 프로 선수들이 치는 길고 높게 떠 멋지게 날아가는 2번 아이언 샷을 보고는 자신들의 2번 아이언도 똑같은 일을 하게 하려고 안간힘을 쓴다. 하지만 이 롱 아이언 샷의 주안점은 인위적으로 그런 결과를 얻어내려고 애를 쓰는 것이 아니라 자연스럽게 그런 일이 일어나도록 해야 한다는 것이다.

공을 멀리 날리거나 높게 띄우려고 애를 쓰지 않아도 된다. 공을 때린다는 생각은 전혀 하지 말고 그저 공을 향해 부드러운 스윙을 해 본다.

지금 손에 든 클럽이 롱 아이언이 아니라 7번 아이언이면 충분히 가는 거리가 남았다고 생각을 한다. 그 다음 손에 들린 그 7번 아이언을 평소의 자신 있는 태도로 스윙한다. 공은 단지 스윙 궤도상의 한 점이라고만 생각한다.

◎ 드라이버 Driver

골프의 최대 매력은 롱드라이브일 것이다. 그 많은 스포츠 가운데 클럽으로 쳐서 300야드 이상을 날리는 게임은 없다. 티잉 그라운드에서 창공을 가르는 빨랫줄 같은 멋진 드라이브 샷은 일품이다. 그러나 미스샷이나 트러블샷으로 인하여 그날 기분과 게임을 망치는 경우가 허다하다.

드라이브는 누구나 필드에 나가면 가장 먼저 하는 샷으로, 클럽 중에서 가장 다루기가 어렵기 때문에 드라이브샷은 여러 단계로 나누어 연습을 해야 하며 자기 능력을 100% 발휘하여 샷을 해야만 굿샷이 되는 만큼 매우 어렵다. 이것을 바르게 익히는 것의 첫 단계로는 밸런스를 유지한 자세로 어드레스를 하며 클럽헤드로 팔 스윙을 하여 볼을 정확하게 맞추는 연습을 하는 것이다.

이때에 가장 중요한 것이 몸의 밸런스를 유지하는 것이다. 이 연습을 통해 볼이 날아가는 거리는 약 100m 정도이다. 둘째 단계로는 상체를 이용한 스윙으로 이제부터는 본격적인 스윙아크를 만드는 것이 중요하다. 즉 어드레스 후 테이크백을 30~40cm 정도 왼쪽 어깨와 양팔을 동시에 미는 듯이 하여 스타트한다. 그리고 그립이 허리 부분까지 오면 콕킹을 하며 왼손은 완전히 펴고 오른손은 팔꿈치가 구부러지기 시작하면서 어깨와 귀 사이로 완전히 백스윙한다. 톱스윙 시는 잠시 멈추게 되는데, 이때에 클럽헤드는 팔과 수평을 유지해야 되고 왼쪽 무릎은 25°가 되게 한다. 엉덩이는 45°, 왼쪽 어깨는 90°정도 돌려야 한다.

이때 밸런스의 비중은 오른쪽 발 안쪽에 70% 이상 두어야 한다. 오른쪽 발은 어드레스 때와 똑같이 움직이지 않고 버티고 있어야 하고 왼쪽 어깨는 미리 당기는 느낌이 있어야 한다. 이때 오른쪽 팔꿈치는 땅을 전면을 내려 보이도록 하고 손은 그립을 잡은 상태로 왼손과 대칭하고 있어야 하며 너무 뒤쪽으로 휘어져서는 안된다. 오른쪽 옆구리는 돌아가지 않으려고 최대한 버티고 있어야 왼쪽이 많이 감기는 느낌이 든다.

척추는 어드레스 때와 동일한 위치에 있어야 하며 눈은 볼의 뒤쪽을 보아야 한다. 왼쪽 어깨의 위치는 높낮이가 없이 돌아와야 하고 오른쪽 어깨는 약간 2~5cm 정도 올라간 기분이어야 한다. 이때 몸 전체의 중심은 오른쪽에 있으나 왼쪽으로 쓰러지기 일보 직전의 상태를 유지하는 것이 바람직하다. 이때 그립을 잡은 손의 힘의 정도는 최대의 힘을 100%로 보았을 때 50%로만 잡고 본인이 생각할 때 최대한 스윙할 수 있는 자세가 되었는가를 점검하면 백스윙과 톱스윙과 포즈는 완전히 끝난 것이다. 그 다음 왼발, 무릎, 허리, 어깨와 팔 순으로 다운스윙을 진행되면서 언콕킹, 임팩트, 턴업, 폴로스루, 피니쉬로 끝난다. 이때 볼에 가해지는 힘은 허리축을 중심으로 왼쪽 허리 밑 부분의 동작으로 발현된 힘이 정확히 임팩트 시 공에 전달되면 200~230m 누구나 칠 수가 있다.

여기에서 가장 중요한 것은 다운스윙 시 양팔로 클럽헤드를 회전하면서 스윙하는 것이다. 이때 밸런스와 템포의 조화 즉 리드미컬한 원운동이 이루어지도록 하는 것을 잊어서는 안된다.

◎ 쇼트 게임

》 어프로치(피치샷)

쇼트 게임은 공을 홀컵에 넣거나 근접시키는 샷 방법을 의미하며 피치샷과 칩샷 그리고 러닝어프로치로 구분한다.

먼저 피치샷에 대해 설명하면, 어프로치(피치샷)는 핀까지의 거리를 정확하게 파악하여 거리 조절을 얼마나 잘하느냐에 따라 성패가 판가름 나는 쇼트게임 테크닉이기 때문에, 스윙아크로 거리 조절을 하는 능력을 필드에 나가기 전 인도어에서 반드시 익혀야만 한다.

4분의 1 스윙아크는 30야드, 2분의 1 스윙아크는 50야드, 4분의 3 스윙아크는 70야드, 풀스윙은 1백야드를 보낼 수 있는 자신만의 비거리를 파악하고 있어야 한다. 물론 사람마다 비거리는 다를 수 있다.

또한 스탠스는 일정하게 유지하고 볼의 위치만 변화시키는 다양한 구질의 기술을 사용하면 항상 핀 가까이에 볼을 붙여 좋은 결과를 만들 수 있다. 볼이 오른발에 가까울수록 볼의 탄도는 낮고 런은 많다. 이와 반대로 오른발에서 안쪽으로 멀어질수록 탄도는 높고 런은 적다.

둘째, 칩샷(피치앤드런). 스탠스 폭이나 체중 위치는 어프로치와 같다. 어프로치와 다른 점은 볼의 위치가 양발 가운데에 오는 것이다. 이렇게 해서 칩샷을 하면 볼의 3분의 2는 뜨고, 3분의 1은 굴러가 핀에 붙는다.

두 쇼트게임의 공통점은 그립은 짧으면서 부드럽게 잡아야 하며, 스탠스는 좁게 하는 대신 왼발 끝을 많이 열어줘 클럽페이스와 볼은 직각이 되게 세팅한다. 스코어를 낮추기 위해서는 퍼팅 이외에 100야드 이내의 쇼트게임에 능숙해야 한다는 것이다.

항상 정확한 동작을 취해야 난처한 상황에 빠지지 않는다. 볼이 그런 주변에 놓여 있는 상황에서도 절대로 당황하지 않도록 쇼트게임을 충실히 연습해서 마스터하는 것이 중요하다.

》 칩샷

칩샷은 크기가 작은 골프 스윙으로 보통의 스윙과 마찬가지로 여러 가지 다양한 형태의 샷이 나오도록 조절을 할 수가 있다. 공을 스탠스 뒤편에 두고 낮은 테이크어웨이와 공에 대한 수평적인 공격을 취함으로써 먼 거리를 굴러가는 드라이빙 칩 같은 것을 할 수도 있고, 공의 위치를 스탠스 앞쪽으로 함으로써 높은 탄도와 백스핀을 얻을 수도 있다.

샌드 웨지를 사용하면 공이 너무 높게 떠서 굴러가지 않을 것 같다는 생각이 들 경우 피칭 웨지를 잡아 평소보다 너 가파른 하향 타격을 한다. 이것은 웨지를 잡는 보통 때의 샷만큼 떠오르지는 않지만 자신이 원하는 만큼의 런(run)을 충분히 얻을 수 있다.

칩과 피칭을 적절히 조합한 여러 가지 방법도 있다. 그러나 무엇보다 어떤 것이 자신에게 가장 적합한가를 알 수 있는 방법은 각자가 스스로 실험을 해보는 길 뿐이다.

》 **짧은 칩샷은 퍼팅처럼**

그린까지의 거리가 5m에서 15m 정도의 지점에서 칩샷을 하려면 퍼트와 거의 흡사하게 하라. 이런 상황에서는 대개 두 번의 타구 혹은 한 번의 타구로 홀인이 가능하다.

먼저 오픈 스탠스를 취하고 클럽은 아주 낮게 그립한다. 타구 동작은 퍼트를 할 때와 비슷하다. 주로 손목을 이용하되 손목은 반드시 거의 90도 꺾는다. 타구할 때는 절대 손목을 구부리지 않는다. 이렇게 하면 왼손이 구부러지지 않으며 따라서 비구선에 직각으로 타구를 할 수 있게 된다. 이는 정확한 샷을 하기 위한 매우 중요한 요소이다.

백스윙을 할 때는 왼손이 오른손 밑으로 가도록 꺾는다. 다운 스윙을 할 때는 오른손과 클럽헤드가 홀에 대해 직선이 되도록 한다. 공이 5m 너머의 그린에 진입한 뒤에는 홀을 향해 똑바로 굴러가게 해야 한다. 그렇게 하기 위해서는 공을 원하는 지점에 떨어뜨리기 위해 필요한 로프트와 필요한 거리만큼 클럽을 선택해야 한다.

그린이 평탄하다고 가정하고 만일 공이 떨어져야 할 지점이 공과 홀 사이의 중간 정도가 적당하다면 9번 아이언이나 웨지가 적당하다. 만일 그 지점이 홀까지 거리의 4분의 1지점이라면 6번이나 7번 아이언이 적당하다.

》 피치와 칩샷의 요령

피치와 칩샷을 하는 요령에 대해서는 이루 말할 수 없이 많은 방법들이 있다. 어떤 유명한 교습가는 손목을 완전히 고정시키는 것이 좋다고 주장한다. 또 다른 사람들은 손목을 아주 많이 사용하는 방법을 가르치고 있다.

솔직히 말해 이 두 가지 모두가 공연히 쉬운 것을 어렵고 복잡하게 만드는 것이라고 생각한다. 피치나 칩은 단지 좀 작은 골프 스윙일 뿐이다. 스탠스는 드라이버 때 제일 넓다가 클럽이 짧아질수록 점점 좁아져 피치나 칩을 할 때에는 양 발의 발꿈치 사이가 14~20cm까지 좁혀지고 방향은 쇼트 아이언 때처럼 클럽의 길이가 감소할수록 점점 더 열려서 거의 20°나 목표의 왼쪽을 향하게 된다.

공의 위치는 평소 다른 샷을 할 때와 같은 위치로, 대개의 경우 왼쪽 발꿈치와 왼발 사이에 놓여야 한다. 이렇게 컴팩트한 스탠스를 취하게 되면 자연히 스윙도 그에 따라 컴팩트하게 된다.

손목의 동작은 일부러 제한하지도 강조하지도 않는다. 이때의 손목 동작은 팔의 백스윙의 결과로 풀스윙 때처럼 자연스럽게 유발되는 것이다.

◎ 러닝어프로치

》 클럽페이스 약간 닫고 히트

봄철의 필드는 잔디의 잎이 많이 나지 않아 잔디가 고르지 못하다. 골프장 측에서는 잔디 보호를 위해 필드에 모래를 많이 뿌리기 때문에 플레이어들은 샷하기에 무척 애를 먹는다. 특히 핀에 붙여야 좋은 스코어를 기대할 수 있는 어프로치의 경우 뒤땅이나 톱을 칠 위험이 높다. 공이 어프로치 거리에 오면 겁부터 먹는 골퍼들이 의외로 많다.

러닝 어프로치는 오른쪽에 공을 두고 임팩트하는 클럽페이스의 각도를 줄여서 치는 테크닉이다. 롱 아이언이라도 클럽페이스의 각도를 평소대로 치면 공이 낙하한 다음 잘 굴러가지 않는다. 따라서 러닝 어프로치는 어느 클럽이라도 클럽페이스를 약간 닫은 상태에서 치면 된다.

클럽페이스 각도를 줄인 채 그저 볼에다 히팅하는 것으로는 부드럽게 굴러가지 않는다. 자세를 약간 오른쪽을 향하며 클럽페이스도 핀에서 30㎝쯤 오른쪽을 향하게 놓고 그대로 친다. 이때 클럽페이스를 핀 방향으로 닫히게 하면 공의 굴러가는 힘이 훨씬 좋아진다.

러닝 어프로치는 어프로치샷 중에서도 가장 기본이다. 그린 가장자리 또는 그린 부근에 있는 공을 대부분 러닝 어프로치로 처리하는 것이 좋다. 그린까지의 사이에 잡초가 있거나 바닥이 울퉁불퉁 할 때는 우선 그 지점을 지나서 그린에 공을 떨어뜨린다.

낙하 지점부터는 공을 굴리는 작전이 필요하다. 이때 클럽은 공에서 그린 가장자리보다 약간 그린 쪽으로 들어간 거리와 그 지점에서 핀까지의 거리에 따라 각각 달라진다. 즉 그린 가장자리에서 약간 그린 쪽으로 기울어진 지점이 공이 낙하할 지점이고 거기에서 핀까지가 공이 굴러가는 거리가 되는 셈이다.

따라서 미들 아이언으로 치거나, 다소 거리가 있으면 숏 아이언을 사용한다. 드라이브를 멋지게 치고 싶은 골퍼는 정열적으로 드라이브만 연습하는 것처럼 핀에 붙여 파를 잡아야 하고 칩핀을 노려 버디를 낚고 싶은 골퍼는 어프로치 연습에 많은 시간을 투자해야 한다.

》 손목 동작만으로 쓸어치기 금물

러닝 어프로치는 구력이 2~3년된 골퍼들이라면 자연스런 샷으로 좋은 결과를 얻을 수 있다. 반면 그렇지 못한 골퍼들은 러닝 어프로치만큼 어려운 것이 없다고 푸념을 늘어놓곤 한다.

초보자들이 실수하기 쉬운 점은 공이 잘 굴러가게 하기 위해 클럽 페이스를 똑바로 내단다는 것이다. 약간 닫는듯하면서 오른쪽을 향해 공을 쳐야 한다고 설명하지만 그렇게 하면 공이 원래 목표한대로 가기보다는 목표선을 훨씬 벗어나 세로로 휘어져 가는 예가 많다. 이것은 클럽 페이스를 닫으려는 데만 치중한 나머지 오른쪽 손목을 펴서 클럽 페이스가 앞으로 오게 하려는 동작을 하다가 저지르는 실수이다.

러닝 어프로치는 공을 오른발 쪽에다 두고 클럽 헤드보다 손이 앞서 있게 어드레스 자세를 취한 뒤 임팩트 순간에도 그 상태를 유지하는 게 핵심이다. 클럽 헤드보다 손이 앞서 있게 하면 오른쪽 손목이 각도가 생기고 그 각도(꺾인 상태)를 임팩트에서도 그대로 지속해야 하는데, 클럽 페이스를 닫으려고 오른쪽 손목을 펴기 때문에 공이 오른쪽으로 휘어지는 것이다.

클럽 페이스를 핀에서 30cm 가량 오른쪽으로 향하게 하고 임팩트 순간에 오른쪽 손목을 펴지 말고 어드레스 상태 그대로의 각도를 유지한 채 공을 치면 클럽 페이스가 닫히더라도 공이 왼쪽으로 휘어지지 않는다. 러닝 어프로치에서는 미묘한 거리감이 있어야 하므로 클럽을 짧게 잡고 공과 몸의 간격을 좁혀야 한다. 스탠스 폭은 대체로 양발을 나란히 댈 정도의 느낌으로 가볍게 여는 자세를 한다. 이때 공은 스탠스 가운데에 두고 클럽 페이스는 어디까지나 목표에 대해 직각이 되게 한다. 체중은 왼발에 실어 다리의 흔들림을 되도록 줄이도록 한다.

가장 주의해야 할 점은 손목 동작만으로 공을 쓸어치는 자세를 피해야 한다는 것이다. 어드레스 자세 그대로 클럽 헤드를 위로부터 당겨 내리면 된다.

》 맨땅 위 어프로치

풀이 나있지 않거나, 플레이어들이 많이 밟아서 상태가 나쁜 지점에서 어프로치를 할 때는 타면을 엎어서 볼에다 부딪치듯이 치는 타법이 가정 효과적이다.

먼저 볼을 오른발 쪽에 두고 클럽 헤드보다 손이 앞서 있게(왼쪽으로) 세팅한다. 이어 타면을 엎어서 치면 공이 잠겨 있더라도 뒤땅을 치는 현상이 생기지 않는다. 하지만 그 정도로는 공을 높이 쳐 날리기가 어렵다. 따라서 상태가 나쁠지라도 공을 높이 떠가게 할 때는 샌드웨지를 구사한다. 공으로부터 5㎜ 정도 뒤에서 클럽 헤드를 때려 꽂아 벙커 샷에 가까운 타법을 써야 한다.

임팩트에 이르러서는 타면에 닿을듯이 돌진하면서 치는 것이다. 타면으로 공을 말아감듯 치게 되면 5㎜ 정도 공 뒤에다 때려 꽂더라도 공 밑으로 헤드가 뜬 채 나가기 때문에 공은 높이 날아간다. 공을 높이 쳐 날리려고 타면을 열어서 커트하듯 치면, 공 뒤편의 땅에다 클럽 헤드를 처박거나 토핑을 범하게 되므로 반드시 타면을 닫는 기분으로 돌진하여 쳐야 한다.

한 가지 참고로 알아둘 점은 그린 주변에서는 핀에 가깝게 놓을수록 좋은 결과를 얻는다는 것이다. 그린 주위에서 3타가 넘는 사람은 핀을 지나쳐 가서 다시 어프로치를 해야만 한다. 즉 오버되면 짧은 거리의 게임이 되며 반복될 때가 많다.

그렇다면 과연 왜 오버가 생기는 것일까. 가장 큰 원인은 보는 시선에 있다. 핀에 시선을 보내고 스윙을 하면 오버가 나기 마련이다. 즉 핀까지의 거리가 머릿속에 입력되기 때문에 핀까지의 거리를 쳐 날리는 비정상적인 스윙을 하기 쉽다.

굴러가는 거리가 아예 안 생기는 어프로치라면 핀에 시선을 보내는 것도 좋지만, 날아간 거리의 절반이나 거의 절반을 굴러갈 가능성이 있다면 공을 낙하시킬 지점만을 확인해야 한다. 퍼팅을 할 때도 표적을 설정하듯 해야 하며, 그린 주변에서 어프로치를 할 때에는 공의 낙하 지점이 표적이 되어야 한다. 시선이 핀으로 가면 공은 오버되기 마련이란 것을 명심해야 한다.

》 스윙 크기로 거리 조절

쇼트 게임에서 가장 까다롭게 느끼는 부분 중의 하나는 피치 샷의 거리를 조절하는 것이다. 예를 들어 한 홀에서는 70m짜리 피칭을, 다음 홀에서는 60m짜리 피칭을 해야 하는 상황을 만났다고 가정해 보자. 그러면 어떠한 방법으로 그 10m의 차이를 조절할 것인가?

어떤 선생들은 이런 경우 스윙의 런을 가지고 거리를 조절해야 한다고 주장한다. 하지만 그 의견에는 절대 반대이다. 로브(lob)나 펀치 같은 특수한 샷의 경우를 제외하고는 스윙의 페이스와 템포를 항상 일정하게 유지해야 한다고 믿는다.

다시 말하면 힘을 조절하는 대신 스윙의 길이로 거리를 조절하는 편이 훨씬 낫다고 생각한다. 모든 풀샷을 똑같은 크기의 스윙으로 치는 롱 게임 방법과는 달리, 피치 샷의 경우 거리가 짧아질수록 백스윙의 크기를 감소시킨다. 뿐만 아니라 그린이 가까워질수록 점점 더 클럽을 짧게 잡아 그린에서 몇 미터밖에 떨어져 있지 않을 때는 거의 피칭 웨지의 샤프트까지 손을 내려 잡는다. 이것은 자신감 있는 공격을 할 수 있는 단호하고 공격적인 가속이 붙는 스윙을 할 수 있도록 해준다. 공이 그린에서 30m 이내에 있을 때, 더 긴 피치 샷에 사용하는 테크닉을 똑같이 유지하며 피칭 웨지를 샌드 웨지로 바꾸어 잡음으로써 일을 더 간단하게 만든다.

만일 여러분이 제3의 웨지를 하나 더 가지고 다닌다면 이 시스템을 한 단계 더 간단하고 편리하게 만들 수 있을 것이다. 캐디 백 안에 당면한 과제를 훌륭하게 완수할 수 있는 적당한 클럽을 가지고 다니는 마당에 구태여 클럽을 아주 짧게 잡으며 작은 스윙을 하려고 애를 쓸 필요는 없는 것이다.

》 짧은 샷은 조금 세게 친다.

짧은 샷이라도 빠르고 컴팩트한 스트로크로 강한 타격을 한다는 것이 중요하다.

임팩트 스루에서 클럽이 가속도를 가지게 하는 것은 더 긴 아이언이나 우드에서와 마찬가지로 쇼트 게임에서도 몹시 중요하다. 이것은 최대한의 컨트롤을 위해 공에 백스핀을 거는 유일한 방법이다. 그러므로 가장 짧은 샷을 할 때에도 공을 내리칠 때는 손으로 클럽헤드를 리드하며, 과감하고 강력하게 치도록 한다.

현재 자신이 어떻게 하고 있는지 상태를 점검해 보는 방법 중의 하나는 쇼트 게임의 스윙을 할때, 자신의 왼쪽 무릎을 결승점으로 하는, 손과 클럽헤드의 경주라고 상상하는 것이다. 만일 손이 경주에서 매번 진다면, 여러분은 더 신속하고 강한 타격법을 익혀야 할 것이다.

》 다양한 클럽 사용

대개의 그린 언저리 상황에서 목표는 가능한, 빠른 시점에서 공이 퍼트처럼 굴러가도록 만드는 것이다. 이러한 샷들이 스핀을 잔뜩 걸어 높게 띄워 올리는 샷보다 훨씬 컨트롤하기가 쉽고, 그에 따라 궁극적으로 홀에 집어넣을 가능성이 커진다고 생각한다. 그런 이유로 상황이 허락하는 한 가장 로프트가 작은 클럽을 선택한다. 만일 깃대에서 7미터 이하인 샷을 해야 한다면 대개 웨지나 9번 아이언을 잡고, 샷이 더 길어지면 미들 아이언을 택한다.

아주 긴 칩을 해야 할 경우, 잡은 클럽은 5번이나 4번 아이언까지도 내려간다. 매번 똑같은 단순한 백앤드스루 퍼팅 동작을 쓰면서 말이다.

◎ 더프와 토핑 방지 요령

》두 팔로 삼각형 유지

어프로치샷을 할 때는 동작의 크기를 미리 머리속에 그려보고 그대로 스윙을 하면 더프(뒤땅치기)나 토핑(공 머리치기)이 많이 나오지 않는다. 공을 치는 순간에 거리를 맞추려고 동작의 크기를 늦추거나 억제를 하기 때문에 잘못이 많이 일어나는 것이다. 스윙 전에 동작의 크기를 생각하였더라도 임팩트에서 클럽헤드가 앞서나가면 더프나 토핑이 생긴다.

잔디 잎이 무성하고 공이 잎 위에 떠 있다면 클럽헤드가 앞서 나가며 물을 뜨듯하는 타법일지라도 클럽헤드가 공 밑을 잘 헤치고 나간다. 그러나 잔디 잎이 무성하지 않은데도 클럽헤드가 손보다 앞서나가면 타면의 밑날(Leading Edge)이 공에 맞고 토핑이 많이 난다. 그러므로 임팩트 순간에는 손보다 클럽헤드가 먼저 앞서가지 않게 스윙을 해야 한다. 임팩트에서 손목을 사용해 공을 높이 쳐 날리려고 하다보면 클럽헤드가 먼저 나오게 되므로 두 팔에서 생긴 삼각형을 그대로 유지하면서 클럽헤드를 낮게 휘둘러야 한다.

더프가 생기는 원인은 몸이 낮아지는 동작으로 인해 생길 때가 많다. 다운 스윙 때 오른쪽 어깨가 낮아지거나 양쪽 무릎이 낮게 가라 앉듯 하면 스윙의 원 궤도가 내려가고 그로 인해 공의 뒤땅을 때리게 된다. 이런 유형의 미스 샷은 공을 높이 쳐 날리려는 의식 때문에 생기기 쉽다. 공을 물을 뜨듯 치기 때문에 결과적으로 몸이 가라앉게 되는 것이다.

따라서 무엇보다 중요하게 생각할 점은 물을 뜨듯 치지 않게 하는 것이다. 클럽의 타면에는 모두 각도가 있으므로 제대로 히팅만 하면 공은 물을 뜨듯 치지않아도 자연히 높이 떠가게 된다.

공머리를 잘 때리는 잘못, 즉 토핑을 잘 내는 사람 중에는 스윙 궤도의 최하점 이후에 공을 치고 있으면서도 최하점 이전에 공을 친 것으로 잘못 알고 있는 골퍼들이 대부분이다. 그러나 사실은 정반대이다.

최하점을 지난 클럽헤드가 치솟는 과정에서 맞는 공이 토핑이다. 토핑의 원인은 주로 다운스윙에서 임팩트에 걸쳐 몸이 일어나는 데 있다. 이를 막기 위해서는 어드레스 자세에서 하반신을 너무 내려 잡지 말고 두 무릎을 그전보다 꼿꼿이 서 있는 것 같은 느낌으로 세팅하는것이 좋다. 그렇게 하면 다운 스윙에서 두 무릎이 일어나지 않고 정확한 임팩트를 만들 수 있다.

◎ 퍼팅

퍼팅의 중요성을 말할때 "드라이버는 기분, 퍼팅은 돈"이라고 한다. 이븐파(Even Par)의 반이 퍼터 스트로크가 차지하도록 설계되어 있기 때문에 정규 코스의 모든 홀은 2퍼터로 끝내지 않으면 좋은 스코어는 기대할 수 없다. 퍼팅은 일정한 자신의 스윙템포와 리듬감이 생명이다. 잔디의 특성과 코스 설계자의 의도를 제대로 파악하지 못하고는 정확한 라인을 읽을 수 없다. 그러므로 그린에 오르기 전에 그린의 전체적인 기울기를 확인하고 퍼팅라인의 반대편에서 경사면과 브레이크를 살핀 후 퍼팅라인을 결정하는 것이 바람직하다. 그리고 스트로크의 강・약에 영향을 미치는 잔디 결과 습도 등을 파악하는 것도 중요하다.

잔디가 홀컵 방향(순결)으로 누웠으면 공이 잘 구르지만 반대(역결)이면 공이 잘 구르지 않기 때문에 약간 강하게 쳐야 한다. 잔디결 파악 요령은 첫째, 햇빛을 이용한 방법이다. 잔디에 반사된 빛이 희게 보이면 순결이고, 반대로 잔디잎이 검게 보이면 역결이다. 둘째는 물의 흐름 방향이다. 그린의 기울기는 곧 물 흐름의 진행 방향을 의미하고 있기 때문에 순결인지 역결인지 파악할 수 있다.

셋째, 다음 홀의 동선 거리를 관찰하는 것이다. 퍼팅을 끝내고 다음 홀로 이동하는 방향으로 잔디는 순결을 이룬다. 골퍼들이 밟고 지나가는 쪽(그린 입구- 가운데- 다음홀 통로)으로 잔디의 잎이 눕기 때문이다. 넷째, 그린이 바로 산 밑에 조성되어 있으면 산쪽으로 순결이고, 그린 앞쪽에 큰 연못 등이 위치할 경우에는 연못쪽으로 순결이다.

그 다음 정해진 라인에 표지를 정하고 롱퍼팅은 홀컵 중심으로 반경 1m의 원을 그린후 그 원안에 넣도록 하고, 쇼트 퍼팅은 홀컵앞 2㎝에 가상의 컵을 설정한 후 스트로크하면 이상적 퍼팅을 할 수 있다. 거리감은 백스윙 크기로 결정하고 오른쪽 손바닥은 힘 조절하는 역할을 하면 된다. 시계추 원리를 이용한 폴로스루가 이루어지면 완벽한 퍼팅이 가능하다.

》 연습과 실제 그립은 동일

세상에서 가장 어려운 것이 퍼팅 감을 익히는 것이다. 퍼팅 감은 어떤 것으로도 설명이 불가능하다.

첫 번째 그린에서는 훌륭한 터치를 가졌다가도 두 번째 홀로 가서는 아무런 이유도 없이 감을 잃어버리는 경우도 있고, 연습 스트로크를 할 때는 감을 잡았다가도 실제 공을 칠 때에는 잊어버리는 수도 있다.

대부분의 골퍼들은 연습 스트로크를 한 다음 클럽을 잡았던 그립을 느슨하게 풀었다가 실제 스트로크 준비를 하면서 다시 그립을 한다. 이것은 아주 나쁜 버릇이다. 나는 모든 골퍼들이 연습과 실제 퍼팅 사이에 손을 풀지 않는 것이 옳다고 본다.

연습 스트로크를 할 때부터 실제 공을 칠 때까지 절대로 클럽 위에서 손을 떼지 않는다. 이것은 다른 샷을 할 때면 준비를 통해 어느 정도의 그립 조정과 힘의 변화를 주는 평소 행동과는 정반대의 동작이다. 이것의 요점은 연습 스트로크는 단순히 퍼터를 한 번 휘둘러 보는 것 이상이 되어야 한다는 것이다. 연습 스크로크는 실제의 스트로크에서 하려는 똑같은 길이와 스윙 힘을 사용해 시행하는 동작이어야 한다. 연습 스트로크가 끝났으면 퍼터를 잡은 그립을 그대로 유지한 상태로 실전에 임한다. 그렇게 하면 스윙의 감이 그때까지 그대로 손 안에 남아 있게 될 것이다.

》 쇼트 퍼트 요령

쇼트 퍼트에서 흔히 저지르기 쉬운 실수는 공을 충분히 세게 타구하지 않는 것이다. 이렇게 하면 공이 홀에 미치지 못하는 일이 생기거나, 그린 주위의 경사가 고르지 못한 지면 때문에 공의 속도가 늦어져 예상했던 퍼팅 라인에서 벗어나기 일쑤다.

만일 당신의 쇼트 퍼트 기술이 미숙하다면 다음 세 가지 점을 체크해 보기 바란다. 첫째, 쇼트 퍼트를 할 때는 클럽을 낮게 잡아서는 안된다. 그렇게 하면 클럽이 평소보다 한결 가볍게 느껴지고 스트로크를 할 때 클럽이 흔들리게 된다. 이는 우리가 흔히 저지르는 실수이다.

개개인마다 다르겠지만 일반적으로 퍼터 그립을 길게 거의 꼭대기 부분을 잡는다. 둘째, 임팩트 때 뿐만 아니라 임팩트 후에도 의식적으로 클럽을 계속해서 세게 앞으로 움직인다. 이를 위해서 퍼트 블레이드로 공을 앞으로 충분히 밀어친 뒤에도 계속해서 홀을 향해 앞으로 움직인다. 셋째, 홀이 있는 방향으로 손목의 코킹을 충분히 해서 퍼팅라인 중 홀에서 약 50cm, 1m 떨어진 지점을 정해 그 지점을 향해 퍼팅를 한다. 이 세 가지가 성공적인 퍼팅을 하는 데 도움을 줄 것이다.

》 내리막 퍼팅

내리막 퍼팅에서 성공의 비결은 공을 직접 홀 컵을 향해서가 아니라 홀까지의 길 위에 있던 한 지점을 향해 공이 꺾어지는 정점(頂點)으로 보내는 것이다. 우선 브레이크의 정점에 있는 한 지점을 선정해 그점을 향해 나 자신을 정렬시킨다. 이렇게 퍼팅을 하는 데에는 두 가지 이유가 있다.

첫째 정점 다음의 퍼팅라인을 읽을 수가 없기 때문이다. 일단 적절한 속도로 그 지점까지만 공을 보내고 나면 그 다음은 공과 경사에 모든 것이 달려 있다. 실제로 그 점을 넘어서는 절대로 공을 컨트롤 할 수가 없기 때문에 그 지점 이후를 생각하는 것은 전혀 의미가 없는 일이다.

둘째, 브레이크가 걸쳐 휘어지는 퍼트에 비해 홀컵에만 정신을 집중시키게 될 경우, 스윙이 홀컵 쪽을 향하려는 경향이 생겨 오른쪽에서 왼쪽으로 휘는 퍼트에서는 풀(pull)이, 왼쪽에서 오른쪽으로 휘는 퍼트에서는 푸시(Push)가 나게 된다. 하지만 정점에 정신을 집중시키는 경우, 이러한 실수는 쉽게 일어나지 않는다.

◎ 벙커 해저드에서 샷

》 벙커샷 방법

많은 골퍼들이 라운딩 중에 공이 모래에만 들어가면 미리 겁을 먹고 벙커 컴플렉스에 걸리곤 한다. 그러나 벙커 플레이의 방법만 알면 이처럼 쉬운 샷은 없을 것이다. 세계적인 투어 플레이어들도 제일 쉬운 샷을 벙커샷이라고 이구동성으로 말한다. 그러면 먼저 벙커에는 어떤 것들이 있는지 알아보도록 하자.

첫째, 크로스 벙커

티샷한 공이 들어갈 수 있는 페어웨이 중간에 크로스 벙커가 자리 잡고 있다. 이곳은 드라이버로 티샷한 공이 잘 걸려드는 곳으로 플레이어의 장타 유무를 가리는 곳이다.

둘째, 사이드 벙커

이것은 크로스 벙커와 같은 거리에 있지만, 위치는 페어웨이의 좌우나 러프와의 경계 라인에 만들어져 있다.

장소에 따라서는 깊은 러프와 OB 사이에 있어 공이 OB가 나지 않도록 막아 주는 벙커이기도 하다.

셋째, 가이드 벙커

이것은 그린을 주위에서 에워싸듯 위치해 있다. 이 벙커는 온그린을 어렵게 만들어 오히려 골프의 묘미를 배가시켜 주는 역할을 한다. 위에서 말한 세 종류의 벙커에 적용되는 공통 사항은 다음과 같다.

발은 모래 속으로 트위스트를 추듯이 양발을 모래 속에 단단히 비벼 넣어야 최상의 균형을 유지할 수 있다. 또 발이 모래 속으로 어느 정도 들어가므로 클럽 또한 짧게 잡아야 한다. 만일 클럽을 짧게 잡지 않으면 클럽헤드가 너무 깊게 모래를 파고들어 많은 양의 모래를 퍼내기 때문에 공은 벙커 밖으로 나오지 않는다.

공의 위치는 양발의 중앙에 위치하며 어드레스를 했을 때 똑바로 위에서 내려다보는 느낌이 된다. 단 시선은 공이 아니라 공 뒤 2㎝쯤의 지점에 집중시키도록 해야 하며, 가이드 벙커일 경우에는 바로 이곳이 임팩트해야 할 지점이 된다. 스탠스는 발과 무릎, 골반, 어깨가 목표의 한참 왼쪽을 가리키도록 오픈된 자세를 취해야 한다.

스윙은 철저하게 왼팔 리드를 해야 하면 백스윙의 크기만큼 폴로스루를 충분히 해 주어야 공이 목표 지점까지 힘 있게 날아간다. 벙커에서 체중 이동은 절대 금물이다.

》 벙커샷의 원칙

첫째, 발은 모래 속에 단단히 묻는다. 발을 모래 속으로 단단히 비벼 넣는 것은 곧 최상의 균형을 유지할 수 있는 견고하고 안정된 토대를 만드는 것이다.

둘째, 골프 클럽을 짧게 내려 잡는다. 이렇게 하는 것은 발이 벙커의 모래 속으로 파고들어가 있는 자세를 보상하기 위한 방책으로 손을 공에 더 가까이 있게 해 준다. 만일 이렇게 클럽을 더 짧게 잡지 않으면 클럽이 너무 깊게 모래를 파고들어 낭패를 당하는 경우가 생기게 된다.

셋째, 오픈 스탠스를 취한다. 발, 무릎, 골반과 목표의 한참 왼쪽을 가리키도록 오픈된 자세를 취한다. 이것은 그린 주변 벙커 샷에서 필수 불가결한 가파른 상향의 테이크어웨이와 가파른 하향 타격을 용이하게 만들어 준다.

넷째, 시선을 공에 집중시키지 않는다. 공 대신 공 뒤 2㎝쯤의 지점에 시선을 집중시키도록 한다. 바로 이곳이 클럽 소울이 모래 속으로 들어가서 공을 떠내는 곳이다.

》 그린 벙커샷

그린 주변에 붙어서 온그린을 방해하는 가이드 벙커는 벙커샷 중에서도 가장 어려운 샷에 속한다.

우선 벙커 턱이 높고 핀까지의 거리가 짧아서 공은 모래의 폭발에 의해 높이 떠내는 익스플로젼 샷만으로 탈출이 가능하다.

공 뒤 2㎝의 모래를 치는 것이기 때문에 특수한 샷이라고 생각하기 쉽지만 공을 직접 치지 않는 만큼 단순한 스윙이 요구된다. 그런 의미에서 스윙의 원형이 벙커샷에 있다고 해

도 좋을 것이다.

모래의 저항에 지지 않고, 확실하게 탈출시켜 핀까지 보내는 확률을 높이기 위해서는 손끝으로 클럽을 휘두르는 것보다 몸을 회전하면서 스윙하여 거리감만 생각하는 것이 더 수월하다. 결국 샌드웨지의 어프로치와 벙커에서의 스윙의 이미지는 같은 것이다. 스탠스와 공의 위치, 목표 설정은 벙커샷에 설명한 그대로이다.

다만 보충하고 싶은 것은 핀이 벙커 턱 바로 앞에 있으면 「V」자형 스윙을 해야 한다는 것이다. 이것은 공을 위로 띄워 살며시 지면에 착지시킨다. 이때 클럽페이스는 평소보다 좀 더 오픈시키고 손으로 클럽을 날카로운 각도로 치켜든다. 클럽을 위로 치켜든 때에는 손목의 콕킹을 이용하고 임팩트할 때 원래대로 풀어 줌으로써 날카롭게 공 밑을 파내듯 타구하면 짧고 높은 샷이 만들어진다.

이와 반대로 핀이 벙커에서 조금 떨어진 곳에 있으면 조금 누운 「U」자형 스윙을 하여야 한다. 이 스윙은 평소의 벙커샷이다. 다만 모래가 멀리 날아가면, 공도 멀리 날아간다는 것을 인지할 필요가 있다. 모래를 쳐내는 양은 일정하게 하고 스윙의 크기로 거리를 조절해야 한다. 모래를 얇게, 그리고 길게 쳐내는 방법이 제일 좋다. 또 공보다 모래를 먼저 치기 위해서는 몸의 회전축을 고정시켜야 한다. 스탠스와 클럽페이스가 오픈된 상태에서 임팩트가 이루어지기 때문에 공이 그린에 떨어져 오른쪽으로 구르게 된다. 그렇기 때문에 목표 지점을 조금 왼쪽으로 잡아야만 한다. 그리고 벙커에 들어간 공이 모래 속에 묻혀 있지 않은 상태라면 공이 날아가는 거리는 그의 두 배로 생각하고 샷을 하는 것이 바람직하다. 예를 들면 10m 거리면 20m를 생각하고 치는 것이다.

◎ 크로스벙커와 사이드벙커샷

》 긴 빗자루로 땅을 쓸 듯이

페어웨이에 위치해 있는 것이 공통점인 크로스 벙커와 사이드 벙커는 꽤 먼 거리를 쳐서 날려야 하므로 주의를 많이 기울여야 한다. 핀까지의 거리, 벙커 턱의 높이, 공이 놓인 상태 등 여러 가지를 생각한 후 세심하게 클럽을 선택해야 한다. 대부분의 골퍼들이 거리가 있는 벙커샷을 할 때에는 공의 뒷면 즉, 클럽헤드가 타격을 하는 지점과의 간격을 최대한 줄이려고 하는 동시에 커다란 스윙을 하려고

만 생각한다. 이것은 분명한 위험하기 짝이 없는 방법이다.

임팩트에서는 공을 친다기보다는 긴 빗자루로 마당을 쓸 듯이 쓸어치는 느낌으로 스윙을 해야만 한다. 스탠스가 불안정하기 때문에 무릎의 이동도 상체의 회전을 돕는 정도로 최소한 작게 움직여야 한다. 어깨를 중심으로 공을 친다는 느낌을 갖는 것이 중요하다. 만약 페어웨이에서처럼 무릎 사용을 많이 할 경우 클럽페이스가 모래속으로 많이 박히기 때문에 공은 벙커 바로 앞에 떨어지고 만다.

핀까지의 거리가 100m 정도이면 평소 치는 클럽보다 한 클럽 정도 큰 것을 사용하여 의도적인 슬라이스를 날리면 좋은 결과를 만들 수 있을 것이다. 이 방법은 벙커의 턱이 높은 경우에는 사용할 수 없지만 그 외의 경우에는 사용하기에 용이하다. 이것은 임팩트 시점에서 공을 깎아 침으로써 그린까지 슬라이스를 내어, 사이드 스핀에 의해 오른쪽으로 굴러가도록 하는 것이다.

자세는 왼발을 목표선 왼쪽으로 보다 많이 열고 오픈스탠스를 취한다. 물론 목표는 조금 왼쪽이다. 클럽은 길게 다잡고 과감하게 공을 향해 풀스윙을 하면 된다. 골프에서 모든 샷은 어드레스가 승패의 50%를, 나머지는 자신감이 차지한다.

》 익스플로전 샷, 퍼팅으로 벙커 탈출

익스플로젼 샷은 젖은 잔디나 질척한 진흙, 모래가 있는 러프나 소나무 낙엽 등과 같은 라이에서 타수를 아낄 수 있게 해 준다. 물이나 모래, 덤불, 마운드와 같은 장애물을 헤치고 그린에 안착해서 더 이상 굴러가지 않게 하는 데는 익스플로전 샷이 가장 효과적이다.

이런 경우 피칭 웨지나 샌드 웨지가 제격이며 클럽페이스를 완전히 연 상태에서 공에 대해 어드레스를 취한다. 백스윙은 클럽을 날카롭게 아웃사이드로 치켜올려 공 뒤 2cm되는 지점을 가격한다. 이 때 과감하게 폴로스루까지 분명히 해야 한다. 상황이 양호하다면 벙커에서 퍼팅을 하는 것도 고려해 봄 직하다. 벙커가 비교적 평탄하고 가장자리가 거의 없거나 얕은 것을 뜻한다. 그립과 스탠스는 일반적인 퍼팅의 그립과 스탠스를 취한다. 한 가지 다른 점이 있다면 블레이드의 중앙이 아니라 토우(클럽헤드의 끝)로 타구를 하는 것이다.

대부분의 퍼팅 스트로크는 백스핀을 걸어 타구를 한다. 블레이드의 토우로 타구를 하면 슬링 액션(Sling Action:내던지듯 하는 타법)효과가 생겨 본래의 백 스핀을 줄어들게 하고 더욱 멀리 굴러갈 확률을 높여 준다. 따라서 정교한 익스플로전 샷이 갖지 못한 샷에 대한 제어력을 높여 주고 홀 가까이에 공을 접근시켜 준다.

》 젖은 모래에서 샷

젖은 모래는 마치 단단한 흙과 같다. 그래서 대개의 골퍼들은 물에 흠뻑 젖은 벙커에 공이 떨어진 것을 발견하는 순간 길 위에 떨어진 것처럼 생각한다. 실제로 젖은 모래에서 샷을 하는 것은 마른 모래에서 하는 것보다 수월하므로 걱정할 필요가 없다. 그 이유는 공 밑의 물기가 완충 작용을 해 주어 클럽헤드가 이 완충 작용에 의해 위로 튀어오르기 때문이다. 따라서 클럽헤드로 모래를 파지 않고 공만 살짝 걷어내는 데 도움이 된다.

어드레스 때 공은 왼발 맞은편에 놓이게 하고 샌드 웨지의 블레이드는 크게 오픈시킨다. 백스윙은 비구선에 대해 아웃사이드로 하되 하프 스윙으로 스윙면이 낮게 한다. 다운 스윙 때는 클럽을 공 뒤 1cm되는 지점의 모래 속을 친다. 클럽

페이스를 오픈시킨 데다 젖은 모래의 완충 작용, 플래트한 스윙으로 인해 클럽헤드는 모래 밑은 너무 깊이 파지 않게 된다. 물론 샷을 길게 할수록 백스윙을 그만큼 길게 해야 한다.

◎ 특별한 경우의 벙커샷

》 공이 패인 곳에 있을 때(프라이드 에그)

이 샷의 이름은 라이의 모습이 프라이드 에그와 비슷하다 해서 유래된 것이다. 공의 둘레에 모래가 쌓여 있고 가운데 모래가 없는 곳에 공이 있어서 모래와 공을 동시에 쳐야 하므로 매우 어려운 샷의 일종이다.

이 때 가장 중요한 점은 공이 모래보다 얼마나 밑으로 들어가 있는지 판단하는 일이다. 일단 그것을 체크해 본 다음 클럽페이스를 스퀘어 또는 오픈 상태로 둔다. 그리고 공밑을 클럽페이스의 블레이드 부분이 통과할 수 있게 쳐야 한다.

》 공이 모래 속에 박혀 있을 때

이때는 일반적으로 클럽 페이스를 스퀘어 내지 클로즈로 닫아서 샷을 해야만 한다. 클럽 헤드의 밑둥을 공 밑으로 집어 넣기 위해서다. 이렇게 하면 모래의 쿠션 작용으로 공이 모래 위로 튀어올라 탈출하게 된다.

따라서 클럽헤드를 정상적인 얕고 긴 디보트(팬 자국)가 생기도록 하기보다는 공 바로 뒤의 모래를 향해 날카롭게 예각으로 페어웨이에서 디보트에 있는 공을 쳐내듯이 내리쳐야 한다. 그러면 공은 백스핀이 걸리지 않기 때문에 떨어져 잘 구르게 된다.

모래에 일부 파묻힌 공을 짧게 샷 할때는 피칭 웨지나 9번 아이언을 약간 열어 날카로운 백스윙을 하고 날카로운 디센딩 블로(하향타격)로 공의 바로 뒤편 모래를 쳐낸다. 피니시는 클럽을 낮추어 왼발의 왼쪽을 향해 휘두른다. 공은 모래에서 튀어올라 약하게 조금 굴러가다가 멈춘다.

반대로 거리가 있을 경우에 공을 멀리 치려면 9번 아이언이나 8번으로 클럽 페이스를 직각으로 겨누고, 보통 때의 벙커샷과 같은 요령으로 샷을 하면 멀리 굴러 간다.

》 **단단한 모래에서의 샷**

모래가 부드러운 경우에는 벙커샷이 그다지 어렵지 않지만, 비가 와서 모래가 단단히 젖어 있으면 뒷땅이나 토핑을 많이 치는 경우가 있다.

모래 위의 발이 쉽게 움직여지지 않으면 모래가 상당히 단단하다는 것을 알 수 있다. 만일 공이 모래 위에 살짝 얹혀 있고 벙커의 둑이 높지 않다면, 칩샷이나 퍼팅도 시도할 수 있다. 그러나 가장 성공 확률이 높은 것은 샌드웨지로 하는 벙커샷이다. 이 샷 또한 모래 속의 물기가 완충 작용을 해주어, 클럽헤드(블레이드)가 이 완충 작용에 의해 튀어 오르기 때문이다. 따라서 클럽헤드로 모래를 파지 않고 공만 떠내는 데 도움이 된다.

어드레스 때 공은 왼발 맞은편에 놓이게 하고 샌드웨지의 클럽페이스는 크게 오픈시킨다. 백스윙은 비구선에 대해 아웃사이드로 하되, 하프 스윙으로 스윙면이 낮게 한다.

클럽헤드의 히팅 지점은 공 뒤 1인치 되는 지점이며 모래 속을 가격한다. 물론 백스윙을 크게 할수록 폴로스루를 그만큼 길게 해야 한다.

》 발끝 오르막 라이에 있는 공 처리

이 샷은 특별한 기술이 요구되는 어려운 샷에 속한다. 자칫하면 클럽이 모래 속에 파묻혀 실패하기 쉽다. 발끝 내리막 라이에 있는 공의 경우와는 정반대의 경우이다. 몸을 꼿꼿이 세우고(공의 위치만큼) 그립을 낮추어 잡음으로써 팔을 쭉 펼 수 있게 하며, 공이 왼쪽으로 날아가는 경향이 있으므로 목표의 오른쪽을 겨냥하고 폴로스루를 할 때까지 오픈페이스 상태를 유지하도록 한다.

제 5 장 골프를 위한 트레이닝

1. 골퍼를 위한 트레이닝
2. 웨이트 트레이닝
3. 멘털 트레이닝
4. 골프 심리학
5. 골프의 심상 훈련의 실제

1 골퍼를 위한 트레이닝

◎ 근육과 에너지 능력의 요구가 낮은 스포츠 종목의 트레이닝 프로그램

이 프로그램은 기술적 요구가 높고 근육과 에너지 능력의 필요성이 낮은 (low) 골프 종목을 위해 디자인되었다. 근력과 근지구력 향상은 골프 기술을 자동적으로 향상시키지는 못하지만 오랜 시간 동안의 경기나 토너먼트 중에 선수들이 이전에 익힌 기술들을 유지하도록 해준다.

》 체력 필요성의 결정

근육 능력 : 골프에서 요구되는 근육 능력은 일반적으로 낮다 하지만 골프 스윙 중에 사용되는 상체의 근육을 발달시키는 운동을 실시함으로써 근육운동의 효과를 거둘 수 있을 것이다.

다리는 상체에 비해 덜 중요하지만 골프 경기 중에 먼 거리를 걸어갈 수 있어야만 하며 때로는 골프채가 가득 든 가방을 운반해야 하기 때문에 훈련시킬 필요가 있다. 어깨와 허리의 유연성이 특히 중요하며 몸통과 손목 틀기 운동들은 골프 선수들에게 필수적이다. 아래에 나열한 것은 골프 선수들을 위해 권장되는 주요 근육 부위와 웨이트 트레이닝 운동들이다.

근육 부위	웨이트 트레이닝 운동
등의 아래와 윗부분, 다리의 윗부분	Half squat
팔의 위와 아랫부분	Arm curl
팔의 윗부분	Incline press
어깨, 팔의 윗부분	Military press
어깨, 어깨의 윗부분과 아랫부분	Parallel bar dips
어깨	Upright rowing
가슴, 팔의 윗부분	Bench press
몸통, 견갑대(shoulder girdle)	Power clean Swing with weighted club
복부	Bent-knee sit-ups
팔뚝(전완)	Reverse wrist curl Wrist curl 또는 Wrist roller

어린 골프 선수들을 위한 웨이트 트레이닝 프로그램은 위에서 열거한 운동 중 8~10개를 선정하면 충분할 것이다. 한편 흥미를 불러 일으키거나 개인적인 요구 사항을 충족시키기 위해 때때로 운동들을 바꾸고 싶을 때가 있다. 예를 들면, 선수 중의 한 명이 골프채를 잡는 데 문제가 있다면 이것은 기술적인 원인에 의한 것일 수 있고, 손목과 팔뚝 부위 근육의 근력 증가가 필요하다는 것을 암시할 수도 있다. 손목과 팔뚝을 강화시키는 여러 가지 운동기구가 있는데, 간단한 한 가지 방법은 반복적으로 고무공을 움켜쥐는 것이다. 골프 스윙을 모방할 수 있도록 트레이닝 기구를 변경시키는 방법도 있다.(헌 골프채를 웨이트 기구에 매달아서 스윙을 연습하는 등)

(1) 에너지 능력 : 에너지 능력을 강화할 필요성은 적지만 오랜 시간 동안의 토너먼트 중에 높은 수준의 경기력을 유지하기 위해서는 어느 정도의 지구력이 요구된다. 골프의 에너지 능력 요구에 대한 분석 결과에 따라 다음의 에너지 트레이닝 방법들이 〈표 7〉에 표시되어 있다.

① 지속적인 느린 달리기
② 언덕 달리기
③ 등에 가방을 메고 하이킹 하기

경기가 열리지 않는 기간동안에도 선수들이 가벼운 강도의 운동으로 유산소 체력을 유지하도록 지도한다. 등에 가방을 메고 언덕길을 걷는 것도 효과적인 트레이닝 방법이다. 달리기, 자전거 타기, 수영 같은 전통적인 방법 외에도 하이킹이나 등산을 off시즌 동안의 신체 활동으로 고려해 볼 필요가 있다.

》 트레이닝 프로그램의 디자인

골프 선수들을 위한 근육과 에너지 능력의 권장 사항들을 연중 프로그램에 반영시켜 〈표 7〉을 작성했다. 이러한 샘플 프로그램을 기초로 하여 각 선수들의 요구를 충족시킬 수 있는, 보다 세부적인 프로그램을 개발할 수 있어야 하겠다. 앞에서 언급된 일반적인 트레이닝 원칙들을 준수하면서 다양한 훈련을 실시하도록 노력한다. 골프 선수들은 어느 정도의 체력을 소유하여야 하지만, 그보다 더 중요한 것은 골프 기술의 향상이다.

양궁이나 사격처럼 아주 기술적인 스포츠를 지도한다면 선수들의 체력 단련 프로그램은 골프와 비슷한 형태의 과정을 밟아야 할 것이다.

〈표7〉 골프의 샘플 연중 트레이닝 프로그램

	off-season	preseason	competitive season
근력 능력	**트레이닝의 중점:** 근력(3회/주) 1.웨이트 트레이닝 - half squat - arm curl - military press - bent-knee sit-ups - wrist curl - incline press - upright rowing	**트레이닝의 중점:** power(3회/주) 1. 웨이트 트레이닝- power 트레이닝의 원리를 적용 2. 부하(weight)와 전신체조로 circuit training 3. power를 발달시키기 위해 등속성 기구를 사용(예를 들면 골프 스윙에 저항을 가하는 등.) 4. 유연성 운동을 규칙적으로 실시. 특히 허리와 어깨 부위	**트레이닝의 중점:** 기술, 근육 능력의 유지 1. 필요하다면 근육 능력 유지 프로그램을 실시. (최대 1-2회/주)
에너지 능력	**트레이닝의 중점:** 유산소 기반(2회/주) 1. 지속적인 달리기 2.하이킹, backpacking 3.레크리에이션의 목적으로 노젓기, cycling, 수영을 실시.	**트레이닝의 중점:** 유산소 능력의 유지 (2-3회/주)	**트레이닝의 중점:** 유산소 능력의 유지(1회/주)
기술	1. 새로운 golf기술을 배우고 익힘.	1. 기술을 연습 숙달.	1. 기술의 향상에 주력 2. 정규적으로 경기에 참가 3. 경기 때와 같은 상황이 일어나는 연습을 실시(dril)

2 웨이트 트레이닝 Weight Training

대부분의 골퍼들은 거리를 추구하고 이를 늘리기 위해서 새로운 클럽을 구입하는 데만 열중한다. 그러나 골프의 이상인 '더 멀리, 더 정확히(the far and sure)' 를 성취하려면 체력을 강화시키는 것이 현명한 방법이고 해결책임을 알아야한다.

근육 단련은 거리와 방향으로 연결된다는 것을 이해하고 근력(strength)과 파워(power)를 강화시키기 위해 웨이트 트레이닝을 기술 연습과 병행해서 실행하는 것이 필요하다.

프로 선수가 골프 공을 때릴 때 1톤의 힘이 가해지고 그 힘에 의해 공의 반발력으로 아주 멀리 날아간다. 이러한 파워샷을 하기 위해서는 기본적으로 근력과 파워 및 유연성을 향상시켜야 한다. 1라운드 18홀을 플레이하려면 기본적으로 4~5시간이 걸리는데 체력의 저하 없이 장시간 지속할 수 있는 능력인 지구력이 있어야 한다.

웨이트 트레이닝은 골프 실력 향상에 필요한 체력적인 요소를 강화시켜 주는 가장 좋은 트레이닝 방법으로 널리 알려져 있기 때문에 이를 소개하고자 한다.

(표 8) 골퍼를 위한 근력 프로그램

순서	종 목	강도와 set 수	휴식 시간	빈 도	기 간
1	벤치 프레스	16RMx2	5~10분	2~3일	8주 이상
2	스퀘트	10RMx2			
3	굿모닝 엑스사이즈	20RMx2			
4	덤벨레이즈	20RMx2			
5	레그 프레스	16RMx2			
6	시티드 로잉	16RMx2			
7	Sit up	25회x2			
8	레그컬	16RMx2			
9	레트	20RMx2			
10	런지	22RMx2			

◎ 골퍼를 위한 근력 훈련 방법

가슴 부위를 위한 운동

●● 벤치프레스 Bench Press

의자에 바로 누운 다음 손바닥을 발이 있는 쪽을 향하게 하고 가슴 위에 팔을 펴고 바벨을 어깨보다 약간 넓게 벌려서 잡는다.

팔을 굽히면서 바벨을 천천히 내려 봉이 가슴에 닿도록 한다. 그리고 다시 처음 위치로 밀어 올린다.

이 운동은 상완삼두근, 대흉근, 삼각근을 강화시켜 준다.

●● 인클라인 프레스 Incline Press

뻗은 팔의 자세를 유지하는 데 별로 힘이 들지 않아야 한다(부하의 무게중심이 안정된 자세 위에 위치하도록 한다).

바(Bar) 둘레를 엄지손가락으로 감싸서 잡으며, 잡는 손의 위치는 바 양끝에서 같은 길이에 있도록 한다(대체로 어깨너비로 잡는다).

등을 벤치 위에 납작하게 대며 발은 바닥에 둔다. 힘을 쓸 때 아치 형태로 만들거나 몸을 뒤틀지 않도록 한다.

가슴 윗부분, 삼각근 앞부분, 상완삼두근을 발달시켜준다.

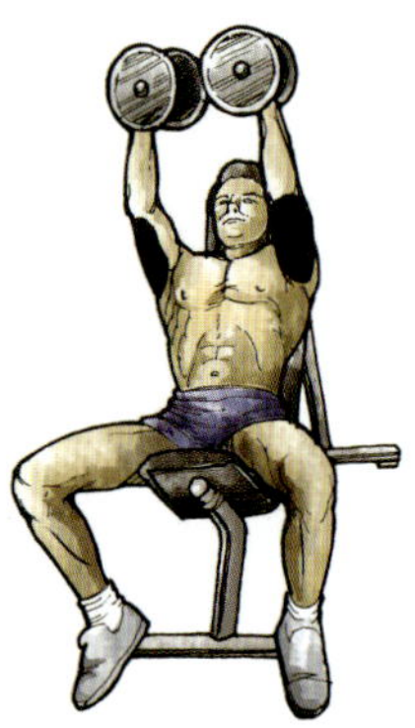

●● 디클라인 프레스 Decline Press

벤치프레스의 경우와 같다.

가슴의 아래 부분과 삼두근을 발달시켜준다.

●● 플라이 Fly

팔을 벌리면서(반원을 그리면서) 내리고 또한 올린다.

팔을 굽히지 않고 편 상태를 유지하면서 동작을 실시하면 부상을 초래할 수 있다.

플라이를 인클라인이나 디클라인위에서 할 수 있다.

팔을 시작 자세로 되돌리면서 숨을 내쉰다.

가슴의 중간 부분을 발달시킨다.

●● 풀 오버 Pull Over

머리 뒤쪽으로 가능한 한 멀리 스트레치하도록 노력한다.
팔을 굽혀도 좋으며 가슴을 스트레치시키는데 중점을 둔다.
팔의 동작은 반원을 그리도록 만든다.
시작과 끝의 동작에서 팔은 가슴 위에서 뻗은 상태이다.
시작 자세로 부하를 되돌리면서 숨을 내쉰다.

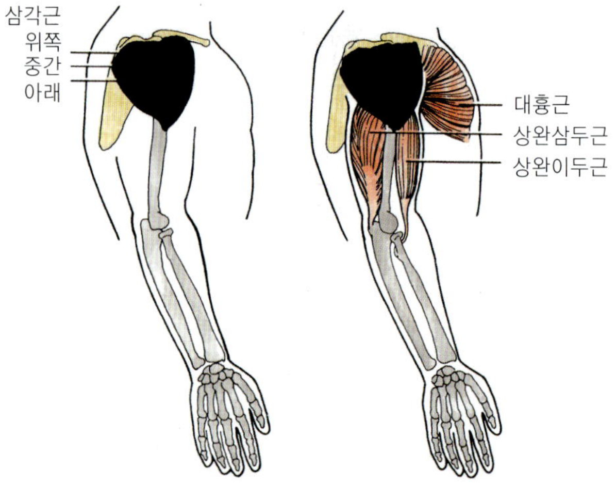

- 어깨(Shoulder) – (삼각근 : 위, 아래)
- **시점** – 어깨위쪽 **착생점** – 팔의 윗부분
- **근섬유 방향** – 수직
- **동작** – 팔의 외전으로 팔을 위로 옆으로 움직인다.

어깨 부위를 위한 운동 동작

●● 밀리터리 프레스 Military Press

허리가 아픈 사람은 이 운동 동작을 실시하지 말 것.
허리를 곧게 편 상태를 유지시키도록 노력한다.
어깨너비로 바를 잡고서 운동하며 팔을 완전히 펴 준다.
부하를 위로 올리면서 숨을 내쉰다.
중간 삼각근부위, 승모근, 상완삼두근을 발달시킨다.

●● 비하인드 더 헤드 프레스 Behind The Head Press

밀리터리 프레스(Military press)의 주의점과 같다.
승모근에 조금 더 많은 스트레치가 가해진다.
어깨너비보다 약간 넓게 바를 잡는다.
중간 삼각근 부위, 승모근, 상완삼두근을 발달시킨다.

●● 업 라이트 로잉 Upright Rowing

팔 관절을 바보다 항상 높게 위치하도록 하며 바를 좁게 잡는다.
바를 턱 밑으로 당긴다.
당기면서 숨을 들이쉰다.
중간 삼각근 부위, 승모근, 상완이두근을 발달시킨다.

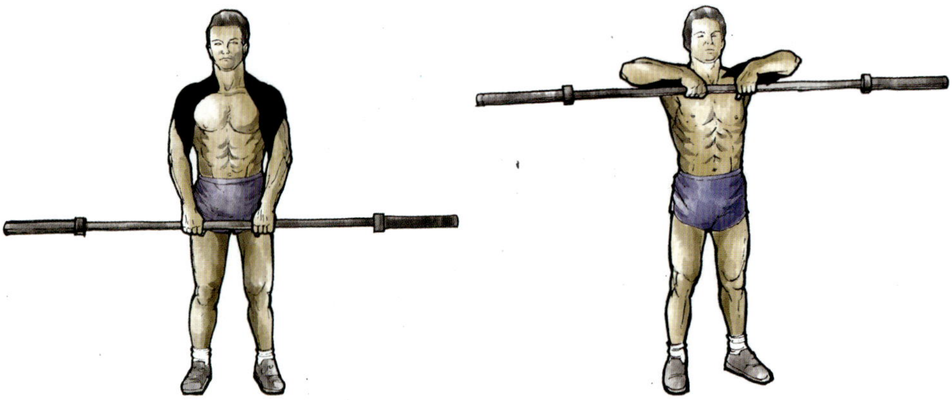

●● 레터럴 덤벨 레이즈 Lateral Dumbbell Raise

팔을 옆으로 어깨 높이까지 올린다.
무게를 들어 올릴 때 팔을 약간 굽혀도 좋다.
덤벨을 시작 자세로 내리면서 숨을 내쉰다.
중간 삼각근 부위, 승모근을 발달시킨다.

●● 벤트 오버 덤벨 레이즈 Bent-Over Dumbbell Raise

무릎을 굽혀서 허리에 가해지는 스트레스를 최소화시킨다.
허리는 일직선의 상태를 유지시킨다. 허리의 자세가 굽거나 아치 모양이 되지 않도록 한다.
부하를 옆으로 들어 올릴 때 팔을 약간 구부려도 좋다.
머리를 바로 들고 눈은 아래가 아닌 정면을 향한다.
부하를 시작 자세로 내리면서 숨을 내쉰다.
삼각근 뒷부분과 승모근을 발달시킨다.

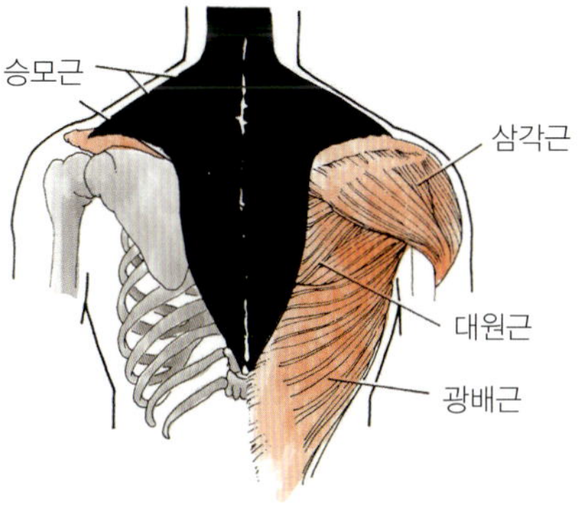

- **등의 윗부분** – 승모근(Trapezius)
- **시점** – 두개골의 아랫부분과 척추의 윗 부분
- **착생점** – 쇄골과 견갑골
- **근섬유 방향** – 근육의 윗 부분 근섬유는 대각선, 중간 부분은 수평, 그리고 아랫부분은 대각선 방향이다.
- **동작** – 어깨를 움츠리고 견갑골을 중심으로 움직인다.

◎ 등의 윗부분을 위한 운동 동작

●● 숄더 스러그 Shoulder Shrugs

바, 덤벨, 또는 벤치프레스의 기구로 운동할 수 있다.
팔이 아닌 어깨로 동작을 실시한다. 팔을 굽히지 말 것.
어깨를 앞쪽이나 뒤쪽으로 굴려 준다.
승모근(Trapezius)을 발달시킨다.

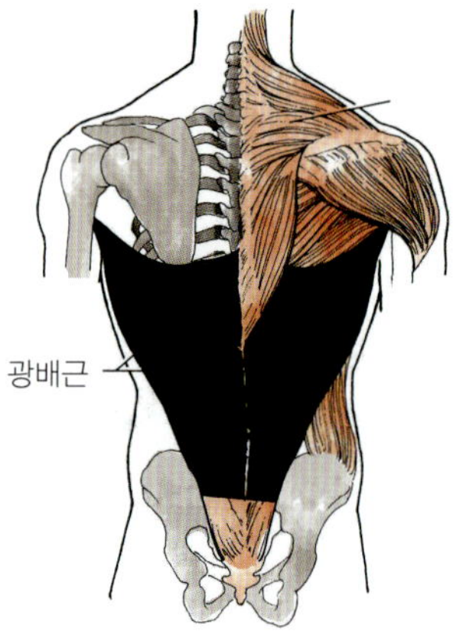

- 등의 중간 부분 – 광배근
- 시점 – 척추의 중간과 아랫부분
- 착생점(Insertion) – 팔 위쪽
- 근섬유 방향 – 대각선
- 동작 – 팔의 내전으로 팔을 몸쪽으로 당기는 모든 동작에 관여한다.

◎ 등의 중간 부분을 위한 운동 동작

●● 레트(Lat)를 위한 운동 동작

손을 넓게 잡으며 바를 목의 뒤쪽까지만 잡아당긴다.
바를 시작 자세로 되돌리면서 숨을 내쉰다.
바를 잡은 손의 위치를 바꾸거나(좁게 잡는다) 바를 몸 앞으로 당기는 동작으로 변화를 줄 수 있다.
광배근, 승모근, 상완이두근을 발달시킨다.

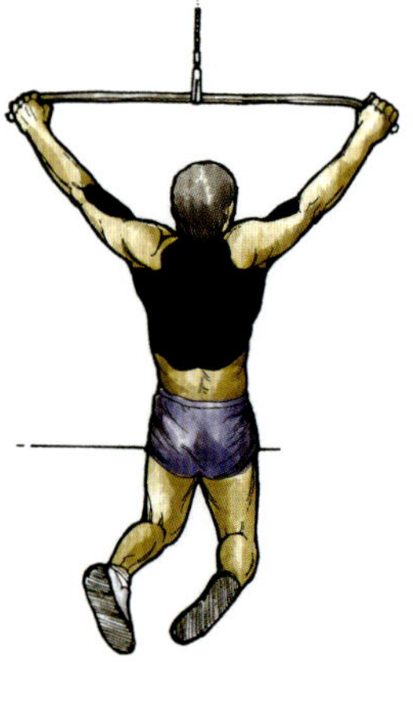

●● 풀업 Pull-Ups

한번의 동작을 마칠 때마다 팔을 완전히 펴준다.
시작 자세로 되돌아오면서 숨을 내쉰다.
더 큰 부하를 가하고 싶을 때에는 덤벨을 다리 사이에 위치시켜 동작을 실시한다.
좁게 잡거나 손바닥의 위치를 변경시키거나(손바닥이 몸을 향한다) 또는 몸을 바 앞으로 올리거나 하여 변화를 줄 수도 있다.
광배근, 승모근, 상완이두근을 발달시킨다.

●● 시트드 로잉 Seated Rowing

무릎을 약간 굽혀도 좋다. 다리의 힘을 이용해서 당겨서는 안된다.
등이 아니라 팔 운동으로 동작을 실시한다.
팔을 발가락 쪽으로 가능한 많이 스트레치하도록 노력한다.
바를 시작 자세로 되돌리면서 숨을 내 쉰다.
바를 복부쪽으로(가슴이 아닌) 당긴다.
광배근, 승모근, 상완이두근을 발달시킨다.

●● 원 암 덤벨 풀-인 One-Arm Dumbbell Pull-in

몸 옆 가까이에서 팔을 운동시킨다.

덤벨을 가슴까지 들어올린다.

드는 동작을 시작하기 전 팔을 가능한 많이 스트레치 되어 있도록 한다.

동작 중에 반대편의 상체가 틀어지지 않도록 한다.

덤벨을 시작 자세로 내리면서 숨을 내쉰다.

광배근, 승모근, 상완이두근을 발달시킨다.

●● 벤드 오버 로잉 Bend Over Rowing

손바닥을 몸쪽으로 향하게 하여 양손을 어깨너비 보다 약간 넓게 벌려서 잡고 몸은 고관절에서 앞으로 굽혀 직각이 되도록 한다.

무릎을 약간 굽히고 등을 편 다음 바벨을 서서히 가슴으로 끌어올린다. 그리고 바벨을 본래 위치로 내려서 팔이 펴지게 한다.

이때 바벨을 지면에서 약간 떨어지게 한다. 이 운동은 대흉근, 광배근, 승모근, 삼각근, 상완이두근을 강화시켜 준다.

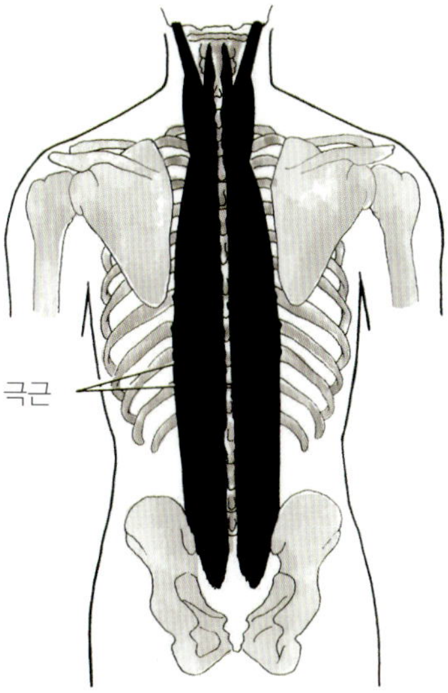

- 허리 부위(극근)
- 시점 – 척추의 아랫부분
- 착생점 – 척추의 여러 부위와 늑골의 아랫부분
- 근섬유 방향 – 수직
- 동작 – 몸통을 편다(신전)

◎ 허리 부위의 근육을 위한 운동 동작

●● 백 익스텐션 Back Extention

바닥과 평행될 때까지 천천히 상체를 들어올린다.

허리를 과도하게 움직여서 아치 형태를 만들지 않도록 주의한다.

이 동작은 허리의 근육과 척추에 많은 스트레치를 준다. 만일 허리가 뻣뻣해지거나 아픔을 느끼면 동작을 중단한다.

극근(erector spinae)을 발달시킨다.

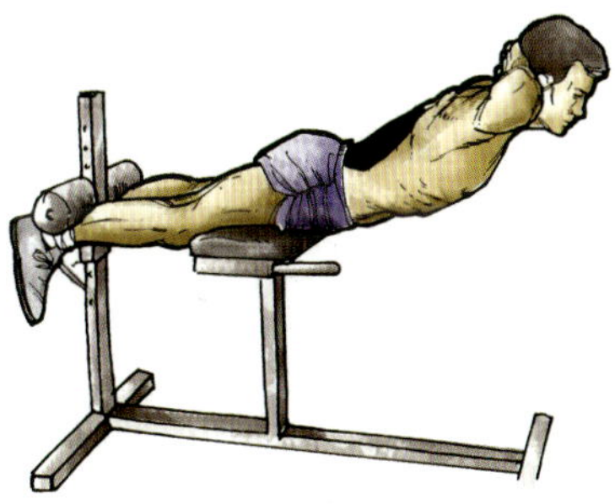

●● 데드 리프트 Dead Lift

한쪽 손바닥은 자신을 향하고 다른 쪽은 앞을 향하도록 해서 바를 잡는다.
다리의 근력으로 동작을 일으키며 다리를 펴면서 허리를 편다.
허리를 편 다음 어깨를 뒤로 젖힌다.
무게를 시작 자세로 내리면서 숨을 내쉰다.
극근(erector spinae), 대퇴사두근, 둔근을 발달시킨다.

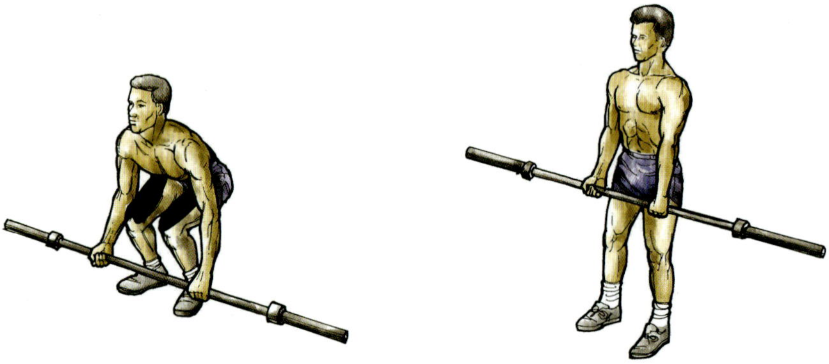

●● 굿 모밍 Good Momings

양발은 어깨너비 또는 그보다 넓게 벌린다.
허리는 일직선이 되도록 한다.
다리를 편 자세에서 상체를 앞으로 숙인 다음(어느 정도 당김을 느낄 때까지만)
다시 일으켜 세운다.
상체를 서서히 굽힌 다음 서서히 들어 올린다.
시작 자세로 돌아오면서 숨을 내쉰다.
극근을 발달시킨다.

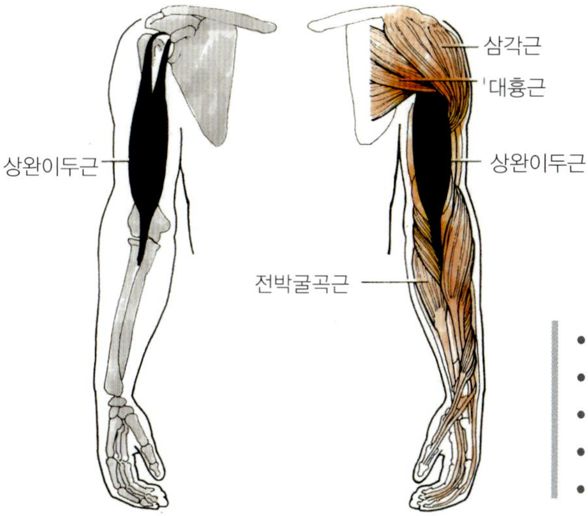

- 팔의 앞부분 - 상완이두근(Biceop)
- 시점 - 어깨
- 착생점 - 팔뚝
- 근섬유 방향 - 수직
- 동작 - 팔을 굽힌다.

◎ 이두근 발달을 위한 운동 동작

●● 바이셉 컬 Bicep Curl

무게를 흔들지 않는다. 서서히 들고, 내린다.
몸을 뒤로 젖히면서 무게를 들지 않는다.
무게를 내리면서 숨을 내쉰다.
여러 가지 다른 변형 자세로 운동할 수 있다. 프리쳐 벤치(preacher bench), 프리바(free bar), 덤벨(dumbbel)을 이용한 운동이다.
이두근은 여러 가지 다른 운동 동작에 관여하지만 그러한 동작들에서 주요한 역할을 수행하지 않는다. 단지 컬(curl)운동으로서만 이두근을 분리시켜 운동시킬 수 있다.

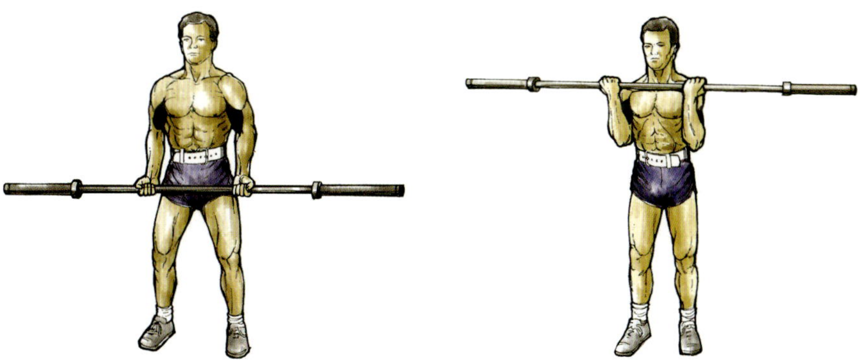

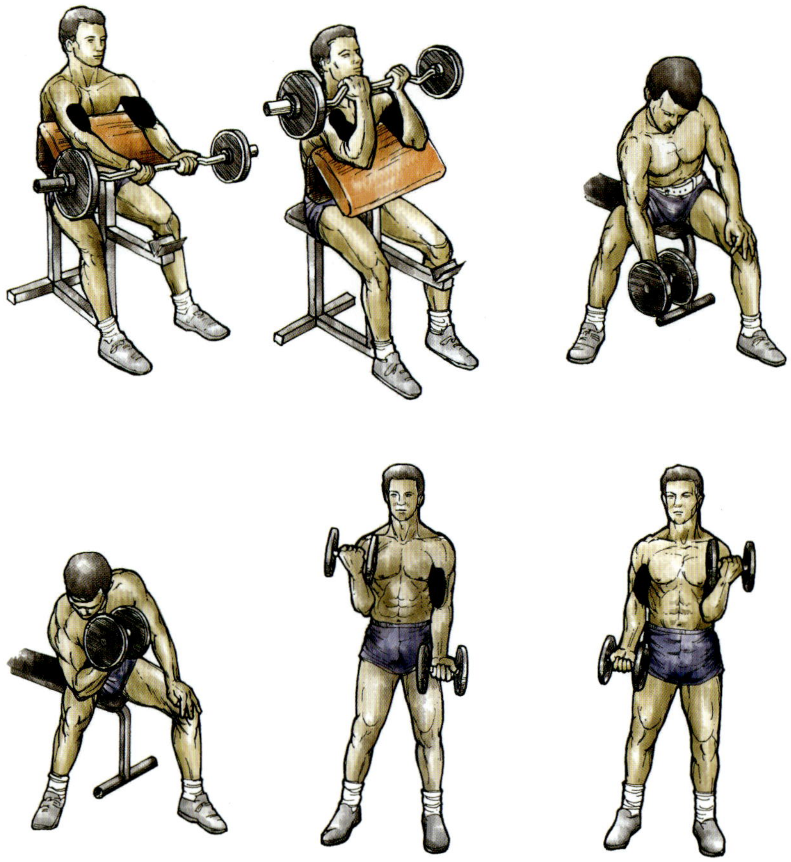

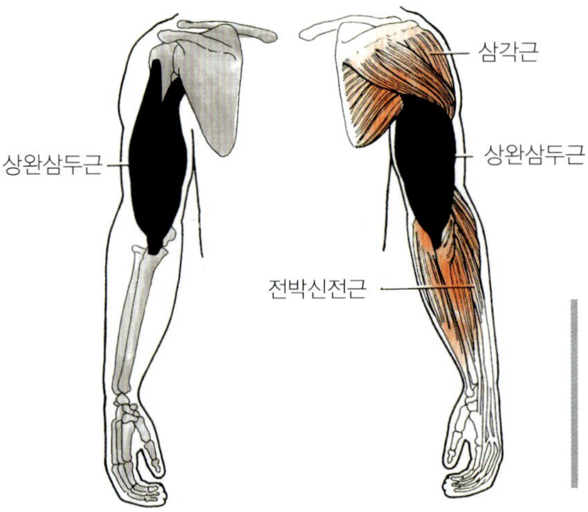

- **팔의 뒷부분** – 상완삼두근(Tricep)
- **시점** – 흉골(Sternum)
- **착생점** – 팔뚝
- **근섬유 방향** – 수직
- **동작** – 팔을 편다.(신전)

◎ 삼두근 발달을 위한 운동

●● 딥스 Dips

팔의 관절은 손과 일직선에 위치하도록 할 것.
근력이 부족해서 몸을 충분히 내릴 수 없을 경우에는 약간만 내려도 좋다.
너무 쉬울 경우에는 무게를 다리 사이에 고정시켜서 부하를 증가시킨다.
몸을 위로 올리면서 숨을 내쉰다.
상완삼두근, 대흉근을 발달시킨다.

●● 클로즈 그립 벤치프레스 Close-Grip Bench Press

어깨너비보다 좁게 잡는다.
무게를 밀어 올리면서 숨을 내쉰다.
상완삼두근, 대흉근, 삼각근 앞부분을 발달시킨다.

●● 트리셉 익스텐션 Tricep Extention

팔을 몸 옆 가까이에 두고서 운동한다.

손이 가슴보다 높이 올라가지 않도록 한다.

팔을 완전히 편다.

팔을 펴면서 숨을 내쉰다.

덤벨이나 프리바(free bar)를 이용해서 실시할 수도 있으며 또한 몸의 자세도 변화시킬 수 있다.(누워서, 무릎을 굽혀서, 일어서서)

삼두근은 여러 가지 다른 운동 동작들에 관여하지만 그러한 동작들에서 주요한 역할은 수행하지 않는다. 위에 소개된 신전(extension) 동작과 그 변형 동작들로만 삼두근 근육을 분리시켜 운동시킬 수 있다.

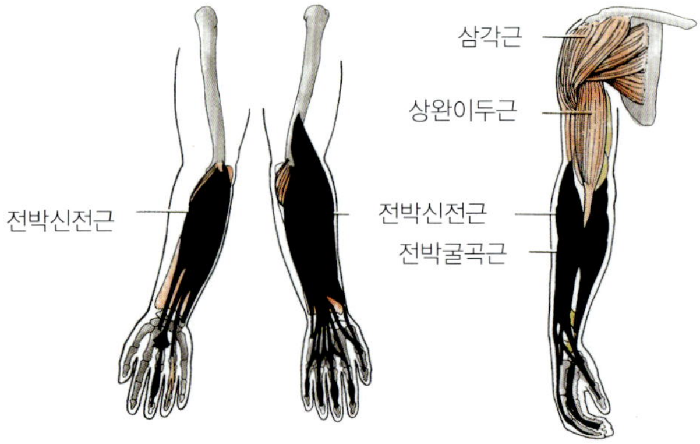

- **팔의 등부분** – 전박 굴곡근
- **시점** – 팔과 팔뚝
- **착생점** – 손목 아래의 손 부위
- **근섬유 방향** – 수직
- **동작** – 손목을 굽힌다.

◎ 손목 단련을 위한 운동 동작

●● 리스트 컬 Wrist Curl

손바닥이 위로 향하도록 바벨을 잡고 의자에 앉아서 대퇴부에 팔을 얹고 무릎보다 약간 앞으로 손목을 낸다. 손목을 중심으로 하여 바벨을 안으로 끌어올리고 내린다.

이 운동은 전완제근을 강화시켜준다.

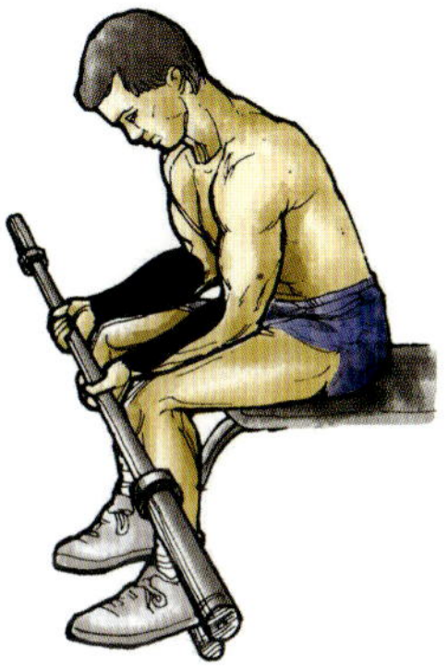

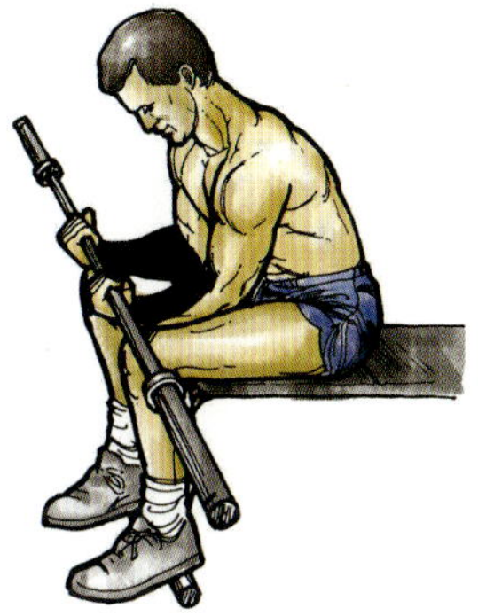

●● 리스트 익스텐서 Wrist Extensor

손목을 위, 아래로 가능한 많이 굽힌다.

이 운동은 바 또는 덤벨을 이용해서 실시할 수 있다.

리스트 이스텐서(wrist extensor) 근육을 발달시킨다.

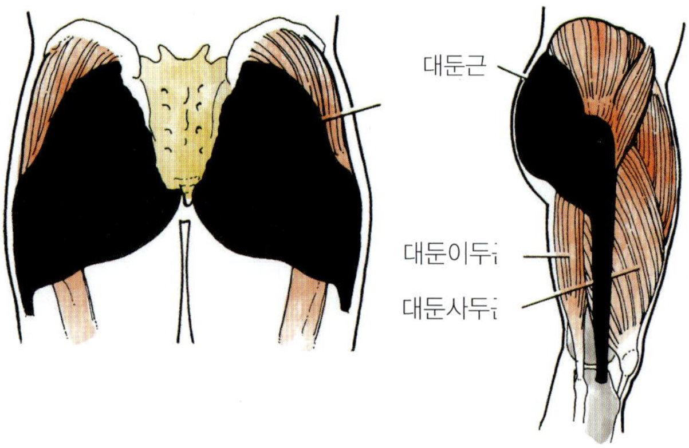

- 둔부 – 대둔근
- 시점 – 척추와 골반
- 착생점 – 허벅지
- 근섬유 방향 – 대각선
- 동작 – 둔부의 신전(허벅지를 뒤로 당긴다)

◎ 둔부 발달을 위한 운동 동작들

●● 런지 Lunges

발을 앞으로 멀리 디딜수록 더 큰 스트레치가 둔부(gluteals)에 가해진다.
허벅지가 바닥과 평행을 이룰 때까지 무릎을 굽힌다.
시작 자세로 돌아온 다음 반대편 발을 앞으로 디딘다.
머리를 바로 들고 어깨는 뒤로 젖히며 허리는 곧게 세운 상태를 유지한다.
시작 자세로 되돌아가면서 숨을 내쉰다.
대퇴사두근, 둔근을 발달시킨다.

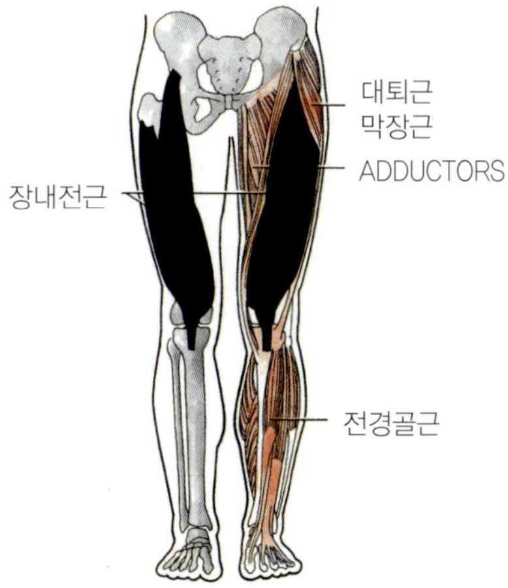

- **허벅지 앞부분** – 대퇴사두근
- **시점** – 골반과 허벅지의 상단 부분
- **착생점** – 무릎 관절의 아랫부분
- **근섬유 방향** – 수직

◎ 대퇴사두근 발달을 위한 운동 동작들

●● 스쿼트 Squat

안정을 위해 양발을 넓게 벌린다.

어깨를 뒤로 젖히며 머리는 바로 들고 허리는 일직선을 유지한다.

절대로 허리를 굽히지 않는다.

몸을 바로 세우면서 숨을 내쉰다.

근력의 부족으로 풀 스쿼트(full spuat, 허벅지가 바닥과 평행될 때까지 자세를 낮춘다)를 할 수 없을때에는 하프 스쿼트(half-squat, 무릎을 조금만 굽히는 것)을 실시해도 좋다.

허벅지가 바닥과의 평행보다 더 낮아지는 디프 스쿼트(deep squat)를 실시하면 둔근(gluteals)을 발달시킨다.(하지만 무릎 관절의 부상 위험이 따른다)

대퇴사두근, 둔근을 발달시킨다.

●● 니 익스텐션 Knee Extension

다리를 완전히 펼 필요는 없다. 그러한 동작은 무릎 관절에 많은 스트레스를 가할 수 있다.

다리를 서서히 들어올리고 내린다.

다리를 펴면서 숨을 내쉰다.

대퇴사두근을 발달시킨다.

●● 레그 프레스 Leg Press

손바닥이 아래로 향하도록 바벨을 잡고 Wrist Curl과 똑같이 실행한다.

이 동작은 전완제근을 강화시켜 준다. 이는 인클라인 레그 프레스 머신(Incline Leg Press Machine)이나 레그 프레스 머신(Leg press Machine)을 이용하여 행하는 운동인데, 기구 아래 등 받침대에 뒤로 누운 다음 양발로 중량을 밀어올린다. 그리고 처음 위치로 되돌아온다. 이 동작은 대퇴신근을 강화시켜준다.

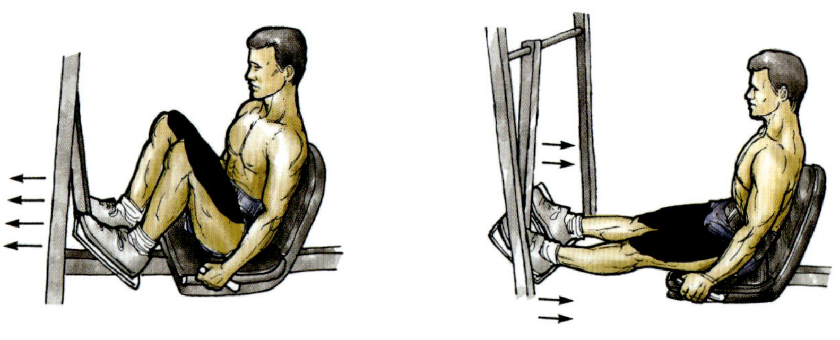

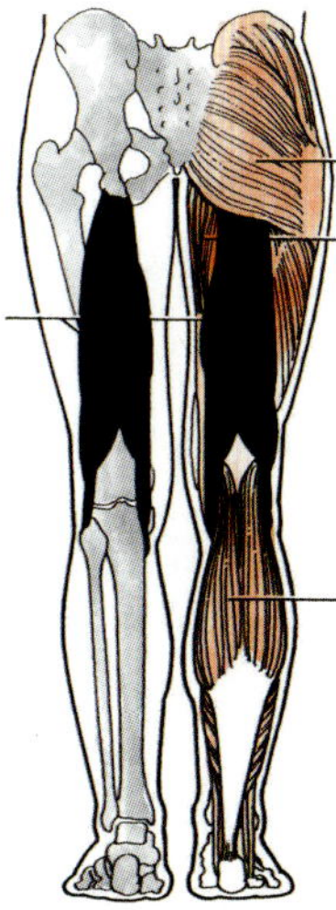

- 허벅지의 뒷부분 – 대퇴이두근
- 시점 – 골반과 허벅지 윗부분
- 착생점 – 무릎 관절 아래의 다리 부분
- 근섬유 방향 – 수직
- 동작 – 무릎을 굽힌다.

◎ 허벅지 뒷부분 발달을 위한 동작들

●● 레그 컬 Leg Curl

레그컬과 익스텐션머신을 이용하여 행한다. 먼저 벤치 위에 엎드려 발목의 뒷쪽을 바에 대고 엉덩이 쪽으로 당긴 다음 원위치로 되돌아간다. 이를 반복한다.

이 동작은 대퇴이두근을 강화시켜 준다.

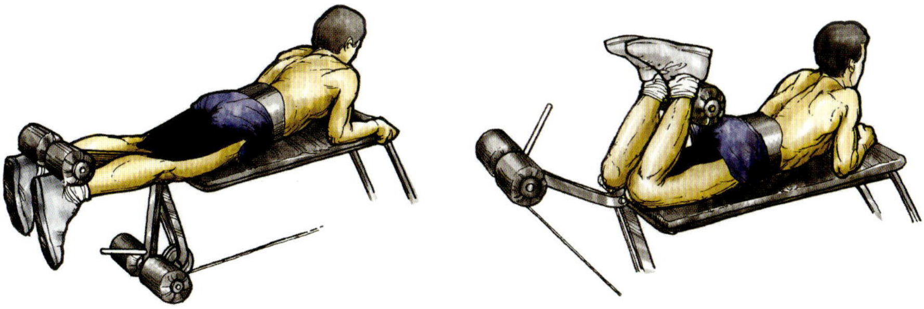

◎ 쉬운 근력 트레이닝

일반 골퍼들은 근력을 강화시키기 위해 특별한 시간을 내어 트레이닝을 하기가 그리 쉽지 않다. 그러나 가정이나 직장에서 특별한 트레이닝 장비 없이 손쉽게 할 수 있는 방법 등을 찾아 실행함으로써, 골프를 할 때 볼을 더 멀리, 그리고 정확하게 위치시키는데 도움을 줄 수 있다.

골프의 스윙을 분석해 보면 백스윙에서 오른발 쪽으로 중심을 이동하면서 상체가 90-100°, 엉덩이는 45-50° 정도 돌아가, 체중의 90%를 오른발에 둔 상태에서 톱스윙이 되고, 몸의 중심이 왼발, 무릎, 허리, 어깨, 팔 순으로 이동하면서 다운스윙이 진행된다는 것을 알 수 있다. 그리고 임팩트 시에는 반대로 왼쪽 발에 90% 이상의 체중이 실린 상태에서 몸이 꼬인 것을 푸는 힘과 체중 이동이 동시에 이루져 공을 치게 된다.

이러한 골프 스윙으로 공을 칠 때, 1톤에 가까운 힘을 내려면 근력과 파워, 그리고 몸의 부드러움을 길러야 하며 또한 체중 이동을 용이하게 하는 리드미컬한 스윙을 연습해야 한다. 이를 위해서 상체의 팔과 손목, 어깨, 가슴 부위와 등과 배의 허리 부분 그리고 다리와 무릎의 근력을 집중적으로 강화시키는 것이 필요하다.

근력과 파워 및 유연성을 육성하여 중심 이동만 용이하게 해 주면 비거리가 늘어난다는 것을 이해하고 근력 트레이닝을 꾸준히 하는 것이 현명하다. 상체와 허리 및 다리 부위의 근력을 가정이나 직장에서 손쉽게 육성하는 처방을 나열하면 아래와 같다.

강도 : 지칠 때까지　셋트 : 3　빈도 : 주당 3~4회　기간 : 12주 이상

*유연성를 위한 스트래칭과 워밍업을 20-30분간 한다.
*팔굽혀 펴기(bench press): 5주부터 의자에 다리를 올리고 20회 2세트한다.
*윗몸 일으키기(sit up): 5주부터 베게나 쿠션 등을 가지고 20-30회 한다.
*앉았다 일어서기(squat): 5주부터 어깨에 중량을 메고 20회 3세트한다.
*고무튜브 당기기(rat): 5주부터 스윙 동작과 같은 형태로 당긴다.
*손목 위 아래 굽혀펴기(wrist curl): 5주부터 중량을 더해 20회 2세트한다.

3 멘털 트레이닝 Mental Training

◎ 심리적 훈련프로그램

》 상상 기법

심리적 시연기법(Mental Rechersal Technique) 으로 불리기도 하는 상상 기법은 어떠한 운동을 순서에 따라 체계적으로 시연해 나가는 사고의 전 과정으로서 기술 습득 및 기능 향상을 기하고 운동 수행자로 하여금 신체적, 정신적으로 시합에 대한 준비 상태를 갖추게 하며, 불안을 해소시켜 운동의 전 과정 혹은 세부 동작에 대한 주의 집중력을 높여준다.

선수 자신이 수행할 기술의 가장 성공적인 장면을 실제 장면과 같이 생생하게 그려 보는 것으로, 새로운 기술의 습득이나 복잡한 기술의 향상을 위하여 또는 선수 자신의 운동 수행에 대한 자신감 부족이나 관중, 친구, 가족, 생소한 경기장, 상대 선수 등 운동 경기 상황의 심리적 압박으로부터 발생되는 불안을 해소시키기 위하여 활용할 수 있다. 실제로 세계적인 선수들은 시합 직전에 효과적으로 운동 수행을 하고 있는 사신의 모습을 마음속에 그려 본다고 밝히기도 했다.

잭 니클라우스(Jack nicklaous)는 마음속으로 공을 치고 있는 자기 자신의 모습을 그려 보지 않고서 골프를 친 적은 없으며, 경기를 승리로 이끄는 요인은 기술 10%, 정확한 위치 선정 40% 그리고 50%는 볼을 어떻게 칠 것인가를 심리적으로 상상해 보는 것이라고 하며 골프에서 심리적 훈련의 중요성을 역설한 바 있다.

게리 플레이(Gary Player)는 정확한 샷과 스윙을 머릿속에 그리고, 공과 클럽이 접촉하는 순간 그 소리를 듣는다고 상상하면서, 마음으로 공을 따라 자신도 함께 날아가는 것을 상상하며 원하는 장소에 공이 떨어지는 것을 본다고 했다. 그는 공이 구르는 것을 주시하면서 경기뒤에 있는 성공을 마음속으로 즐기며 그것을 실제로 샷하도록 권하고 있다.

물론 상상의 효과는 수행자가 어느 정도 수준의 기술과 어떤 형태의 행위를 수행하는가에 따라 다르게 나타난다. 상상의 효과를 높이기 위한 또 다른 변수는 상상하게 되는 내용을 개념화 할 수 있는 개인적인 능력이다. 특히 상상의 통제 가능성 정도와 어느 만큼 생생하게 상상할 수 있느냐 하는정도에 따라 그 효과는 달라진다.

통제 가능성이란, 상상하는 내용이 수행자 자신의 의도에 따라 조정될 수 있는 정도를 말한다. 예를 들어 골퍼가 공을 드라이브로 샷 하는 장면을 상상할 때 공이 쉽사리 맞지 않거나 공의 비거리가 짧은 장면 등은 상상 훈련의 초기에 흔히 나타나는 것으로 적절치 못하다. 생생함이란 상상하는 내용의 선명도를 뜻한다. 그리고 상상하는 자신의 기술 수준이 실제 수행 내용에 비해 심한 정도로 높거나 다른 내용을 상상하는 것은 오히려 상상의 효과를 감소시킨다.

》 상상 훈련의 기본적 지침

· 정신을 집중할 수 있도록 조용한 장소를 택한다.
· 가능한한 실제 경기가 열릴 장소에서 미리 상상 훈련을 하면 더욱 효과적이다.
· 상상을 할 때는 모든 감각을 사용하도록 한다.
· 특수한 기술이나 동작 또는 운동 장면을 별개로 연습하는 것이 아니라 전체적으로 통합된 형태로 상상해야 한다.
· 어떤 기술이나 경기 흐름을 상상할 때에는 가능한 한 실제 경기 상황에서 일어나는 속도로 상상하는 것이 중요하다.
· 정신 집중이 지속적으로 요구되는 과제에 대한 상상 훈련의 시간은 4분 미만이 효과적이다.
· 상상을 할 때는 반드시 운동을 성공적으로 수행하는 장면 또는 이미 성공적으로 수행한 장면만을 상상해야 한다.
· 가능한 생생하게 그리고 선명하게 영상을 그릴 수 있도록 노력해야 한다.

》 골퍼를 위한 상상 훈련 프로그램

· 평상시
  - 가능한 한 정신을 집중할 수 있는 장소를 택한다.
  - 가장 편안한 자세를 취한다.
  - 준비 운동을 하고 있는 자신의 모습을 그린다.
  - 준비 운동을 막 끝낸, 그리고 컨디션이 아주 좋은 자신의 모습을 그린다.
  - 경기를 하기 위해 골프 코스로 나가는 자신의 모습을 떠올린다.

· 경기과정

- 티샷 직전
- 티잉 그라운드에서 페어웨이의 공략 지점을 선명하게 그린다.
- 공이 자신이 의도한 대로 정확하고 리드미컬한 스윙 궤도를 그리며 티샷한 것이 목표 지점 방향으로 날아가는 과정을 그린다.
- 볼이 자신이 목표한 지점에 떨어진 것을 상상하고 두 번째 샷의 클럽 선택과 공략 방법을 그린다.
- 온그린하여 홀컵 근처에 접근하도록 하는 샷 과정과 파온시킨 지점을 선정하고 공이 목표지점에 안착한 것을 상상한다.
- 홀아웃 하기 위한 라이와 브레이크 및 라인을 관찰하고 퍼팅 자세와 거리에 따른 스윙 궤도를 그린 후 상황에 맞는 퍼팅으로 공을 홀컵에 넣는 과정을 상상한다.
- 이와 같은 방법으로 각 홀의 코스에 따라 공략 방법을 디자인한 후 이를 머릿속에 상상하고 홀 아웃하는 과정을 반복한다.

이상과 같은 전 과정이 긍정적이고 선명하게 그려지도록 한다

우리는 흔히 '연습할 때는 잘 됐는데' 라는 말을 자주 쓴다. 특히 비기너일 수록 이런 말을 자주 사용하게 되는데, 이는 연습장에서는 좋은 결과를 실제 필드까지 가져와 기대하게 되고, 막상 실제 경기 때 좋은 성적이 나오지 못했기 때문에 나오는 소리이다. 한편 연습 시에는 말그대로 연습한다는 기분으로 하기 때문에 어떤 부담감이 없는 상태에서 하는 만큼 최상의 샷이 나오는 것이다.

물론 최상의 샷은 자신의 스윙 이미지를 각인시킨다는 차원에서 중요하다고 할 수 있다. 하지만 실제로 그 스윙 이미지가 오랜 시간 우리 머릿속에 각인 되는 것은 아니라고 한다. 뿐만 아니라 우리가 골프를 하는 것은 연습장에서 돋보이기 위해서가 아니라 필드에 나가기 위한 것이 아닌가. 그런 관점에서 필드에서 갖는 긴장감을 연습 시에도 갖도록 해야 한다. 예를 들면 연습 시에도 '이것만큼은 반드시 어느 지점에 떨어뜨릴 거야' 라는 상황 설정을 해서 연습하는 것이다. 언제나 승부를 건다는 자세도 연습을 하다보면 프레셔 그 자체를 즐길 수 있을 것이다.

4 골프 심리학

불안은 스포츠 심리에서 중요한 부분을 차지하는 분야로, 그동안 많은 학자들이 이 연구에 몰두해 왔다. 특히 마틴스(Martens)와 그 동료들은 스필버거(Spielberger)나 맥그래스(McGrath)의 스트레스 연구에 기초하여 경쟁(혹은 시합)과 경쟁 불안(혹은 시합 불안) 연구의 개념적 틀과 관련된 제 개념을 규정하고 그에 따른 견실한 측정 도구를 개발함으로서 스포츠 심리의 불안 연구의 기반을 마련하였다. 일부 학자들은 마틴스의 개념적 틀과 다른 방향에서 접근하고 있으나, 실제 불안 연구의 많은 양은 아직도 마틴스등이 개발한 측정 도구에 의존하고 있다. 불안(anxiety) 관련 여러 개념들의 의미는 다음과 같이 정리된다.

먼저 각성(arousal)은 불안보다 기초적인 개념으로, 유기체의 일반적인 심리 및 생리적 활성 상태를 말하며 깊은 수면에서 격렬한 흥분 상태 사이의 어떤 정도로 다양하게 나타나게 된다.

이 각성이 유기체 활성화의 강도(intensity) 측면만을 의미하는 중성적인 개념인데 비해, 불안은 이 각성과 관련하여 그 유기체가 느끼는 부정적 감정을 의미한다. 불안 개념에는 강도의 측면과 방향의 측면이 함께 포함되며 유기체가 이를 인식하고 있는 것이다. 이 불안은 다시 상태 불안과 특성 불안으로 구분된다.

상태 불안은 긴장이나 걱정처럼 바로 지금 느끼는 정서 상태를 말하고, 특성 불안은 성격적인 것으로 관련된 상황을 자주 위협적인 것으로 느끼는지의 성향을 말한다.

불안은 다시 실패나 그에 따른 평가에 대해 걱정하는 인지적 불안(cognitive anxiety)과 심장 박동, 손의 땀, 속의 거북함 등을 본인이 인식하는 신체 불안(somatic anxiety)으로 나눌 수 있다. 이 신체 불안의 개념과 각성의 생리적 측면과는 혼동이 없어야 한다.

위의 불안 관련 개념들의 구분 모두는 다시 스포츠의 경쟁(시합)이라는 특수한 상황에 적용될 수 있다. 이렇게 특화된 개념들이 스포츠 심리학에서 주로 사용되고 있는 불안 관련 개념들이다.

불안의 측정은 행동적, 생리적, 심리적으로 할 수 있다. 근육의 긴장, 안절부절함, 집중 능력 저하 등 행동적 특징으로도 측정할 수 있고, 혈압, 심박수, 뇌파, 땀 분비나 호르몬 중 에피네프린(epinephrine) 측정 등 생리적 특징으로도 가능하다.

불안의 심리적 측정은 주로 자기 보고 (self-report)의 형식으로 이루어지며 앞서 언급된 불안 관련의 제 개념을 분리하여 측정할 수 있다. 스포츠 상황에 특화된 심리 검사지로 근래 흔히 쓰이는 것으로 특성 경쟁(시합) 불안 측정에 SCAT (Sport Competition Anxiety Test), 특성 경쟁(시합) 불안의 인지적 불안, 신체적 불안의 구분을 위해 SAS (Sport Anxiety Scale) 등이 있고, 상태 경쟁(시합) 불안 측정으로 CSAI-2 (Competitive State Anxiety Inventory - 2)가 있으며 여기에는 인지 불안, 신체 불안의 구분된 측정 외에 자신감의 측정이 포함된다.

스포츠 심리에서 불안 연구의 가장 큰 관심사는 불안과 스포츠 수행과의 관계 규명이다. 이 관계의 설명에 초기에는 헐(Hull)과 스펜스(Spence)의 욕구 이론이 수용되었는데, 이 이론에서는 각성 수준이 올라갈수록 수행도 향상이 되는 정(正)적 관계로 설명한다.

각성 상승에 따라 향상되는 수행은 지배적인(dominant), 잘 습관화된 움직임의 수행이며, 막상 실제 스포츠 상황에서는 이 습관화 정도의 규명이 어려워 잘 쓰지 않게 되었다. 한편 이 이론은 비교적 오랫동안 학자나 현장 지도자에 수용되었던 이론은 역 U이론이다.

각성이 적정 수준에 이를 때까지 수행이 향상되다가 적정 수준을 넘어서면 수행 퇴보가 일어나는 것으로 각성과 수행 관계를 설명한다. 이 이론은 실제 관찰의 내용과 비교적 잘 맞는 것 같아 관련된 사람들에게 자주 수용되어 왔으나 학문적 연구에서의 관계 입증은 만족하게 이루어지지는 못하였다. 불안 관련 개념들의 혼용, 표준화되지 않은 수행 측정치 사용, 유의한 불안 수준 차 조작 실패, 그에 따른 경향 분석 불능 등 연구 방법상의 오류가 지적되며 점수 재배치(reordering) 등의 새 방법이 제시되기도 하나 연구 방법상의 어려움은 아직 없어지지 않고 있다.

근래 들어 각성의 인지적 해석을 강조한 반전(Reversal) 이론, 현장에서의 실용적 사용이 강조된 ZOF(Zone of Optimal Functioning) 가설 등이 제시되고 있고, 적정 수준을 넘는 불안이 수행을 급격히 나빠지게 하는 현상을 보다 정확하게 설명하려는 격변(Catastrophe) 이론 등이 제시되고 있다. 또 상태 경쟁(시합) 불안의 인지 불안, 신체 불안 등 세분화에 따라 불안과 수행 관계 설명도 세분화되고 있다. 그러나 여러 가지로 제시된 이론의 연구를 통한 검증은 아직 많이 부족한 상태이다.

불안과 수행 관계가 학문적으로 잘 규명되지 않는 것을 구조적으로 설명하는 학자도 있다. 수행에는 불안이 미치는 영향 외에도 집중력의 개인차, 자기가 가지고 있다고 느끼는 능력과 실제 능력의 차이, 응원, 팀의 사기, 심판, 시합장 상황, 날씨, 장비 등 여러 외적 변인들의 영향도 함께 포함되게 되는데, 이런 구조적인 관계를 무시하고 불안의 영향으로 이의 관계를 규명하려 하는 때문이라고 지적한다.

스포츠 상황에서 불안 연구의 상당 부분은 실제적으로 경쟁(시합) 불안을 낮추는 방법 연구에 집중되고 있다. 불안을 낮추는 방법의 분류에도 여러 시각이 있으나 자주 사용되는 것이 감정 중심적(emotion-focused) / 문제 중심적(problem-focused) 분류 방법이다.

감정 중심적 방법은 일어난 불안 감정 자체의 감소에 초점을 맞추는 것으로 불안 감소의 여러 기술 등이 여기에 포함된다. 지면관계상 여기에서 모두 설명할 수 없으나 감정 중심적 방법에는 점진적 근육 이완이나 자율 훈련 등 이완법, 명상, biofeedback, 심상 훈련, 최면, 요가, 선, 생각 중지, 스스로에게 말하기, 긍정적 자기 감시 등 여러 가지가 있다.

이에 비해 문제 중심적 접근은 불안의 원인이 되는 문제를 찾아 이를 해소함으로써 불안을 제어하고자 한다. 이 접근의 방법들은 일반적으로 심리학의 이론적 뒷받침이 견실하다. 소거(extinction) 방법인 flooding이나 여기에 정신 분석의 개념을 더한 implosive 치료, 역조건화(counterconditioning) 방법으로 실제 아주 자주 쓰이는 체계적 둔감화법, 인지적 중재 방법으로 합리적.정서적 치료의 틀에서 개발한 합리적 인지 재구성, 또 벡(Beck)의 인지 치료, 현실 치료 등등 주로 임상 심리에서 전문적으로 사용되고 있는 방법들이 여기에 포함된다.

이 방법들이 가지는 강한 효과 등 여러 가지 장점에도 불구하고 여러 어려움으로 스포츠 현장에서의 도입 연구가 잘 이루어지지 않고 있는 것이 이쪽 접근의 안타까운 부분이다. 한편 최근 국내에서 합리적 인지 재구성의 스포츠 현장 적용화 연구가 발표되었다.

그 외에 여러 불안 제어 방법들을 복합적으로 묶어 놓은 방법들이 있는데, 여기에는 VMBR(Visuo-Motor Behavior Rehearsal)이나 SIT(Stress Inoculation Training), 불안 감정을 격하게 하여 훈련하는 SMT(Stress Management

Training) 등이 있다.

유네샬(Unestahl)이나 니더퍼(Nideffer)등은 정신 훈련 프로그램들을 구성하여 제시하고 있다. 이와 같은 불안 제어의 방법들을 사용하고자 하는 사람들은 먼저 그 방법에 대한 충분한 지식을 갖추고 적용에 관련되는 훈련을 쌓아야 한다.

최근들어 심리적 기술(psychological skills)의 개념하에 경기력에 상관되는 심리적 요인들에 종합적으로 접근하려는 연구가 활발히 진행되고 있다. 특히 심리적 기술 중 시합 불안의 제어 기술은 아주 중요한 부분을 차지하고 있다. 우리는 이 새로운 연구 결과에 지속적인 관심을 두어야 한다.

스포츠 심리학의 개척자이며 애리조나의 주립대에서 치적 행동시의 두뇌 지도를 연구하는 테리 크루즈(Terry Crews) 박사는 이렇게 말한다. "두뇌 세포의 동시적.폭발적, 그것이 바로 무아경의 상태이다."

게리 플레이어(Gary Player)는 자신의 메이저 우승과 160번의 기타 대회 우승에 대한 분석 자료를 바탕으로 이렇게 결론짓는다. "무아경이란 두뇌를 최대로 사용하여 정신적 역량을 남김없이 활용하는 것이다. 내가 무아경에 있었을 때 나는 두 극단으로 이루어진 인간이 되었다, 공기 위에 걸어가고 있는 듯하다가도 우리 속의 사자와 같았다. 잭 니클라우스(Jack Nicklaus)는 누구보다 그런 경우가 많았다. 그는 완벽한 집중력을 이루면서 동시에 긴장을 푸는 능력을 갖추었다. 그는 그 사이에 균형을 이루며 정확히 필요한 순간에 필요한 플레이를 했다. 위대한 선수가 힘을 마음대로 발휘할 수 있게 되면 그 순간 엄청난 것들이 가능해진다."

그러한 순간이 다가오면 '성적=잠재력-방해 요소'라는 방정식에서 방해 요소가 제거된다. 숙련된 배우는 처음에는 꼼꼼하게 대사를 외워가며 의식적으로 정신을 집중시켜 역할에 몰입한다. 그러나 나중에는 직관적으로 완전히 감정을 이입시켜 연기를 함으로써 자연스럽고 완벽하게 주인공과 하나가 되어버린다. 그것이 바로 무아경이다.

치열한 경쟁이 펼쳐지는 스포츠는 인간이란 동물이 몸과 마음의 한계를 테스트를 받는 가장 대중적인 영역이다. 무아경에 대한 탐구는 최고의 플레이에 대한 원인을 찾는 작업이기도 하다.

그 순간에 대해 자세히 설명하고 싶어도 말로 표현하기가 좀처럼 쉽지 않다. 무아경을 설명하는 데 사용되는 통상적인 말들은 자신감, 침착성, 대담함, 자유,

부드러움, 매끄러움 흐름, 열정, 자동, 평화, 분명함, 열광, 초연과 같은 것들이며, 모두 나름대로의 의미를 가진 말들이다. 하지만 모두가 재현하기도 어렵고, 또한 그것을 경험할 방법도 제공하지 않는다. 이렇듯 무아경의 상태에선 항상 행동이 말보다 더 큰소리를 발한다.

오랫동안 골프 심리학 분야의 저자이자 교습가로 활동해온 척 호건(Chuck Hogan)의 말이다. “무아경의 상태를 말로써 설명할 수 없는 것은 바로 그 때문이다. 무아경은 말의 반대이다”

1977년 PGA 투어 역사상 최초의 공식 59타 기록을 세웠던 알 가이버거(Geiberger)는 이런 말을 덧붙인다. “나중에야 사람들이 그것을 무아경이라고 불렀다. 나는 지금도 사람들이 뛰어난 라운드 기록의 비밀을 알지 못한다고 생각합니다.”

골프는 모든 스포츠 가운데 가장 분석적인 스포츠이다. 그런 점을 생각하면 열성 골퍼들이 이러한 무아경의 상태를 쉽게 손에 넣을 수 없는 것으로 인식하고 있는 것은 놀랄 일만은 아니다. 시간이 넉넉하고 볼이 고정되어 있는 골프경기에선 선수들이 계획을 세우고, 예행 연습을 하고, 여러 가지 조정을 할 수 있다. 그것이 체력을 잃게 만드는 원인으로 작용할 수 있다.

무아경의 상태는 변덕스럽기 그지없다. 우리가 그 상태에 도달하려고 할수록 오히려 그로부터 멀리 밀려난다. ‘우리가 무아경에 빠졌다는 것을 의식하는 순간 그 상태로부터 밀려나게 되는 이러한 특징’ 은 무아경을 수수께끼로 만들어버리며, 그러한 점은 심지어 무아경에 대한 이해를 하고 있다고 단언한 사람들에게 조차 마찬가지다. 한마디로 무아경이란 골프의 미스터리인 셈이다.

최근에는 일반인들이 정상 수준의 골퍼들이 하고 있는 각종 골프 연습에 관심을 보이면서 집단적으로 이를 학습하는 현상이 벌어지고 있다. 그러나 첨단 기술과 체력 단련, 균형 잡힌 영양 공급과 같은 것들은 누구나 골프 기량을 발전시켜 줄 요소라고 수긍할 수 있지만, 무아경은 그럼에도 불구하고 여전히 모호하기만 하다.

올랜도에서 LPG 퍼포먼스 시스템이라는 회사를 운영하고 있는 스포츠 심리학자 짐 로어(Jim Loehr) 박사는 이렇게 말한다. “그것은 그림 맞추기 퍼즐의 잃어버린 조각이었으며, 아울러 가장 중요한 부분이었다.”

2년 전에 실시된 한 여론 조사 결과를 보면 정상급의 골퍼들은 심리적 태도가 골프 게임에서 50~80퍼센트를 차지한다고 믿고 있었지만 응답자의 대다수는 심리 게임에 할애하는 연습 시간이 전체의 10퍼센트 미만이라고 답했다. 당시 조사에서 PGA와 챔피언스 투어, 유럽 및 LPGA 투어에서 활동 중인 350명 가량의 선수들이 구리로 만든 큐링크라는 목걸이를 걸고 있었는데 이것이 스트레스를 줄여준다는 얘기가 나돌고 있었다.

》 기술적 생각들에 대한 거부

무아경에 대한 관심은 스윙 기술의 효과가 일정 시점에 도달하면 반감하기 시작한다는 생각이 퍼지면서 중대하기 시작했다.

"그동안 일반적으로 골퍼들도 골프의 기술적 측면에 널리 초점을 맞추고 있었으며, 무아경의 상태로 가기 위한 심리적 측면의 요소들은 뒷전으로 밀려나 있었다." 솔하임 컵의 전 유럽팀 주장이며, 비전54/코칭포더퓨쳐라는 훈련 프로그램의 공동 창립자인 피아 닐슨(Nielsen)의 말이다. 이 훈련 프로그램은 18개의 버디를 잡아내는 가설적 라운드에 기초하여 그 명칭을 따온 것이다. "사람들은 벤 호건(Ben Hogan)이나 닉 팔도(Nick Faldo)와 같은 선수들이 어떻게 플레이하는가 지켜보면서 기술적 측면에만 집착할 뿐, 그들이 심리적 차원에서 그 누구도 필적할 수 없는 행동을 보여 주고 있다는 사실은 눈치채지 못한다."

골프계 최고의 선수들의 모습을 살펴보면 볼을 때리는 능력은 점점 더 평준화되어 가고 있으며, 이에 따라 선수들 사이의 최대 차이가 정신력이라는 인식이 점점 더 확대되고 있다는 것을 알 수 있다.

〈선골프〉의 저자이자 비제이 싱(Vijay Singh)의 심리 코치인 조 페어런트는 이렇게 말한다. "완벽한 스윙 기술을 찾아내기 위한 탐구는 앞으로도 멈춰지지 않을 것이며, 멈추어서도 안 된다. 연습을 하는 목적도 바로 거기에 있다. 하지만 골프 대회에 나가보면 스윙에 대한 생각이 의도한 대로 구현되지 않는다는 것을 알게 된다. 즉 스윙하는 동안 의식적으로 몸을 제어하려고 하면 그러한 제어가 통하지 않는 것이다.

그런데 행운의 물건과 같은 것을 갖고 있으면 일시적으로 긴장이 완화되는 경우가 종종 있다. 문제는 스윙의 기술적 생각에 많이 집착할수록 그러한 생각이 매끄러운 스윙을 방해하게 되고 결국은 그러한 생각이 전혀 효과를 발휘하지 못하게 되는 상황에 까지 이르게 된다는 것이다."

》 변화된 골프문화

요즘 서구 세계는 동양 철학에 대해 점점 더 개방적 태도를 취하고 있으며, 요가와 같이 인식적 사고보다 직관의 힘을 강조하는 수행 방법에 많은 관심을 보이고 있다. 무술 분야를 살펴보면 무도인들은 상대방에 대한 최상의 방어나 공격 동작이 무엇인지 판단해야할 여유가 전혀 없는 상황에서도 번개처럼 빠른 속도로 상대방과 대결을 펼치는 수준에 도달해 있다. 그것이 바로 무아경의 본질이다.

세월의 풍파를 겪은 위대한 골퍼들은 대부분 이러한 무아경의 본질에 동의한다(하지만 골프 문화는 전통적으로 감각 중심의 골프를 싫어하기 때문에 이러한 견해를 공개적으로 밝히는 법은 없다). 바이런 넬슨(Byron Nelson)은 언젠가 스포츠 심리학자 봅 로텔러(Dr.Bob Rotelleo)에게 1945년 그가 영웅적 시즌을 보내고 있을 때는 라운드를 하는 동안 오직 좋은 샷을 하는 데만 초점을 맞추었기 때문에 라운드가 끝날 때까지 스코어가 어떻게 되어 가는지도 몰랐다는 얘기를 한 적이 있다. 바로 그때 그는 무아경에 도달해 있었던 것이다. 로텔러가 넬슨에게 왜 그의 교습서 어디에서도 골프에 대한 자신의 심리적 접근 방법에 대해 언급하지 않았느냐는 질문을 던지자 넬슨은 이렇게 답했다. "당시에는 그런 종류의 얘기를 하는 사람이 아무도 없었다." 그러나 한편 오늘날엔 그러한 주제에 대한 거부 분위기가 많이 누그러져 있다.

》 '흐름'을 타고 간다

미국에서 베스트셀러가 된 미할리 치크스젠트할리(M. Csikszentmihalyi)의 저서 〈흐름 : 최적 경험의 심리학〉은 무아경의 매력과 접근성을 대중 문화의 영역에서 다루고 있다. 이 책의 전제는 사람들이 가장 행복할 때 사람들을 무아경으로 데려다주는 흐름이 발생한다는 것이다. 여기서 흐름이란 전혀 생각을 하지 않는 듯하지만 제대로 모르는 사이에 생각이 행동에 관여하고 있는 상태를 말한다. 그러한 상태가 되면 경험의 질이 최종 결과보다 더 큰 만족을 선사한다. 그러한 빛을 발견한 사람들에겐 그러한 최적의 경험을 맛보는 것이 인생 최고의 목표가 된다.

무아경의 흐름은 한 인간을 더욱 능력 있는 사람으로 만들어 주며, 다시 그러한 흐름을 탈 수 있도록 자극한다. 이런 사실이 밝혀지자 무아경에 대한 관심은 더욱 증대되었다.

롤린스 대학의 심리학 교수이며, 채드 캠벨(David Chad Campbell)을 포함하여 여러 명의 투어 선수들에게 심리 상담을 해 주고 있는 지오 밸리언트 박사(Dr. G.O Valeant)는 이렇게 말한다. "그러한 흐름의 추구는 골퍼들에게 올바른 동기를 갖고 플레이하라고 가르치는 일이다.

다른 사람을 감동시키거나 뭔가를 증명하기 위해 플레이하는 사람은 외부적 요소에 너무 많이 초점을 맞추게 된다. 그러나 배우면서 향상의 기쁨을 누리고 발전을 추구하기 위해 플레이하는 선수들은 과정 자체의 세부 사항에 완전히 몰두하게 된다. 바로 그러한 선수들이 무아경에 도달할 수 있으며, 더더욱 충만한 만족감을 느낄수 있다."

》 타이거와 애니카

남녀 골프의 양대 분야에서 빈번하게 우승을 거두었기 때문에 골프 역사상 타이거 우즈(Tiger Woods)와 애니카 소렌스탐(Annika Sorenstam) 보다 더 무아경의 상태에 대한 호기심을 불러일으킨 선수는 없었다.

특히 우즈는 중요하기 이를 데 없는 순간마다 일관되게 최상의 플레이를 보여줌으로써 강렬하면서도 침착하게 집중력을 보여 주었다. 그 때문에 2002년 그에 대해 데이비스러브 3세(Davis Love III)는 "그에게는 우리에게 없는 무엇인가가 항상 함께 있는 것 같다"고 말했을 정도였다. 한편 소렌스탐은 지난해 콜로니얼에서 최정상의 남자 프로들에 맞서는 극단적 중압감의 상황에서 스스로 이겨내는 모습을 보여줌과 동시에 2001년에 세운 59타의 기록을 세상에 알림으로써 그녀 자신을 심리모델의 전형적인 인물로 만들었다.

비록 내성적이긴 하지만 두 선수 모두 골프 게임의 심리적 측면에 대해서만은 솔직하게 얘기를 털어놓는다. 우즈의 말이다. "나의 가장 큰 선물은 나의 창조적인 정신이다." 그가 가장 큰 성공을 거둔 2000년에 대해 그는 그때는 '원하기만 하면 언제나 무아경에 빠져들 수 있었다' 고 말한다. 한편 소렌스탐은 기량 향상이나 '꿈을 현실화하려는' 도전에 대해 얘기할 때 더더욱 활기에 넘친다.

두 선수 모두 골프를 배울 때 제약이 없는 환경에서 성장했다는 것은 우연의 일치가 아니다. 척 호건(Chuck Hogan)은 그의 저서 〈타이거의 파워 동맹〉에서 이렇게 적고 있다. "다른 무엇보다 타이거는 더할 나위 없이 안정적이다. 심리적으로나 정서적으로 그의 부모는 그를 절대적으로 포용해 주었다. 말하자면 그는 실패를 모르고 자랐다."

요즘에는 슈퍼스타가 아닌 선수층에서도 최고의 성적이 자주 기록되고 있다. 1955년 잭 플렉(Jack Fleck)이 거둔 US 오픈 우승은 몇 십년동안 승산 없던 한 평범한 프로가 거둔 일종의 요행수로 여겨졌었다. 그러나 지난해 벤 커티스(Ben Curtis)와 숀 미킬(Shaun Micheel)이 거둔 메이저 우승은 무아경에 대한 폭넓은 관심이 불러일으켜졌다.

밸리언트(Dr G.O Valeant)의 말이다. "점점 더 많은 선수들이 기술적으로나 심리적으로 이전에 비해 플레이 준비를 착실하게 하고 있기 때문에 보다 많은 선수들이 무아경에 이를 가능성이 높아졌다. 이동 체력 단련 센터도 무아경을 확대하는 데 도움이 되고 있다. 또한 절제된 식사도 도움이 된다. 라운드 전에 흥분하는 것보다는 조용하고 차분하게 지내는 것이 더 도움이 된다. 한 해를 기준으로 했을 경우, 한 선수가 전체 라운드나 심지어 대회 기간 전체에 걸쳐 무아경에 이르는 것이 4, 5차례 정도 된다. 이를 선수 모두에게 확대해보면 어느 무명의 선수가 놀라운 성적을 기록할 가능성이 수없이 많아졌다는 얘기가 된다."

》 그 모호한 마지막 개척지에 대한 탐구

하지만 우리가 스스로를 무아경에 가까워졌다고 생각하는 것은 위험한 일이다.

프로 스포츠 팀과 개별 운동선수들에게 상담을 해 주고 있는 신경심리학자 프랜 피로졸로 박사는 이렇게 말한다. "지금은 그러한 경험이 그 어느 때보다 많지 않은 때라고 말할 수 있다. 본질적으로 즐거움을 위해 골프를 했으며, 그러면서도 기술 개발을 위한 훈련에 열심이었던 직관적 천재 샘 스니드(Sam Snead)를 보자. 샘은 아마도 가장 빈번하게 무아경에 도달한 선수일 것이다.

하지만 오늘날 미국의 문화는 프로 수준의 스포츠에서 놀이라는 측면을 없애 버리고 그것을 하나의 일로 바꾸어버렸다. 동시에 우리의 문화 속에는 모든 문제들을 쉽게 풀어가려는 추세가 있다. 무아경에 대한 진입 조건 중 가장 중요한 것은 높은 기술적 발전을 이룩해야 도달할 수 있는 높은 수준의 도전적 상황을 만드는 것이다. 플레이, 즉 놀이의 즐거움이 없다면, 또 높은 도전의 어려움과 고도의 기술적 재능이 없다면 무아경에 이를 수 없다."

한편 골프계의 스포츠 심리학 원로인 봅 로텔러 박사(Dr.Bob Rotelleo)도 무아경에 점점 더 쉽게 도달할 수 있을 것이라는 주장에 대해 회의의 시선을 보낸다. 로텔러는 다음과 같이 얘기한다. "과연 우리가 15년 전에 비하여 선수들을 더 무아경으로 잘 이끌고 있는 것일까? 그 점은 의심의 여지가 없다. 기술적 측면에서와 마찬가지로 이는 실수의 수준이란 개념으로 접근해 볼 수 있다.

지금 선수들은 심리적 실수를 줄이거나 최소화하는 데 있어 점점 더 뛰어난 능력을 보여 주고 있다. 그러나 그럼에도 불구하고 우리에겐 선수들이 무아경에 더 자주 도달하고 있다는 결정적 증거가 전혀 없다. 사람들이 그 어느 때보다 무아경에 대해 많은 관심을 갖고 있을지도 모르고 연구실에서도 그것이 무엇인지에 대해 그 어느 때보다 더 많은 이해를 하고 있는지도 모른다. 그리고 물론 그것은 모두 매우 바람직한 일이 아닐 수 없다. 그러나 그러한 무아경에 도달하는 일이 예전보다 더 자주 일어나고 있다고 보기는 어렵다."

로텔러는 비현실적 기대가 무아경을 우리들로부터 더욱 멀어지게 만드는 사태를 초래할 것이라고 우려한다. "가장 큰 문제는 선수들이 위대한 선수가 되는 핵심적 열쇠가 항상 무아경에 이르는 것이며, 의도적으로 그런 상태에 이를 수 있다고 생각하는 경향이 있다는 것이다.

마이클 조던(Michael Jordan)은 자신의 선수 생활에서 무아경에 이른 것은 겨우 2퍼센트 정도라고 생각했다. 항상 완벽한 샷을 하려다가 길을 잃은 사람과 마찬가지로, 항상 무아경에 들 수 있다고 생각하다가는 자칫 길을 잃을 수 있다.

》 자기 테스트

우리는 플로리다주 윈터 파크에 있는 롤린스 대학의 심리학 교수 지오밸렌트(Dr. G.O Valeant)의 도움으로 '무아경' 에 도달했는지를 판단할 수 있는 자기 테스트를 개발했다.

밸렌트는 챠드 캠벨(Chad Campbell), 히스 슬로컴(Heath Slocum), 빌리 안드레이드(Billy Andrade)와 같은 PGA투어의 선수들에게 심리 상담을 해 주고 있다. 아래 마련된 것은 스포츠 심리학자들이 무아경에 도달했을 때의 상활을 설명하기 위해 종종 이용하는 일련의 설명들이며 이와 함께 일상적인 예를 곁들였다, 각 항목을 통하여 자신의 상태를 파악해 보면 골프 게임에 대한 심리적 접근에 대해 보다 명확한 이해를 구할 수 있을 것이다.

》 무아경에 도달했을 때

1. 마음이 평온하다. 예 : 혼자서 데스 모이네스 출신의 세일즈맨 세 명과 짝을 이루었을 때처럼 아무 걱정이 없다. 물건을 팔아야 하는데 그들이 나를 이기려고 할 리가 없지 않은가.
2. 행동과 상황 인식이 일치한다. 일생일대의 3번 우드 샷을 꿈꾸지 않고 워터 해저드에 못 미치도록 안전하게 샷을 한다.
3. 중압감이 매우 높은 상황에서도 서두르지 않는다는 느낌이다. 18번 홀 타에서 1홀 열세의 상황인데도 첫 번째 티에 서 있을 때와 똑같은 속도와 리듬감으로 샷을 한다.
4. 중압감이 정신을 산만하게 만들지 않고 오히려 집중력을 높여 준다. 반드시 성공시켜야 하는 퍼드를 마주했을 때 집중력이 오히려 증대된다.
5. 완벽한 제어력의 느낌을 경험한다. 그런데 마치 역설적으로 마치 제어력을 얻기 위해 제어를 포기하고 있는 듯한 느낌이 든다. 몸이 자동 조종 장치처럼 움직이면서 근육이 샷을 기억하여 자연스럽게 실행에 옮긴다.
6. 자기 인식이 증대되어 가는데도 자의식을 버린 상태와 같다. 골프 스윙이 파격적이면서도 효율적으로 구사되며, 비판자들이 그에 대해 어떤 말을 하든 신경 쓰지 않는다.
7. 어떠한 산만함도 없이 하나의 생각에서 다음 생각으로 생각이 한결같이 매끄럽게 전환된다. 표적을 선정하고, 샷에 대한 일상적 준비 과정을 밟은 뒤 파트너가 두 홀 이전에 범한 스리 퍼트에 대해 불평을 늘어놓고 있는 동안 곧바로 샷의 방아쇠를 당긴다.
8. 전혀 두려움 없이 게임에 임한다. 클럽 챔피언십의 결승전을 마치 친구들 네 명이 한 조를 이룬 토요일 오전의 친선 게임처럼 접근한다.

》 무아경에서 벗어났을 때

1. 서두르거나 초조해 한다. 시간이 너무 빨리 흘러가는 것처럼 느껴진다. 퍼트를 앞두고 세 번을 하던 연습 스트로크가 한 번으로 줄어들며, 그것을 인식조차 하지 못한다.
2. 결과가 걱정된다. 60cm의 퍼트를 실패했을 경우 내기에서 지게 될 것이라는

생각이 들기 시작한다.

3. 무아경에 빠진 사람이 외부적인 방해 요소에 전혀 영향을 받지 않는 것과 반대로 외부 요인에 의해 주의가 쉽게 산만해진다. 자신의 경기 상대방이 주머니 속의 동전을 짤랑거릴 때마다 집중력을 읽고 잘못된 샷을 한다.
4. 동기를 자극하지 못하고 기운이 없다. 샷을 할 때마다 항상 '나는 이미 망친 몸인데 애써서 하면 뭘 해' 라는 태도를 보인다.

5 골프의 심상 훈련의 실제

골프의 교육 프로그램은 골프의 언어와 전략을 배울 수 있는 기회를 제공함과 동시에 골프를 학생과 함께 즐길 수 있는 여유를 만들어 주는 훌륭한 지도자라 하겠다.

》 개별 심상 프로그램

1. 심상에 관한 기초 교육을 하여 기본적으로 심상을 이해하도록 한다.
2. 심상 능력의 평가(설문지 사용)
3. 기초 훈련(하루에 20분 정도, 2번)

   기초 훈련은 모든 부분의 심상 훈련 지역에 포함시킬 것. 또한 심상 평가시에 약하다고 판정되는 부분에 심상 연습을 강조하여야 한다.
4. 정규적인 심상 시기(경기 시즌을 통한)

① 예비 연습(10분)

② 기술 훈련

③ 연습을 위한 목표를 설정

④ 연습 후(10~15분 정도)

⑤ 연습 실현을 재현한다.

⑥ 육체적인, 지각적인, 심리적인 문제를 해결

⑦ 심리학적 기술을 연습(개인의 필요에 따라서)

⑧ 예비 경기의 심상을 연습

5. 경기 당일
예비 행사 심상(10~20분)
팀의 심상 프로그램에 제안된 틀을 이용
행사 후 복습(10~20분)

*개인 행사 평가서와 일정표를 고안
*평소의 주의 집중 훈련 방법은 따로

1. • 실제 시합에서 주의 집중 흐트리는 방해물 찾아
연습장에 (확대하여) 두고 연습
• 상상
2. • 단서어 이용
• 단서어 훈련해서 개발
예: "집중!!" "JT야!!" "끝까지!!" "부드럽게!" "쉽게!"
3. • 자기 수행을 좋다/나쁘다로 평가하지 말고
있는 그대로 비판 없이 분석
• 어떤 점이 error 인가
• 수행만 생각 수행만-나머지는 쓸데없어!
4. • Routine 설정
• 시합에서 이것만! 성실히 시행
골프 예 :
1) 심호흡 - 횡격막
2) fairway lie 보고, 날씨 측정,
위험 가능물 측정
3) target 보고, 필요한 shot 결정
4) target과 치고 싶은 shot을 머릿속에 그리기
상상하기 : swing, ball 궤적, 마지막 놓일 지점
5) ball에 address,
편안함 느낄 때까지 position 조정, 또 조정

》 골프 기술 습득 프로그램

1) 기술 습득 연습

① 정확한 위치를 설정

그곳에 잠시 서서 신체의 느낌에 집중하고 서 있는 곳이 어떻게 보이는지를 평가. 이러한 위치에서 몸의 느낌은 어떠한지에 민감하라. 그 설정을 5번 정도 되풀이 하고 각 시간마다 설정한 유형을 발전시켜서 자동적으로 되게끔 한다.

② 천천히 동작을 취할 때 스윙을 끝까지 하고 유지한다.

전체적으로 꼬인 몸의 느낌과 각 신체 부분의 긴장을 주의 깊게 관찰한다. 백 스윙을 10번 정도 되풀이하고 클럽의 머리를 아치형이 되게 되풀이한다.

③ 10분 정도 자유롭게 스윙을 한다. 리듬에 주의를 기울이고 스윙을 할 때마다 그 느낌에 주의를 기울여 본다.

2) 활동

볼 10개를 때리면서 샷을 할 때마다 자유로운 스윙에 집중한다.

3) 완전 스윙을 위한 제동기

① 왼쪽을 고정(알맞은 set-up기술)

② 몸으로 지탱한다.(스윙을 하는 동안 회전되는 몸의 주변)

③몸의 균형과 샷(쉽게 백스윙을 조절하고 다운스윙으로 체중을 싣고 때린다)

4) 제동기로서의 심상 연습

골프 스윙의 적절한 기술 프로그램을 위한 각각의 제동기 이용, 적절한 기술에 길잡이로서의 각각의 제동의 이용으로 완전 스윙 5회를 심상을 수행한다.

5) 규칙적인 각 샷

① 라인 업하기에 앞서 목표 지역을 관찰하고 볼이 그곳에 가도록 상상해 본다.

② 볼이 날아가는 방향을 시각화한다.

③ 어드레스 위치를 설정하면 '왼쪽을 고정' 이라는 제동을 이용하고 '몸으로 지탱한다.' 라는 말을 적당한 스윙 기술을 재확인하기 위해 사용한다.

④ '조절' 과 '폭발시키기' 를 생각하면서 완벽한 스윙을 연상한다.

⑤ 볼을 때린다.

(표9) 기술 습득 프로그램

일	월	화	수	목	금	토
1 휴식	2 심리 기술 훈련 제1일 오리엔테이션	3 심리 기술 훈련 오리엔테이션 (1시간) 과제하기	4 개인별 심리 기술 훈련 방법 지도	5 개인별 심리 기술 훈련 방법 지도	6 개인별 심리 기술 훈련 방법 지도	7 개인별 심리 기술 훈련 방법 지도
8 휴식	9 심상(1시간)	10 심상(10분)	11 심상(10분)	12 심상(10분)	13 심상(10분)	14 스트레스 관리 교육 단계 (1시간) 심상(10분)
15 휴식	16 심상(5분) 심상 이완 (5분)	17 심상(5분) 심상 이완 (5분)	18 사고 정지에 관한 상담(10분) 과제하기 심상(5분)	19 심상(5분) 심고 정지 (10분)	20 심상(5분) 스트레스 관리 (10분)	21 목표설정 교육 단계(1시간) 스트레스 관리 (5분)
22 휴식	23 심상(10분) 목표 설정 (5분)	24 시험전 심리 준비(10분) 심상(5분) 목표 설정(5분)	25 심상(5분) 목표 설정(5분)시합 전 심리 준비에 관한 상담(10분)	26 시합 전 심리 준비(10분) 심상(5분) 목표 설정(5분)	27 시험 전 심리 준비(10분) 심상(5분) 목표 설정(5분)	28 시험 전 심리 준비 개인 기술 연습

제 6 장 골프 규칙과 에티켓 The Rules and Etiquette

1. 에티켓
2. 규칙

1 에티켓

골프 규칙의 제1장은 에티켓이다. 스코어나 패널티를 플레이어 자신이 스스로 신고하는 것이 골프가 다른 스포츠와 다른 점이다. 이 때문에 골프를 신사의 스포츠라고 한다.

골프 규칙은 세계 공통의 제너럴 룰과 입지 조건을 고려하여 제정된 해당 코스에서만 적용되는 로컬 룰이 있는데 그 기본 원칙은 첫째도 신사의 스포츠로서 에티켓이다. 제1장 에티켓 항목에는 3가지의 기본 원칙이 있다.

》 제1조 코스에서의 예의 Courtesy On The Course

이 원칙은 첫째, 안전의 확인(Safety)이다. 플레이어는 스트로크나 연습 스윙을 하기에 앞서 클럽으로 다칠 만한 가까운 곳 혹은 스트로크나 연습 스윙으로 볼, 돌, 나뭇가지 등이 날아 사람이 다칠 만한 장소에 아무도 없는가 확인해야 한다.

둘째, 다른 플레이어에 대한 배려(Consideration for other Player)이다. 오너(Honor)인 플레이어는 상대방 또는 동반 플레이어가 볼을 티 업하기 전에 플레이할 권리가 있다. 플레이어가 볼에 어드레스 하거나 볼을 치고 있는 동안은 다른 사람은 움직이거나 말을 하거나, 볼 또는 홀의 근처나 플레이 선의 바로 뒤에 서서는 안 된다. 플레이어는 모든 사람을 위하여 신속히 플레이하여야 한다. 만약 플레이어가 스타트 시간에 늦는다면, 그만큼 뒷사람의 플레이에도 영향을 미치고, 더 나아가서는 그날 골프장 전체의 예정을 혼란시키게 된다. 즉 자기 중심의 슬로 플레이를 하지 말라는 것이다.

어떤 플레이어라도 전방의 사람들이 볼의 도달 거리 밖으로 나갈 때까지 볼을 쳐서는 안 된다. 볼을 찾다가 쉽게 찾지 못할 것 같으면 후속 조에게 통과하도록 신호하여야 하며 5분 이상 볼을 찾아서는 안 된다. 후속 조가 패스(Pass) 하여 볼의 도달 거리 밖으로 나갈 때까지는 플레이해서는 안 된다. 한 홀의 플레이가 끝나면 플레이어는 즉시 퍼팅 그린을 떠나야 한다.

》 제2조 코스의 선행권 Priority On The Course

따로 정하지 않는 한 2개의 볼로 플레이하는 조(組)는 3개의 볼이나 4개의 볼로 플레이하는 조에 우선권을 가지며 패스할 권리도 가진다. 단독 플레이어는 아무

권리도 없으며 어떤 조에게든지 양보하여야 한다.

1라운드보다 짧은 라운드를 하는 조는 1라운드 전부를 플레이하는 조를 패스시켜야 한다. 플레이의 진행이 늦어져 앞 조와의 사이에 1홀 이상의 간격이 생긴 조는 후속 조를 패스시켜야 한다. 제2조는 다른 조와 공이 뒤섞이거나 또는 플레이어에게 신체적인 위험을 주지 않기 위한 예방책이다.

》 제3조 코스의 보호 Care Of The Course

플레이어는 벙커를 나오기 전에 자기가 만든 구멍이나 발자국을 모두 원래대로 고쳐 놓아야 한다. 플레이어는 드루 더 그린(Through The Green, 티잉 그라운드와 해저드 및 퍼팅 그린을 제외한 코스 내의 모든 지역을 말함)에서 뜯어진 잔디를 즉시 제자리에 두고 밟아 놓아야 하며 볼로 상처를 입힌 퍼팅 그린을 세심하게 고쳐놓아야 한다. 골프 신발의 스파이크에 의한 퍼팅 그린의 손상은 그 홀의 플레이 후에 수리해야 한다.

플레이어는 백 또는 깃대를 놓을 때, 퍼팅 그린을 상하지 않게 주의하여야 한다. 플레이어나 캐디가 홀의 가까이에 설 때 또는 깃대를 빼거나 꽂을 때와 볼을 홀에서 집어 낼 때 홀이 상하지 않도록 조심하여야 한다. 깃대는 퍼팅 그린을 떠나기 전에 홀의 중심에 제대로 세워야 한다. 플레이어는 특히 홀에서 볼을 집어 올릴 때 퍼트를 짚음으로써 퍼팅 그린을 상하게 하는 일이 있어서는 안 된다.

골프 규칙의 제2장은 용어의 정의(Definition)이다. 제3장은 플레이 규칙(the Rules of Play)이다.

2 규칙

어떤 스포츠에나 규칙이 있다. 그러나 골프의 규칙만큼 복잡하게 세분화되어 있는 것은 없다. 플레이어는 이 규칙을 무시하면 안 된다.

"규칙을 잘 이해하지 못해서 다 이긴 시합에서 졌다"는 예는 많다. 골프 플레이의 규칙을 모두 외운다는 것은 시간도 걸리고 매우 힘든 일이므로 플레이 할 때에는 항상 캐디백 같은 곳에 골프 플레이 규칙 책을 넣어 두고 시시때때로 참고하여야 한다.

골프의 플레이 규칙은 4가지 원칙이 있다.

1. 볼은 있는 그대로의 상태에서 플레이한다.

볼이 숲 속이나 나무의 뿌리, 나뭇가지 등, 치기 어려운 장소로 들어갔을 경우라도 치기 쉬운 장소로 볼을 움직여서 놓고 칠 수 없다.

2. 코스는 있는 그대로의 상태에서 플레이한다.

숲 속으로 들어간 볼을 칠 때, 바로 앞의 나뭇가지가 방해가 되더라도 그 가지를 꺾거나 캐디에게 누르고 있어 달라거나 할 수 없다.

3. 볼은 클럽으로 똑바로 친다.

골프는 심판이 따로 없다. 아무도 보고 있지 않을 때 볼을 주워 올리거나 차거나 하여 치기 쉬운 장소로 보낼 수도 있다. 그러나 이와 같은 부정행위는 골퍼로서 절대하지 말아야 하는 행동이다. 클럽으로 똑바로 쳐야지 클럽으로 밀어낸다거나 끌어당긴다거나 떠올리거나 해서는 안 된다.

4. 해저드(장애지역)에서는 클럽을 지면에 댄다거나 돌멩이를 옮기거나 해서는 안 된다.

플레이 규칙을 잘 모를 때, 볼의 처리는 자기에게 유리한 방향과 반대로 한다면 규칙에 잘 맞는 방향이라고 할 수 있다.

싱글로 가는 골프의 메카닉

초판발행 2004년 11월 10일
3판발행 2015년 7월 27일
지 은 이 박기용, 강호정, 김제하
발 행 인 노석균
발 행 처 영남대학교 출판부
등 록 일 1975년 9월 5일
등록번호 경산 제 16-1호
주 소 712-749 경북 경산시 대학로 280
전 화 (053)810-1801~4
팩 스 (053)810-4722

I S B N 978-89-7581-508-9

이 도서의 국립중앙도서관 출판예정도서목록(CIP)은
서지정보유통지원시스템 홈페이지(http://seoji.nl.go.kr)와
국가자료공동목록시스템(http://www.nl.go.kr/kolisnet)에서
이용하실 수 있습니다. (CIP제어번호 : CIP2015019415)